山东省高等学校人文社会科学研究项目
"1949年聊城地区南下干部研究"（J17RA076）

聊城大学学术著作出版基金资助

黄昊 著

为了新中国

——1949年聊城地区南下干部研究

中国社会科学出版社

图书在版编目（CIP）数据

为了新中国：1949年聊城地区南下干部研究 / 黄昊著 . —北京：中国社会科学出版社，2018. 12

ISBN 978 – 7 – 5203 – 3618 – 5

Ⅰ . ①为… Ⅱ . ①黄… Ⅲ . ①中国共产党—干部工作—史料—聊城—1949 Ⅳ . ①D262. 3

中国版本图书馆 CIP 数据核字（2018）第 273350 号

出 版 人	赵剑英	
责任编辑	田 文	
责任校对	夏慧萍	
责任印制	王 超	

出 版	中国社会科学出版社	
社 址	北京鼓楼西大街甲 158 号	
邮 编	100720	
网 址	http://www.csspw.cn	
发 行 部	010 – 84083685	
门 市 部	010 – 84029450	
经 销	新华书店及其他书店	

印 刷	北京明恒达印务有限公司	
装 订	廊坊市广阳区广增装订厂	
版 次	2018 年 12 月第 1 版	
印 次	2018 年 12 月第 1 次印刷	

开 本	710 × 1000 1/16	
印 张	14	
字 数	223 千字	
定 价	59. 00 元	

凡购买中国社会科学出版社图书，如有质量问题请与本社营销中心联系调换
电话：010 – 84083683

目　　录

引　言

一　研究意义

"南下"，一个特殊的历史名词，是指 1948 年底至 1949 年初，中共中央为解放全中国，完成广大南方地区的接管与建设事业，而从华北老区抽调数万名干部，告别家乡，随军南下，奔赴南方新区进行工作，是为新中国建立而披荆斩棘、开创基础的重要事业。广大南下干部肩负着在南方地区三亿多人口、数百万平方公里国土上接管旧政权、摧毁旧制度，建立新政权的重要历史任务。作为华北的革命老区和抗战时期中国共产党力量最强大的省份，山东地区 1949 年初数万干部成批被调南下。这批干部南下后遍布苏南、沪、浙、闽、湘、赣、川、黔、桂、滇各地，甚至中华人民共和国成立初期南方不少地区将"南下干部"统称为"山东干部"。他们承担了长江以南很多地区各级政权的接管、土改和社会主义改造工作，深刻影响了新中国成立初期的社会历史进程及此后长江以南地区的政治社会格局。在特殊的历史时期，"南下干部"这个名词意味着牺牲与奉献，意味着"将革命进行到底"，"打过长江去、解放全中国"战略任务的实现。"1949 年'南下'彻底埋葬了持续一百多年的半殖民地半封建社会，是完成民族独立和人民解放的历史任务，开启国家繁荣富强和人民共同富裕的社会主义新时代的一个历史标志。"[①] 广大华北南下干部所体现出的"南下精神"，至今仍闪耀着其光辉与积极意义。

---

① 汪汉忠：《凯歌行进话"南下"——论 1949 年"南下"的含义、背景和意义》，唐传喜主编：《共和国永远铭记——南下干部历史贡献理论研讨会论文集》，泰山出版社 2012 年版，第 37 页。

1949 年初，中共冀鲁豫区、冀南区在今聊城地区抽调了大批干部过江南下，奔赴新区开展接管工作。聊城地区地处鲁西北，在抗战时期是中国共产党在华北最大的敌后根据地——冀鲁豫边区的主要区域①，革命基础深厚，党的组织力量强大，也是华北的革命老区。解放战争时期，聊城地区历次南下、北上干部总数约 4000 人，其中仅 1949 年初聊城地区动员的南下干部及随行战勤人员总数即超过 2500 人，许多地方县及分委级干部被调达半数。他们告别了父母、妻儿与故土后，跟随部队渡过长江，分赴南京、湘北、赣东北等新区开展接管与建设工作；随后，接管赣东北的聊城地区南下干部又继续西进贵州，最终到达黔东南地区，建立了当地中国共产党各级政权机关。从此，很多聊城南下干部扎根黔东南，克服与华北家乡风俗迥异、语言不通、举目无亲、自然环境恶劣、敌匪势力猖獗等诸多困难，为祖国大西南的解放与建设事业作出了重大贡献，很多人终身没能再回到鲁西北家乡，不少同志还在此后的剿匪等事业中献出了宝贵生命。然而，至今他们的事迹长期不为人知晓。

与山东分局所管辖的胶东、渤海、鲁中南区（1948 年 7 月由原鲁中、鲁南、滨海区，及冀鲁豫边区的泰西专区合并而成）等山东其他地区 1949 年南下工作不同，聊城地区在抗战时期和解放战争时期不属于中共山东分局的管辖范围。因此，1949 年初聊城地区（鲁西北）的南下工作并不是由华东局的山东分局负责，而是分别由华北局的冀鲁豫区、冀南区负责。聊城南下干部的组织动员工作及其过江到达的工作地均与山东分局所辖其他地区南下干部不同。目前学界对 1949 年聊城地区南下干部尚未有具体与系统研究。② 聊城地区各区县

---

① 1943 年 11 月，中共中央冀鲁豫分局成立，领导冀鲁豫、冀南两个区党委。1944 年 6 月，冀鲁豫区与冀南区正式合并，统一由冀鲁豫分局领导，"人口超过 2000 万，成为敌后最大的抗日根据地"。参见《冀鲁豫、冀南区党委关于冀鲁豫和冀南区党委合并和拥护冀鲁豫中央分局成立决定》（1944 年 6 月 12 日），常连霆主编：《山东党史资料文库》第 12 卷，山东人民出版社 2015 年版，第 324—325 页；冀鲁豫边区革命史工作组：《冀鲁豫边区革命史》，山东人民出版社 1991 年版，第 1 页。

② 综述性文章，主要是 20 世纪 80 年代聊城地委党史办郭雨璞同志整理的《解放战争时期鲁西北地区的干部北上南下述略》一文（见中共聊城地委党史资料征集研究委员会编印：《一切为了前线（上）聊城地区党史资料第 15 辑》，1988 年，第 180—190 页），该文简要综述了解放战争时期鲁西北地区的历次北上、南下情况。

党史办等机构对本地区 1949 年南下干部情况，有的曾作出一定整理，有的则仅有本地"党史大事记"中短短数行记载。而这样的状况显然与 1949 年聊城地区大规模干部南下为新中国所做的巨大贡献及其所付出的个人、家庭牺牲是难成比例的。

本课题研究意义：第一，通过大量一手原始档案资料，及对南下当事人及其留鲁后人的口述访谈，对 1949 年聊城地区南下干部动员、整训、行军及在南下地接管、建设工作、所遇到的困境及其解决情况进行系统研究，以期对华北南下干部及南下事业的研究有所增益。第二，将社会史与革命史研究相结合，在求真的基础上，更好地弘扬冀鲁豫红色文化，弘扬"忠诚信仰、听党指挥，故土情深、奉献他乡，舍家为国、勇往直前，艰苦开创、革命到底"的"南下"精神。为"南下"和"南下精神"提供更生动的实例与更丰富的内涵。第三，通过 1949 年鲁西北南下干部对个人追求与理想信念、"小家"与"大家"的抉择，展现他们的历史责任与使命担当，为新时代青年更好地回答当前的时代问卷提供资鉴。

二 资料来源

今地级聊城市范围，在 1949 年初分属于冀鲁豫区、冀南区两大不同的解放区，其所辖各县行政区划与今日变化极大。1949 年 8 月，中央政府划今地级聊城市的大部分地区与河南、河北部分地区合并，组建新的"平原省"，很多档案资料随之移交平原省（省会在今河南新乡）。平原省于 1952 年 11 月撤销，原鲁西北（17 县 1 镇）划归新成立的聊城专区，复归山东省。1949 年初南下动员时的筑先、聊阳、元朝、永智（清平）、南峰（朝城）、博平、徐翼、河西、馆陶、观城、寿张等县份，有的已更名，多数则已合并或拆分，一些县拆分、合并后归入德州、济南等地区，一部分变动后还划归了河南省和河北省。① 而 1949 年聊城南下干部的主要南下工作地又包括江苏、四川、

---

① 抗日战争及解放战争时期，由于战争及实际工作需要，冀鲁豫、冀南区党委对于鲁西北地区各县"旋设旋废"，区划变动极为频繁。合并数个县的部分区域新成立一县，或拆分一县为数县的情况很多。

湖南、江西、贵州五省。地处三省交界，加之华北老区行政区划的频繁变动及南下工作地的相对分散，也使得长期以来对聊城地区的"南下"资料缺乏系统整理与研究。

本课题的资料来源主要有四个方面：第一，实地走访收集原始资料。笔者已实地走访了聊城市及下辖八个区县的全部党史办、史志办和档案馆，抄录、复制了聊城市及各县档案馆所存大量1949年南下一手原始资料。第二，得到地方党史办、史志办、档案馆工作人员大力帮助，获得了地方部分县份所收集的本地南下干部情况的很多文献资料。第三，口述访谈。笔者对数位南下干部留鲁后人进行了口述访谈，并通过地方史志办工作人员帮助，对尚在世的聊城籍南下贵州干部进行了访谈，有的南下干部专门为笔者寄送了其近期手写的南下回忆资料。① 第四，亲历者回忆、文史资料、党史资料汇编及其他资料。目前学界对于华北南下干部的研究著作和论文较少，但是各地出版的相关回忆、档案资料较为丰富。在山东、河北、河南、江西、湖南、贵州等省编印的各级"文史资料""党史资料汇编"（尤其各类"冀鲁豫"党史资料汇编）中有大量原始档案资料及亲历者回忆，在冀鲁豫三省及聊城南下干部的工作地贵州、江西、湖南等省市县党史办、史志办所编本地"地方史""地方志""党史大事记"等书籍中也有部分1949年鲁西北南下干部的相关记载。在聊城各区县党史办、史志办编印的相关党史资料中，对本地区1949年南下情况也有一定叙述。

三 解放战争时期的聊城地区

聊城地区位于山东省西北部，冀、鲁、豫三省交界的华北大平原上，黄河之滨，运河穿过，是华北的革命老区，抗战时期和解放战争

① 目前1949年聊城地区南下黔东南干部，在世者已很少，且均已年过八十五岁。2016年笔者访谈东阿县南下干部贾永荣同志时，他告诉笔者，东阿县百余名南下干部和战勤人员，一进入贵州后就有数十人被土匪杀害，今在世者只有寥寥数人，而仍能提笔写回忆录者只有贾永荣同志一人了。贾永荣同志为笔者寄送了他专门为笔者的研究手写的南下回忆资料："南下干部心向党"。（共36页）

时期曾属于中共冀鲁豫边区和冀南区的管辖范围。① 在解放战争时期，聊城地区基本属于人民解放军的后方，1945 年 8 月抗战胜利前后，今地级聊城市范围内多数地区及县城已获解放，到 9 月底，仅有聊城、博平两座县城仍被国民党军控制，其他临清、莘县、元朝、冠县、武训、永智、高唐、阳谷、朝城、寿张、观城、聊阳、博平、河西、茌平、徐翼、东阿各县已全部解放。国民党山东第六区行政督察专员公署驻地、鲁西北中心城市聊城，明清时期为东昌府的府治，砖城墙高 4 丈 2 尺，周围有宽 10—80 公尺不等的护城河。由于城高池深，国民党顽军一直负隅坚守，以之为"金城汤池"。② 国民党山东省主席王耀武对聊城守军诸般接济。1946 年 1 月 2 日，八路军冀鲁豫军区集中部队，在宋任穷、陈再道的指挥下发起聊博战役，一举攻克了博平县城，但未能攻克聊城。此后，国民党山东省第六区专员王金祥部被八路军冀南军区、冀鲁豫军区部队围困于聊城城内长达一年之久，城中存粮吃光，只能依靠空投物资勉强接济。1946 年 12 月 22 日，晋冀鲁豫解放军再次对聊城发起强攻，国民党残兵突围逃往济南，1947 年元旦，聊城城区解放，至此，鲁西北地区全部获得解放，成为解放战争时期中国共产党的稳固后方。鲁西北地区由于解放较早，土地改革开展也较为顺利，1946 年 6 月，在中共冀鲁豫区党委、冀南区党委部署下，鲁西北地区的土改工作就已开始，至 1947 年 5 月，"鲁西北广大农村经过半年多的翻身大检查，填平补齐运动，已基本完成土改任务，广大贫苦农民获得了平均水平的土地，真正实现了耕者有其田"③。解放战争时期的鲁西北民众踊跃支前，积极参军

---

① 冀鲁豫区与冀南区，在抗日战争和解放战争时期曾经历过合并与分立。1944 年 6 月，冀鲁豫区与冀南区正式合并，统一由冀鲁豫中央分局领导。1945 年 10 月，冀鲁豫、冀南区再次分开，分别由冀鲁豫区党委、和冀南区党委领导。参见《冀鲁豫、冀南区党委关于冀鲁豫和冀南区党委合并和拥护冀鲁豫中央分局成立决定》（1944 年 6 月 12 日），常连霆主编：《山东党史资料文库》第 12 卷，山东人民出版社 2015 年版，第 324—325 页；冀鲁豫边区革命史工作组：《冀鲁豫边区革命史》，山东人民出版社 1991 年版，第 1 页。

② 康健：《解放聊城》，原载《冀鲁豫日报》1947 年 1 月 5 日第 1 版，转引自《历史的丰碑：鲁西北县城解放资料汇编》，中共聊城地委党史征集研究委员会 1989 年编印，第 63—64 页。

③ 郭明生：《聊城的土地改革运动》，中共聊城市委党史研究室、聊城市政协文史资料委员会编著：《聊城重要历史事件》，中共党史出版社 2003 年版，第 746 页。

参战，先后发起四次大规模征兵运动。仅 1947 年 3 至 4 月的"大参军"高潮期间，鲁西北 11 个县便有 37000 人入伍参军；该年 11 月中旬至 12 月底，全区又发动了一次规模空前的参军运动，截至 12 月 21 日不完全统计，全区批准参军的青年共 50000 人，为人民解放战争的胜利作出了重要贡献。①

　　1949 年 7 月，华北人民政府会议通过变更华北行政区划等的重要决议，宣布撤销冀东、冀中、冀南、冀鲁豫、太行、太岳、太原等七个行政区，以旧省界为基础，并照顾到经济条件、历史关系及自然条件等，划分为河北省、山西省、察哈尔省、绥远省，于鲁西、豫北、冀南衔接地区（原冀鲁豫解放区为主）新成立平原省，并决定由中共冀鲁豫区党委负责平原省的筹建工作。平原省正式成立于 1949 年 8 月 1 日，今地级聊城市范围多数划归平原省。1952 年 11 月 15 日，中央人民政府第十九次会议决定撤销平原省，该省共存续三年零三个月。平原省撤销后，原冀鲁豫六、九地委，冀南一地委辖县归属新成立的聊城专区（辖 17 县 1 镇，专署驻地聊城县），隶属于山东省管辖。② 今地级聊城市辖东昌府区、临清市、莘县、冠县、茌平县、东阿县、阳谷县、高唐县，共 8 区县（市）。其现辖区域内各区县（市）名称、区划、数量，都与革命战争时期发生了极大变化。抗战前期，聊城地区先后隶属于中共鲁西北特委、鲁西区党委等管辖；抗战中后期，聊城地区主要隶属于冀鲁豫边区（以鲁西北、运西、运东三个地委为中心，时有扩大与缩小）；解放战争时期，聊城现辖区域分别隶属于冀鲁豫区、冀南区两个不同的区党委领导，在 1948 年底至 1949 年初时，包括冀鲁豫区六地委、九地委，冀南区一地委及二地委所辖高唐县。具体而言，包括 1949 年初的冀鲁豫六地委（运东地委）所辖大部分县份（原茌平、博平、东阿、聊阳、筑先、齐禹、

---

　　① 黄昊：《1949 年冀鲁豫区"归队与参军"运动研究》，《党史研究与教学》2017 年第 5 期。

　　② 参见中共山东省委党史研究室编：《中共山东编年史》第 7 卷，山东人民出版社 2015 年版，第 282 页；崔乃夫主编：《中华人民共和国地名大辞典》第 5 卷，商务印书馆 2002 年版，第 7802 页；中共河北省委党史研究室编：《中国共产党河北历史大辞典》，中共党史出版社 1990 年版，第 529 页。

河西、徐翼八县）；冀鲁豫九地委的四个县（原阳谷、寿张、南峰、观城四县）；冀南区一地委（临清地委）所辖大部分县份（原元朝、冠县、莘县、临清、武训、永智六县），及二地委（夏津地委）所辖的原高唐县。这也是本书的主要记述范围。

第一章 战略初定：南下指示的发布与华北局的部署工作

1948 年秋，随着中国人民解放军在战场上不断取得重大胜利，国民党在长江以北的败局已定，从全国解放的战略高度出发，中共中央决定在华北老解放区准备与动员五万三千名干部，以南下接管即将解放的南方新区。作为华北革命老区的鲁西北党和人民又被赋予了新的艰巨历史重任。

一 中央"南下"指示的发布与华北局的动员部署

为了尽快夺取全国革命的最终胜利，1948 年 9 月中共中央政治局在河北平山县西柏坡召开会议，指出："夺取全国政权的任务，要求我党迅速地有计划地训练大批的能够管理军事、政治、经济、党务、文化教育等项工作的干部。战争的第三年内，必须准备好三万至四万下级、中级和高级干部，以便第四年内军队前进的时候，这些干部能够随军前进，能够有秩序地管理大约五千万至一万万人口的新开辟的解放区。中国地方甚大，人口甚多，革命战争发展甚快，而我们的干部供应甚感不足，这是一个很大的困难。"[①]

---

① 《中共中央关于九月会议的通知》（1948 年 10 月 10 日），中共中央文献研究室、中央档案馆编：《建党以来重要文献选编（1921—1949）》第 25 册，中央文献出版社 2011 年版，第 557 页。

1948 年 10 月 28 日，中共中央针对即将开始的新区（尤其长江以南的广大国民党统治区）的接管工作，发出《关于准备五万三千个干部的决议》，提出：

（一）中央政治局九月会议，讨论了为了夺取全国政权所需要的干部问题。战争的迅速发展，业已将此项任务紧急地提到了我党面前。如果我党缺乏此项准备，势必不能适应战争发展的需要，而使我党处于被动的地位。因此，中央特根据九月会议的方针，作①出本决议。

（二）估计在战争第三、第四两年内（一九四八年七月至一九五零年六月），人民解放军可能夺取的国民党统治区域，大约将包含有一万万六千万左右的人口，五百个左右的县及许多中等的和大的城市，并在这些新的区域建立政权。这些新的区域的最广大部分将是第四年夺取的，而在第三年则夺取一个较小的部分。这个估计可能夺取的区域所包含的人口数和县市数，和战争第二年末尾即一九四八年六月时期我们所有的人口数及县市数大体上相当。就是说到战争第四年末尾，即一九五零年六月时期，我们可能从现有的一万万六千八百万人口和五百八十六个县市发展到三万万三千万左右的人口和一千个左右的县市。我们应从这个可能的发展前途来准备我们的干部。我们必须准备夺取全国政权所需要的全部干部。这个决议所说的是准备战争第四年所需要的干部。战争第三年所需要的干部，因为战争尚在现有五大解放区附近不远的地方进行，除已经调派者外，应由各区自己设法解决。战争第五年及其以后所需要的干部，中央将另作决议。

（三）根据过去发展新区的经验，每一个新开辟县，至少需要县级及区级干部七十五人左右（在老解放区，平均每县脱离生产的干部，包括村级干部在内，约有二百至三百人，最大的县有

---

① 本书引用的一些史料和文献中，个别字词的用法与今日现代汉语标准不完全相同，如"作"（做）、"的"（地、得）、"藉"（借）、"串连"（串联）、"必须"（必需）、"象"（像）等，但并不影响对文意的理解。为尊重历史，保持文献原貌，引文中类似字词不做改动。

多至四百人者)。五百个县,则需干部三万七千五百人左右。平均五个县设一地委,每一地委至少需干部六十人左右,五百个县有一百个地委,共需干部六千人左右。平均三十个县设一区党委,每一区党委至少需干部八十人左右,五百个县有十七个区党委,共需干部一千三百六十人左右。五百个县左右的地区需成立四个中央局,每一中央局至少需干部三百人左右,共需干部一千二百人左右。此外还需准备七千左右的干部在大城市工作。以上所需中央局、区党委、地委、县委、区委等五级及大城市的各项干部,共约五万三千人左右。①

此外,中央还具体分配了各大区需要准备的干部数目,"此五万三千个左右的干部,分配华北一万七千人,华东一万五千人,东北一万五千人,西北三千人,中原三千人"②。并规定,"上述五万三千个干部,以工作性质区分,则应包括军事工作(为建立军区、军分区及地方部队所必须的军事及政治工作干部),党务工作,机要工作,政府工作,工农青妇等民众团体工作,经济工作(管理工业),财政工作,银行工作,贸易工作(管理贸易局),通讯社及报纸工作,以及为办大学和党校用的学校教育工作等项干部,不可缺少。每项工作干部的比例,亦须适当配备"③。

1949年1月8日,中共中央政治局会议又通过《目前形势和党在一九四九年的任务》,明确"党在一九四九年的任务":该年"夏秋冬三季,我们应当争取占领湘、鄂、赣、苏、皖、浙、闽、陕、甘等九省的大部,其中有些省则是全部"④;"平津、淮海、太原、大同诸战役以后,几个大的野战军必须休整至少两个月,完成渡江南进诸

---

① 《中共中央关于准备五万三千个干部的决议》(1948年10月28日),常连霆主编:《山东党史资料文库》第25卷,山东人民出版社2015年版,第224页。
② 同上。
③ 同上书,第224—225页。
④ 《目前形势和党在一九四九年的任务》(1949年1月8日中共中央政治局会议通过),中共中央文献研究室、中央档案馆:《建党以来重要文献选编(1921—1949)》第26册,中央文献出版社2011年版,第26页。

项准备工作。然后，有步骤地稳健地向南方进军"①；"一九四九年夏秋冬三季需要随军使用的五万三千个干部，必须及时地征调和训练好"②。

为贯彻中央政治局"九月会议"精神，中共中央华北局于1948年10月底具体进行了南下干部征调的准备与部署工作。

1948年10月29日，华北局根据中央指示，发布了《关于外调17000干部补足干部缺额的决定》，指出："为了争取5年左右根本上打败国民党，特别是为了准备战争第四年度之大发展，中央最近给予华北党一项极为光荣而艰巨的任务，即在战争的第三年度内，准备好17000干部，于战争第四年度的开始（明年7月后）派到南方新解放区工作。"③ 华北局认为，南下征调的有利条件是，"华北党有久经战斗考验的100余万党员，有八九万具有相当高度政治觉悟与丰富工作经验的在职干部，有全国即将胜利令人十分兴奋的政治环境，有中央的正确指导和华北局的全盘计划，这一任务是可能而必须完成的。但亦必须认识到困难的方面，这主要的是时间短（实际上只有半年时间），数量大（17000人），而大多数农民干部均不愿远离家乡，特别是华北各级领导机关（主要是县区两级）均不满员（全区按编制约缺14000人）。因之全华北党必须以最严肃负责的态度，克服各种困难，发挥一切有利条件，以全力完成中央所给我们外调17000干部的伟大任务"④。

为了有组织、有领导地进入新区工作，中央要求"所调干部均应组成完整的区党委架子（从区委到区党委），整体调出"。华北局具体规定："每个区党委为30个县，每县以7个区计，每6县组成一个地委"，"每县并应配足精干而武装弹药齐全之民兵40人左右，随干

---

① 中共中央文献研究室：《目前形势和党在一九四九年的任务》（1949年1月8日中共中央政治局会议通过），中央档案馆编：《建党以来重要文献选编（1921—1949）》第26册，中央文献出版社2011年版，第28页。

② 同上书，第26页。

③ 《华北局关于外调17000干部及补足干部缺额的决定》（1948年10月29日），中共贵州省委党史研究室冀鲁豫组编印：《从冀鲁豫到贵州：南下支队和西进支队专辑》，1991年，第51页。

④ 同上。

部同时南下"①。这17000名干部在华北局下属各区的具体分配如下：
"除已给中原调走近千人（包括最近即将出动的华北局党校干部700
人在内）及华北大学准备两千学生于明年南调外，其余14000人，拟
作如下分配：即北岳、太行、冀中、冀南、冀鲁豫五个区党委，各配
齐一个区党委架子，再由太岳和晋中两区党委共同配足一个区党委的
架子外，其余不足数，均由华北局党校准备。"②

为了完成补充缺额及准备外调干部（两项合计近3万人），华北
局要求各区党委应加强下列工作：

（1）大胆提拔村干部及较好的党员参加区级领导工作。其条
件应为党性坚强，作风正派，有工作经验，能联系群众者，并适
当注意其阶级成分。只要具备上述条件，经过短期训练，即可逐
渐提拔为一般区级干部，以解决初级干部之困难。全区在8月至
9月两月内共抽训党员及村干约10万以上，提拔近万人脱离了生
产，这是很大的成绩，应继续贯彻这个方针。

（2）各级党政领导机关增设副职（如副书记、副专员、副
县长、副部长、副科长等），扩大党委会人数。此种副职之增加，
其主要目的，在于培养锻炼领导干部能力，以便在大量外调干部
后，不致使原地工作遭受影响。抽调干部时，必须留下一定数量
之领导骨干，避免过去有些地区全面调出以致青黄不接，而使工
作受到不应有的损失之教训。

（3）全党加强对于党校工作的领导。区党委党校主要轮训区
级主要干部（如区委常委一级）及县级一般干部（如县府科长、
县团体委员等）；地委党校主要训练区级一般干部及确定提拔之
村级党员干部；华北局党校则主要集中训练县委及地委两级干
部。党校教育方针，完全遵照中央关于党校工作指示执行，以提
高与统一对马列主义及党的政策与策略观点的水平。

---

① 《华北局关于外调17000干部及补足干部缺额的决定》（1948年10月29日），中共
贵州省委党史研究室冀鲁豫组编印：《从冀鲁豫到贵州：南下支队和西进支队专辑》，1991
年，第51页。
② 同上书，第52页。

（4）行署华府两级政民系统，尽可能的开办专业性的及政治性的、包括非党人员在内的干部训练班，尤其在新解放区及新解放之城市，这一工作更为切要。①

在具体南下名单的确定问题上，华北局规定，"北岳、太行、冀中、冀南、冀鲁豫5个区党委的外调干部（包括外调区党委在内）"，由各区党委根据本区情况"自行配备"。"地委以上名单，统限于1949年1月初旬报华北局审查。区党委书记、行署主任统限于今年12月中旬报华北局审查。"② 在南调时间上规定，"一切南调干部，均拟于明年3月后逐渐集中于各区党委党校，进行短期学习，由决定南下之区党委及地委负责同志参加领导，藉以统一思想，熟悉干部"。同时，为解决南下干部后顾之忧，华北局要求，"凡调出华北区工作之地方干部及民兵，其家属一律以革命军属待遇"③。

1948年12月，华北局在石家庄召开会议，再次讨论了南下问题，要求从冀鲁豫、冀南等区成建制抽调大批干部赴南方新解放区进行接管的工作。会议提出了抽调干部的条件：一是立场坚定，年龄较轻，身体要好。二是有一定文化和独立工作能力。④ 当然，这只是一般原则性的基本要求。由于此次南下抽调干部数目巨大，很多县份抽调干部占原有干部数目的半数之多，且冀鲁豫区的绝大多数干部是农民出身，受教育程度有限，"有些区全区只有区书、区长、财助能写信"⑤，这些县份本地工作亦极为繁重，因此各县在抽调干部过程中还是主要根据本县实际情况和现实需要出发，各地、县调出干部的年

---

① 《华北局关于外调17000干部及补足干部缺额的决定》（1948年10月29日），中共贵州省委党史研究室冀鲁豫组编印：《从冀鲁豫到贵州：南下支队和西进支队专辑》，1991年，第52—53页。

② 同上书，第54页。

③ 同上。

④ 中共鹰潭市委党史资料征集办公室编著：《中共鹰潭地方史 第1卷 1926—1949》，中共党史出版社2009年版，第344页。

⑤ 《冀鲁豫区党委关于南调干部工作布置报告》（1948年），中共冀鲁豫边区党史工作组办公室编：《中共冀鲁豫边区党史资料选编 第3辑 文献部分 下 1948.6—1949.9》，山东大学出版社1989年版，第331页。

龄状况、文化程度等情况参差不齐，无法全部满足"年龄较轻""有一定文化"等条件。

二 冀鲁豫区和冀南区的南下部署

鲁西北（聊城地区）在1948年底，分属于华北局的冀鲁豫区和冀南区管辖。两区党委按照中共中央及华北局的具体要求，进行了南下的动员准备部署工作。

（一）冀鲁豫区的南下部署

1948年12月25日至1949年1月5日，冀鲁豫区党委召开有各地委组织部长参加的联席会议，"主要是解决外调干部问题和调后组织调整、今后培养提拔干部问题以及组织部门的工作问题"[1]，以贯彻中央、华北局关于外调干部的指示。会议首先由各地委汇报了目前干部情况及思想情况，其次是根据干部情况各地委自报公议外调干部数目。再次是"研究如何保证完成这一任务的步骤与方法"[2]。区党委要求各地委"在加强政治教育、阶级教育和党的教育的基础上，采取自愿报名南下和服从组织调动相结合的方法，保证在2月中旬前有领导、有组织、有计划地完成这一任务"[3]，同时公布了"各地委调南下干部任务分配"：

> 二地委——[1个] 地委级机关架子4/5的干部（即53个干部），4个县架子，28个区架子，共437人。
> 三地委——1个地委级机关架子，5个半县架子，37个区架子，共580人。

---

[1] 《冀鲁豫区党委关于南调干部工作布置报告》（1948年），中共冀鲁豫边区党史工作组办公室编：《中共冀鲁豫边区党史资料选编 第3辑 文献部分 下 1948.6—1949.9》，山东大学出版社1989年版，第330页。

[2] 同上。

[3] 中共贵州省委党史研究室冀鲁豫组编印：《从冀鲁豫到贵州：南下支队和西进支队专辑》，1991年，第3页。

四地委——半个地委级机关架子，3 个县架子，14 个区架子，共 251 人。

五地委——半个地委级机关架子，3 个县架子，21 个区架子，共 322 人。

六地委——1 个地委级机关架子，5 个半县架子，38 个半区架子，共 595 人。

七地委——1 个地委级机关架子的 1/5（共 14 个干部），2 个县架子，14 个区架子，共 206 人。

八地委——1 个地委级机关架子，4 个县架子，35 个区架子，共 521 人。

九地委——1 个地委级机关架子，3 个县架子，22 个半区架子，共 370 人。

区党委——80 人。[①]

1948 年底，冀鲁豫区下辖八个地委（二至九地委）[②] 及区党委机关，共计划调出干部 3362 名。[③] 其中六地委、九地委所辖地区主要属于聊城地区范围。

冀鲁豫区党委预估了南下调动可能存在一定甚至较大困难，主要是干部多数出身农民，文化程度不高，政治觉悟和阶级觉悟可能存在一定局限。"目前农村干部占绝大多数，有的县占 70%—90%，特别是区级干部更多，有些区全区只有区书、区长、财助能写信。这些干部多是在土改、复查、游击当中提拔出来的，其工作动机又极其复杂，脱离生产后领导上对干部的管理教育注意不够，使干部的政治觉

---

① 《冀鲁豫区党委关于南调干部工作布置报告》（1948 年），中共冀鲁豫边区党史工作组办公室编：《中共冀鲁豫边区党史资料选编 第 3 辑 文献部分 下 1948.6—1949.9》，山东大学出版社 1989 年版，第 330—331 页。

② 原冀鲁豫一地委（泰运地委）于 1948 年 7 月划归中共鲁中南区党委管辖，称鲁中南区七地委（泰西地委）。参见《中国共产党山东省泰安市组织史资料 1926—1987》，中共党史出版社 1991 年版，第 113 页。

③ 《冀鲁豫区党委关于南调干部工作布置报告》（1948 年），中共冀鲁豫边区党史工作组办公室编：《中共冀鲁豫边区党史资料选编 第 3 辑 文献部分 下 1948.6—1949.9》，山东大学出版社 1989 年版，第 330—331 页。

悟与阶级觉悟没有得到应有的提高。因此在干部思想上存在着几种严重的错误思想。"① 具体来说分以下五种：一是"乡土观念、地方观念"，要守在家给父母尽孝，留恋父母、妻儿；二是"土地平分后有了生产资本，发家致富的思想上升"；三是一部分干部认为自己的文化程度低，到了南方，难以适应当地工作；四是部分南下干部的家庭还存在着一些实际困难；五是"干部中存在着愿北上不愿南下（不懂话，生活不习惯，怕过江），晚走不如早走等思想"。②

有鉴于此，冀鲁豫区党委要求各地委应召集各县组织部长联席会议，商讨具体计划安排，在干部中普遍加强政治教育、阶级教育、党的教育，以提高阶级觉悟与政治觉悟，通过"自愿报名南下和服从组织调动相结合"的方式，"分配各区数目并确定人选，然后集中（预计3月中旬）训练"。同时强调，各地委、县委应"严禁强迫命令欺骗等办法。在未确定谁去前要慎重考虑，做好动员工作，到既经组织确定时就必须服从组织。对少数不服从者要执行纪律，以严明是非"。③

1949年1月上旬，确定冀鲁豫区南下的领导班子同志为徐运北（冀鲁豫区党委副书记，山东聊城人）、傅家选（冀鲁豫军区副司令员兼参谋长，河南光山人）、万里（区党委秘书长，山东东平人）、申云浦（区党委宣传部长，山东聊城阳谷县人），郭超［区党委组织部长，山东濮县（今河南范县）人］。④

（二）冀南区的南下部署

根据华北局的指示，冀南区所辖5个地委（专署）、45个县（市），总计抽调3000多名干部南下，成建制地组成区党委、地委、

---

① 《冀鲁豫区党委关于南调干部工作布置报告》（1948年），中共冀鲁豫边区党史工作组办公室编：《中共冀鲁豫边区党史资料选编 第3辑 文献部分 下 1948.6—1949.9》，山东大学出版社1989年版，第331页。

② 同上书，第331—332页。

③ 同上书，第333页。

④ 中共濮阳市委党史研究室编：《丰碑永树冀鲁豫》，中共党史出版社2004年版，第412页。

县委和区委各级领导班子。为了部署南下事宜，1948 年冬，冀南区党委召开了各地委书记会议，具体"部署安排南下干部的工作。地委书记会议结束之后，各地委召开了县委书记会议，具体落实了组织南下干部的任务"①。

1949 年 1 月，华北局再次就"南下"发出新指示，要求冀南区党委抽调南下干部增加为：组建一个区党委（含行署、军区机关），6 个地委（含专署和军分区），36 个县委（含县政府）和 200 个区委（含区政府）。②组成的 6 个地委中，第一至第五地委为冀南区现有五个地委分别抽调组成，即一地委（临清地委）、二地委（夏津地委）、三地委（肥乡地委）、四地委（南宫地委）、五地委（衡水地委），而六地委则由原有五个地委各抽调一个县委建制组成六地委的基本干部，六地委机关人员由区党委直属机关和各地委机关分别抽调。其中，一地委（临清地委）下辖的大多数县份及二地委（夏津地委）下辖的高唐县，在今地级聊城市所属范围内。

1949 年春节前后，冀南区南下领导班子正式组成。新组成的区党委书记王任重，副书记乔晓光，组织部长郭森，民运部长高元贵，秘书长韩宁夫。③为适应随军南下的形势，南下途中按照军事编制组成，地委以大队为编制，县委以中队为编制，总的番号是"中国人民解放军冀南南下干部支队"。

1949 年 2 月 5 日，冀南区党委组织部公布《南下干部生活待遇、装备办法的规定》，对南下干部的供给标准、交通工具、枪支、警卫等的配备作了详细规定。指出南下的"地委委员以上干部，每人带牲口一头，马夫一人"；"专区一般干部及县区干部，每三十人由公家雇大车一辆，只拉行李。勤杂人员行李自带，妇女干部每八人至十人雇大车一辆"；"军队干部所带牲口，按华北军区原规定执行"；"病号由公家

---

① 赵畅：《冀南南下干部的组成情况和经过》，中国人民政治协商会议冠县委员会文史资料研究委员会编印：《冠县文史资料》第 2 辑，1989 年，第 25 页。

② 中共湖南省委党史研究室、湖南省中共党史联络组编著：《南下湖南》，中共党史出版社 2014 年版，第 62 页。

③ 中共河北省委党史研究室：《中国共产党河北历史大辞典》，中共党史出版社 1990 年版，第 271 页。

雇车转送"①。关于"枪支、警卫、通信、炊食、医务人员的配备"规定如下：

（1）地委委员以上干部，原枪支带走，其他干部有枪者带走，无枪者不另发。

（2）地委委员以上干部，各带警卫员一人。

（3）每一行署级单位，带公用通信员三人，一个警卫排。

（4）每一分区级单位，带公用通信员五人，警卫班一个，十人至十二人。

（5）每一县级单位，带公用通信员五人，县长、县书、付县书各带通信员一人。

（6）每一区级单位，带公用通信员一人至三人，伙夫一人。

（7）军队干部枪支、警卫、通信人员之配备，均按华北局军区原规定执行。

（8）每十人到十五人，带炊食员一人。

（9）每区党委，应带医生四人，卫生员若干人及必要之医药一部。

（10）每一分区级单位带医生一人，卫生员二人。②

三　1949年以前聊城地区的五次北上与南下工作

解放战争时期，鲁西北（聊城地区）作为后方，曾多次抽调干部北上、南下。在1949年初大规模干部南下前，鲁西北地区曾有过五次抽调干部北上、南下经历。不过历次抽调人数、规模及距离均较1949年初"南下"规模为小。

---

① 冀南区委组织部：《南下干部生活待遇、装备办法的规定》（1949年2月5日），山东省档案馆藏，案卷号：G051 - 01 - 0060 - 027。

② 同上。

（一）第一次抽调干部：抗战胜利后北上东北

1945 年 8 月抗战胜利后，中共中央为迅速控制东北，以打下全国解放胜利的坚实基础，抽调华北地区干部北上入关，进入东北工作。冀南七地委（原称"鲁西北地委"，1943 年 7 月，鲁西北地委由鲁西区党委管辖划归冀南区党委领导，改称"冀南七地委"，下辖冠县、临清、馆陶、邱县、堂邑、莘县、阳谷、朝城、观城九县，多数在今聊城地区范围内①）抽调干部百余人，由地委副书记杨易辰（东北籍干部，辽宁法库人）、专员周持衡带领，步行前往山海关，进入东北。据当时随队进入东北的北上干部李英华同志回忆，"地方干部职务最高的是地委副书记杨易辰同志。有几名县级干部，他们是鲍廷干同志、王树仁同志、孙良才同志、赵西岳同志、岳仲轩同志。其余是区级以下干部。军队干部最高是团职干部"②。北上干部团快到山海关时，"国民党军队由美国军舰载运在秦皇岛登陆。干部不能从山海关去东北，只好沿长城里侧往西走，绕道出古北口，经热河省到绥中县乘上火车到达沈阳"。经过一个月行程，到达沈阳，此后由东北局负责鲁西北北上干部的工作分配问题。③ 抗战胜利后聊城地区北上东北干部大大充实了党在东北的组织力量，为东北地区的解放和建设事业作出了重要贡献。

（二）第二、三次抽调干部：跟随刘邓大军南下

1949 年渡江南下之前，鲁西北地区影响最大的南下工作，是支援 1947 年刘邓大军跃进大别山，先后两次抽调干部南下。1947 年 6 月，为了实施战略反攻，重建大别山革命根据地，中共中央决定从晋冀鲁豫解放区抽调大批干部随刘邓大军南下，开展地方工作，建立地方政权。晋冀鲁豫解放区组成南下干部支队，其中，冀鲁豫区为第一

---

① 许梦侠：《抗日战争时期鲁西北地区党政军组织的一些情况》，常连霆主编：《山东党史资料文库》第 16 卷，山东人民出版社 2015 年版，第 614—615 页。

② 李英华：《回忆北上干部情况》，中共聊城地委党史资料征集研究委员会编印：《一切为了前线（上）聊城地区党史资料第 15 辑》，1988 年，第 112 页。

③ 同上书，第 113 页。

干部大队，冀鲁豫六地委（运东地委）为第一中队，共计51人，中队长梁久让（茌平县委副书记）、指导员孟筱澎［筑先（聊城）县委书记］、中队副傅毅远。① 下辖四个班，一班为茌平县干部，班长张一正，二班为齐禹、长清县干部，班长李泽民，三班为平阴、东阿县干部，班长孟月山，四班为阳谷、筑先（聊城）县干部，班长杜治国。"由于战争环境的紧张，全部是男同志，年龄一般二十多岁，少数大的三十多岁，小的十八九岁，女同志暂不南下。"绝大多数被调干部都是情绪高涨、斗志昂扬，只有个别同志怕困难不愿南下，组织上进行了调换。②

7月，被调同志在阳谷县进行了短期集中训练，训练内容主要是：认清南下是革命斗争形势的需要，充分认识党中央毛主席决定南下的正确性和可行性。轻装上阵，实行军事化管理。服从命令听指挥，要遵守军事纪律、群众纪律。据六地委南下中队负责人（中队长）梁久让所述：8月底，南下同志由阳谷县骆驼巷出发，从寿张县孙口强渡黄河，经山东、河南、安徽，到达大别山，在七里坪停驻三天，领导干部一律降低一级分配职务，冀鲁豫干部与其他各区干部实行打乱混合分配。③部分干部被分配到豫东、皖西大别山区工作。④ 其他干部被分配到江汉军区第二分区（鄂中分区）继续前进，终于到达鄂中地区。他们历时三个月，历经四省，31个州县，行程3500华里，翻越大别山，曲曲折折，走走停停，最终到达湖北省中部江汉地区工作。⑤

冀南区一地委跟随刘邓大军南下的干部，元朝县25名，由元朝县委书记张延积带队，冠县30余名，由冠县县长王相卿带队，临清30多名，由杨培建带队，馆陶30多名，由李力员带队，1947年7月

---

① 梁久让：《英明的决策——1947年南下江汉的回忆》，中共聊城地委党史资料征集研究委员会编印：《一切为了前线（上）聊城地区党史资料第15辑》，1988年，第120页。
② 同上。
③ 同上书，第121—125页。
④ 中共东阿县委党史资料征集研究委员会编：《中共东阿县党史大事记1933—1949》，山东省出版社总社聊城分社1990年版，第107页。
⑤ 梁久让：《英明的决策——1947年南下江汉的回忆》，中共聊城地委党史资料征集研究委员会编印：《一切为了前线（上）聊城地区党史资料第15辑》，1988年，第125—126页。

初到河北省武安县报到，经过短暂集训后，跟随二野二纵队南下，最终到达大别山区工作。冀南区一地委干部主要分配到大别山区的安徽金寨县工作，张延积任金寨县委书记，王相卿任县长。① 他们在二野部队的配合下，克服没有后方支持的重重困难，突破敌人重兵围剿，开始了艰苦的开辟大别山根据地的工作。大别山是原红四方面军根据地，遗留军烈属很多。南下后担任金寨县委书记的张延积（山东肥城人）回忆，他们充分利用大别山老苏区的优势，吸收了不少红军家属担任区干，广泛动员群众，建立贫雇农组织，粉碎了国民党新桂系的多次进攻，"歼灭了国民党很多地方民团、小保队等反动武装，为支援前线做出了应有的贡献"②。

1947年秋，为了继续支援刘邓大军在大别山的战斗，建立人民政权和革命根据地，冀鲁豫区党委再次组织部分干部南下，六地委由徐翼县副县长唐立全任队长，带领140多名同志，在集中参加完1948年初冀鲁豫区的"坡里整党"后，开赴大别山。③ 这次南下人员中，除有县区领导干部外，还有相当数量的一般干部和土改复查中涌现出来的农村积极分子。④

当时，山东、安徽境内敌情复杂。黄河以南、长江以北国共两党的大决战尚未开始，国民党的力量仍较强大，地方反动势力活动猖獗，冀鲁豫干部南下行军过程中一路遭到敌人围追堵截，在湖西地区，南下干部会合了华野十纵和中原野战军第十一纵，才得以休整，但仍未摆脱敌人的追击。约在1948年2月26日，南下干部到达豫皖苏区党委活动地区——皖西北的太和县境内。此时，大别山区出现不

---

① 聊城地委党史办：《解放战争时期鲁西北地区的干部北上南下述略》，中共聊城地委党史资料征集研究委员会编印：《一切为了前线（上）聊城地区党史资料第15辑》，1988年，第184页。

② 张延积：《开辟大别山解放区的及时雨》，中共金寨县委宣传部编：《立夏节烽火 革命斗争回忆录》，安徽人民出版社1980年版，第316—318页。

③ 聊城地委党史办：《解放战争时期鲁西北地区的干部北上南下述略》，中共聊城地委党史资料征集研究委员会编印：《一切为了前线（上）聊城地区党史资料第15辑》，1988年，第184页。

④ 中共东阿县委党史资料征集研究委员会编：《中共东阿县党史大事记1933—1949》，山东省出版社总社聊城分社1990年版，第112页。

利于我军的状况，敌人疯狂反扑、围剿大别山，刘邓大军活动困难，主力已准备转出大别山，加之敌人对我部队围追堵截，我军筹粮极为不力。为此，上级决定将这批冀鲁豫南下干部就地分配，"并于当晚将支队化整为零，分送到各地委"，部分干部被分配到豫东项城县，多数干部被分配到皖北阚町（今分属安徽蒙城、阜阳、利辛县）、凤台、怀远等县①，从事发动群众，开辟根据地的工作。他们为开辟与发展豫皖苏区，支援淮海战役作出了重要贡献。1949年初，部分冀鲁豫干部从皖北继续南下，到合肥集中后，与全国其他地区南下干部合编为金陵支队。金陵支队将1949年初从冀鲁豫区新南下的部分干部（主要冀鲁豫九地委阳谷、朝城、观城、南峰等县）、1948年初南下皖北的原冀鲁豫干部及豫皖苏、冀中等解放区南下干部2400余人，"打乱了原来按地区编队的界限，改按财经、政法、教卫、新闻、农业等编成专业大队"，随军渡江，开赴南京接管建政。②

（三）第四次抽调干部：南下桐柏

1947年10月，二野十纵渡淮河到达大别山区，12月初又跨过平汉线进入桐柏地区。为支援桐柏新区的斗争，冀南一地委（分区）发动了解放战争时期该地第三次大参军。③此次招募新兵5个团共10000多人。同时根据上级指示，按照一个地委、若干县委编制，从所属各县抽调干部500多人，组成南下干部队，由王志浩同志（一地委组织部长）负责，以南下干部带领新兵5个团，南下到达河南、湖北交界的桐柏山区，将新兵全部补充到二野二纵。④十纵和随军南下干部发扬连续作战的革命精神，兵分两路，连夜向桐柏区跃进。经过

---

① 高庆华：《随冀鲁豫南下支队南下情况的回忆》，中共聊城市委党史资料征集研究委员会编印：《聊城市党史资料》第5期，1989年，第323—325页。

② 同上书，第327—328页。

③ 临清市委党史办：《临清县临清市清平县在解放战争期间三次参军的一些情况》，中共聊城地委党史资料征集研究委员会编印：《一切为了前线（上）聊城地区党史资料第15辑》，1988年，第66页。

④ 聊城地委党史办：《解放战争时期鲁西北地区的干部北上南下述略》，中共聊城地委党史资料征集研究委员会编印：《一切为了前线（上）聊城地区党史资料第15辑》，1988年，第185页。

血战，十纵以牺牲和失散千余人的代价，突破重围，胜利进入桐柏区。① 在新兵团临时任职的南下干部，由中共桐柏区党委分别分配在邓县、邓北、邓西、信阳、新野、南阳、襄阳、枣阳、老河口等地和区党委机关工作。

（四）第五次抽调：接管平津

1948 年下半年，"由于解放战争形势飞速发展，新解放区和城市不断增加，为了满足新区和城市对干部的需要"，华北局"从各解放区抽调干部去中央党校学习"。冀鲁豫六地委 150 多名干部在地委书记马盛斋、武装部长郭乐天的带领下，"于 8 月到达河北平山西郑庄——中央组织部。12 月底，平津解放在即，奉命开赴平津地区，分别参加了北平和天津的接管工作"②。"这批干部原是储存起来准备南下的，后来华北、平津形势发展很快，1948 年 12 月底，在平山县城里由薄一波同志动员后开赴平津地区，一部分去接管北平，一部分去接管天津。"③

由于鲁西北地区地处华北大平原，在地理位置上与北平、天津及东北相距较近，语言、饮食、生活习惯等方面亦相差不大，且山东人近代以来便有"闯关东"的历史传统，鲁西北民间又有"宁愿向北走三千，不愿向南走一砖"的说法，因此，当时的干部相较于"南下"而言，对于"北上"普遍持更积极态度。1949 年以前虽然有数次南下调动，但是没有渡过长江，并未到达当时一般鲁西北干部思想中与自己在语言、饮食、习俗等差别较大的长江以南地区，加之此前历次"南下"的涉及范围有限，因此，引起干部心理波动程度和对地方工作的影响相对较小。而 1949 年初的"南下"动员工作是中央

---

① 刘太祥主编：《南阳历史文化与经济社会发展研究》，河南大学出版社 2011 年版，第 309 页。

② 中共东阿县委党史资料征集研究委员会编：《中共东阿县党史大事记 1933—1949》，山东省出版社总社聊城分社 1990 年版，第 118 页。

③ 聊城地委党史办：《解放战争时期鲁西北地区的干部北上南下述略》，中共聊城地委党史资料征集研究委员会编印：《一切为了前线（上）聊城地区党史资料第 15 辑》，1988 年，第 186 页。

统一部署的全局性、整体性重要战略任务。应该说，此前历次"北上""南下"工作，在鲁西北地区均没有引起如1948年底至1949年初的"南下"动员那样较为强烈而广泛的社会反应。

第二章 克服万难："南下"前干部的心态与地方党委的解决

1949 年是中国人民解放战争取得决定性胜利的一年，也是中国近代历史进程发生根本转折的一年。在淮海战役结束前，鲁西北干部曾到达河南、安徽、湖北一带，不过规模有限，且未过长江。而1949 年起的南下干部，其任务与地点都发生了重大转变。由于人民解放军渡江在即，国民党蒋介石的嫡系主力已被基本歼灭，此次空前规模干部抽调的目的是为了过江南下接管南方的国民党各级政权，包括国民党统治核心的南方城市政权。虽然 1949 年南调动员期间，江北地区已比较安全，干部在过江之前已不再如此前南下者一样要担负较艰巨的军事作战任务，但过江后情况具体如何，多数人心中并没有清楚答案；且此次南下路途遥远，鲁西北干部所接管的南方地区，在自然环境、习俗、语言各方面均与华北老区差异极大；更关键的是干部们担心自己走后家中妻儿父母如何照料。因此，1949 年初鲁西北党组织在动员南下的过程中，面临着诸多较为棘手的问题。不少干部在南下前面临着婚姻家庭和个人前途的艰难抉择。基层党委通过采取一些灵活性、人性化与原则性相结合的具体举措，努力解决南下干部的实际困难，较好地完成了南调任务。

一 "南下"前干部的心态及其原因

（一）南下前干部的心态

1948 年底至 1949 年初，相当多的鲁西北干部在得知要"过江""南下"消息后，心理上一度产生了种种波动，大体可分为以下几种类型：

1. 主动报名、愿意南下的

各地在动员开始阶段，很多干部主动自报南下。地方党委认为，主动愿意南下者的南下动机可以分为几类，见表2-1：

表2-1　　　　　冀鲁豫九专署机关南下干部动机统计表

类数/级别	县级	区级	助级	干事	合计
为任务	6	1	9		16
为私人	1				1
为逛景					
合计	7	1	9		17

资料来源：冀鲁豫第九专署：《南下政权干部工作总结报告》（1949年3月1日），山东省档案馆藏，案卷号：G052-01-0209-010。

九专署统计的阳谷县区机关南下干部思想动机见表2-2：

表2-2　　　　　阳谷县区机关南下干部思想动机统计表

类别 \ 级别	县级	区级	助级	干事	合计
为完成战略	1	4	2	3	10
为私人问题		3	5	6	14
为游山逛景			1		1
合计	1	7	8	9	25

资料来源：冀鲁豫第九专署：《南下政权干部工作总结报告》（1949年3月1日），山东省档案馆藏，案卷号：G052-01-0209-010。

又如冀鲁豫九地委南峰（朝城）县政府自报南下者思想动机如下："自动报名者13人，南下动机"：（1）响应上级号召，完成战略任务6名。（2）为解决婚姻问题者1名。（3）游山逛景者1名。（4）有严重错误愿到外重新做人者1名。（5）心里不想去，虚荣又报名者2人。（6）想到南方安家者1人。[①]

[①]　冀鲁豫第九专署：《南下政权干部工作总结报告》（1949年3月1日），山东省档案馆藏，案卷号：G052-01-0209-010。

　　大体来看，鲁西北党组织认为主动自报南下者的动机主要有以下三点：

　　（1）服从战略任务，从思想上认识到"南下过江""解放全中国"的重要性。绝大多数鲁西北干部在接到南下指令后，忠于信仰，服从战略任务，从思想上认识到了"南下过江""解放全中国"的重要性。不少县思想动员工作较为充分，为"完成战略任务""忠于党的事业"而自报南下的干部很多。如冀鲁豫九地委"南峰、寿张、范县等县亦都是50%以上干部自动报名与表明态度'服从调动'"①。冀鲁豫六地委河西县有数位干部"都已年过四旬，刚翻了身得胜利果实的老农村干部，他们的爱人都是拉扯着年幼孩子，家中都没有劳动力。他们表示'翻身不忘共产党'的决心，虽经组织劝阻留下工作，他们仍坚决和大家一起南下"②。筑先县九区区委干部张连合，发现这次通知干部南下名单时没有他的名字，"在接到南下名单时，次日就到县委会积极的提出要求南下，如不叫他去他的情绪会受影响，因此领导上就批准了他的南下"③。干部们意识到"将革命进行到底"战略任务的重要性，也充分说明老解放区广大干部群众的革命热情和政治觉悟。

　　（2）解决私人问题。各地在总结、统计"南下动机"中认为的所谓出于"为私人问题"而自报南下者，主要表现为：一些没有结婚的青年干部认为通过南下可以更好地解决自己的婚姻、前途问题。有的是对现有的婚姻状况不满意。有部分地主、富农出身的干部，积极要求离开现工作地南下，到新区锻炼自己，以利于实现个人更好地发展。也有干部对现在工作不满意，认为南下是改变自己目前工作环境、

　　① 冀鲁豫第九专署：《南下政权干部工作总结报告》（1949年3月1日），山东省档案馆藏，案卷号：G052－01－0209－010。

　　② 山东东阿县1949年南下干部贾永荣同志为笔者寄送的其南下回忆资料（手写稿）："南下干部心向党"，第6页。贾永荣同志是1949年东阿县南下干部，现居住于贵州省凯里市。1949年南下黔东南时担任（中国人民解放军二野五兵团）西进支队第四大队政治部营级文印员。笔者于2016年10月8日、10月25日、10月30日多次对他进行电话访谈。贾永荣同志为笔者邮寄了他2016年手写的南下回忆资料："南下干部心向党"。（共36页）

　　③ 《筑先县组织部南调干部总结报告》，聊城市东昌府区档案馆藏，案卷号：1－1－13－3。

工作内容的大好机会，"有的为了调动工作的，如聊阳县府宋××说：'我走了可以不作事务工作了'"①。有的干部感到在鲁西北家乡动员参军任务压力较大，"参军任务多，马上来临，这次调干部后，各区所剩的干部少而弱，在家里不少作难，感到不如调走好"②。

此外，也有干部自报是出于个人更好地发展进步的合理考虑。如筑先（聊城）县有的同志"党龄虽不长，但他工作历史也是抗日时期的老干部，他提出在本县社会关系多，即看人多处理问题不大方便，个人在政治上进步的慢，为了他在政治上很快的进步，积极提出南下要求"③。

（3）"游山逛景"。此类动机在一些年轻干部中存在较多。当时相较山东、河北老解放区，江南地区经济发达、风光秀丽，一些干部认为，趁着年轻，早出去走一走。因此，各专署、县的南下动机统计中，均有出于"游山逛景"动机一项。

应该说绝大多数自报南下的干部，都是有"解放全中国""完成南下战略任务"的思想觉悟的，他们的南下动机也是端正的。

2. 不主动报名，但经过组织动员后，能服从调动的

就鲁西北地方"南下"动员、总结等原始资料统计，持这类态度的人数不少。如冀鲁豫九地委观城县，"全县分委干部72人，经过动员，可以自报南下的有20人（占27.78%），表示服从组织决议的有36人（占50%），调动困难，不能服从的16人（占22.22%）"，"全县工作员干部245人，经过动员可以自报南下的有43人（占17.55%），表示服从组织决议的有105人（占42.87%）"，"调动困难"的"有97人（占39.59%）"④。可以看出，虽不主动报名，但经过组织动员劝说后能服从调动者占干部总数的一半左右。组织认

---

① 《冀鲁豫六专署南下干部总结》（1949年3月1日），山东省档案馆藏，案卷号：G052-01-0213-003。

② 《筑先县组织部南调干部总结报告》，聊城市东昌府区档案馆藏，案卷号：1-1-13-3。

③ 同上。

④ 观城县委组织部：《关于干部南调工作的报告与请示》（1949年2月9日），聊城市档案馆藏，案卷号：2-1-40-7。

为,"这说明提高到'自觉''自报'仍是个艰苦的政治动员任务。这些表示服从组织的同志,只是原则上接受了党的原则,仍有具体问题"。① 冀南二地委高唐县,在传达南下任务后,"干部有三种不同的表现:一是积极自动报名的61人(名单已报地组部),二是服从调动的占绝大多数,约有300余人,三是不服从调动,表示坚决不南下的4人"。② 即有相当一部分同志思想表现为"决定即去,不叫去更好"的思想。从现有资料看,不少干部对南下,在思想上仍存在较大顾虑,有的涉及乡土情结,有的表示自己文化水平低,南方人文化高,无法适应江南工作,更多人则担心婚姻问题无法处理,及自己走后父母、妻儿生计无法解决,"有怕调南下之思想,如(南峰县)一区区长粟恩仲同志老想家庭老婆孩子困难,走后无法生活的问题",但是当组织调到自己时,仍然能够克服种种困难,服从调动。③

3. 向组织提出个人问题的解决

少数被调同志的表现是"党的组织观念淡薄",没有意识到"南下"的重大战略意义与必要性,而是有个人问题作条件,"如果给顺利解决问题,我就南下",向组织提出了一些个人问题包括家庭困难的解决。

一是婚姻家庭问题。1949年春,山东、河北等省数万干部成批、成套被调南下的同时,涉及数十万名干部家属(包括妻子、子女、父母)的安置与善后问题。中共中央华北局、华东局对干部家属问题的基本原则是一致的,即"家属与爱人一律不带,各地妥为处理,待秩序安定后即迎接前去(妇女干部无孩子之累者,以干部调动论前去工作)"④。也即"南下"在原则上不能带家属。只允许少数身体健康、

---

① 观城县委组织部:《关于干部南调工作的报告与请示》(1949年2月9日),聊城市档案馆藏,案卷号:2-1-40-7。

② 《组织工作月报(二月份)关于南征干部问题》,高唐县档案馆藏,案卷号:1-1-20-0024。

③ 南峰县委组织部:《南峰县委组织部元月份组织工作月终报告》(1949年1月30日),聊城市档案馆藏,案卷号:2-1-38-3。

④ 《中共华东局渤海区党委关于抽调干部随军南下有关问题的通知(节录)》(1949年2月14日),德州市委党史研究室:《光荣的使命 德州干部随军南下简史》,党建读物出版社2002年版,第362页。

没有生养小孩的妇女干部，可以以干部调动身份一同前去。对于南下干部的配偶南调问题，冀鲁豫区党委要求未脱离生产、未参加革命工作的一般农村妇女、身体有病、生育小孩及"小脚"的妇女家属一律不准随调南下，此后又规定，"其条件除依区党委组织部十一月七日通知外，如有单独工作能力之女同志依规定有保姆照顾其小孩，对工作影响不大者，亦可前去"①，且明确指出，"上述条件必须严格遵守，不得有任何迁就。因南下环境与物质条件限制，还不能允许所有南下干部的爱人马上南下，那里既无适当医院，又无华北区之保健保育规定，有的是游击战争，背行李跑路，勉强前去有害无益。大批妇女干部南下，尚须待至明春，看环境决定"②。且要求"这次南下妇女干部，一律集中行动，不准零星出发"③。

不过这一原则性规定也为各地随调家属留下了口子。实践中一些地区为了照顾干部情绪与实际困难，随调了一批妇女干部南下。此后，华北各区党委对各县调出的不符合条件的妇女干部进行了大规模劝返。1949年3月，冀鲁豫区党委向华北局报告称，"有的是严格妇干条件不够，将小脚、怀孕、有病及不够工作员条件都带来，经审查减去160人"④。冀鲁豫区党委对九地委已调出的南下干部情况回复，"你们南下的妇女干部，绝大多数得回去或到党校学习"⑤。当然，聊城地区各地、县南下时，最终调出了一部分符合条件、已脱离生产的妇女干部，不过这些随队南下的妇女干部，在南下途中也被暂留在了一些安全地区的"留守处"。今属聊城地区的原冀鲁豫区六地委南调妇女干部被全体留在湘潭留守处，没有跟随冀鲁豫西进支队进入贵州，原冀南区一地委妇女干部被留在了开封留守处，未跟随一地委干

①　冀鲁豫区党委：《对调南下妇女干部补充通知》（1948年11月16日），山东省档案馆藏，案卷号：G052－01－0064－002。

②　同上。

③　同上。

④　《冀鲁豫区党委就南调干部问题向华北局的报告》（1949年3月），中共贵州省委党史研究室冀鲁豫组编印：《从冀鲁豫到贵州——南下支队和西进支队专辑》，1991年，第70页。

⑤　冀鲁豫区党委组织部：《对九地委组织部南下工作报告的回复》（1949年3月20日），聊城市档案馆藏，案卷号：2－1－46－8。

部大队进入湖南益阳地区。

　　而在此情况下，家属问题便成为当时制约干部南下的最大问题。干部走后，妻儿如何安置？多数干部认为过江南下，此后难以再回乡生活工作了，原先的婚姻关系如何维持？干部到了南方如何再解决婚姻问题？这些都成为当时基层党委要处理的比较棘手的问题，也成为不少干部的心结。正如冀鲁豫五地委报称："老婆问题是个大问题，有这个问题的干部很多，除少数参加工作老婆外都有些问题。参加工作的也有小孩小脚不够南下条件……等等问题，感情好的，没孩子的要求带着，感情不好的要求离婚，年老的干部老婆孩子大堆离婚不可能，将来往南送也不可能，到江南后只有当和尚。这个问题影响南下很大。"①

　　此外，部分同志认为此次南下，就不可能再回来了，当然这也涉及一些干部的婚姻本身就是旧式家庭包办的结果，夫妻感情一般，因此要求组织批准离婚方才南下。如冀鲁豫九地委南峰（朝城）县"有的提出离婚来，亦不是因不愿南下而离婚，而是因夫妇关系不好而离婚，个人献身于革命，以革命为职业"②。冀南一地委高唐县在"领导上表明态度，凡是不脱离生产的妇女干部（干部老婆）不能带着南下，只有对个别的南下干部，家庭无人，只有老婆一人，而又能提为区干者，才能带着"后，一部分干部希望组织将其配偶提拔为干部一起南下，"另外南下干部也有闹离婚的，一般的过去夫妻关系不好，趁南下的机会坚决离婚，现在了解有七个干部闹离婚的，有五六个干部已经离了"。③

　　还有一些干部向组织提出其他个人和家庭要求。如南峰县个别"非党员干部"在组织要他南下时"要求解决自己党籍问题，有条件

---

① 冀鲁豫五地委组织部：《动员南下干部工作总结报告》（1949 年 3 月 15 日），山东省档案馆藏，案卷号：G052 - 01 - 0098 - 008。

② 南峰县委组织部：《南峰县委组织部元月份组织工作月终报告》（1949 年 1 月 30 日），聊城市档案馆藏，案卷号：2 - 1 - 38 - 3。

③ 《组织工作月报（二月份）关于南征干部问题》，高唐县档案馆藏，案卷号：1 - 1 - 20 - 0024。

的南下，否则不愿南下"①。此外便是关于子女公费上学问题、拖欠公家公籽问题的解决等。

4．少数不服从调动的

少数干部由于种种原因和困难，在得知"南下"消息之初，情绪波动较大，甚至出现宁可回家不干革命工作，也决不南下的情况。如冀南区"个别的干部叫南下即回家，表示宁脱离革命也不南下的'论堆'思想，如说'不南下坐禁闭也行'。有的说枪决了骨头也落在北方"，"还有一个干部听说调干部南下，三天没吃饭，上述个别干部其落后保守倒退与极端自私自利的个人主义思想确实已到登峰造极的地步"②。没有正当、合理理由而坚决不服从调动，甚至为逃避南下而回家、放弃革命工作者，在此次南下动员中只是极少数。他们有的思想意志极为薄弱，有的是在土改中新提拔的干部，刚参加工作不久思想还未转变，有的本身就是混入党内的投机分子，参加革命的动机不纯，一遇到"南下"重大考验就"弯了腰""落了水"，暴露了其本质。对于极少数此类分子，经组织反复劝说、做工作，仍然无效者，鲁西北党组织给予了包括"开除党籍，取消革命职员资格"在内的处分。③

（二）南下动员中面临实际困难的原因

部分干部起初不愿南下的原因较为复杂。第一，由于这次大规模南下，要过江，路途遥远、归期无定，干部个人及婚姻家庭面临诸多实际困难亟待解决。这是当时一个主要制约因素。"游击战争中残酷的敌人给了人民严重的灾难，家属更加厉害，有的干部家的人被杀了，房子被烧了，无家可住，异乡逃难，田地荒芜了，没吃没烧，家

---

① 南峰县委组织部：《南峰县委组织部元月份组织工作月终报告》（1949年1月30日），聊城市档案馆藏，案卷号：2－1－38－3。

② 《冀南区党委组织部介绍四地委对南下干部动员的方法、步骤的通报》（1949年2月2日），山东省档案馆藏，案卷号：G051－01－0099－003。

③ 参见《地委关于开除岳烈光党籍的决定》（1949年2月22日），聊城市档案馆藏，案卷号：2－1－44－5；临清市委组织部：《未南下干部处分总论》（1949年4月14日），山东省档案馆藏，案卷号：G051－01－0020－008。

里活没人做"①，干部担心一旦南下，父母妻儿无人照料，甚至无法维持基本生活。而部分地方"领导上对干部的具体问题注意解决不够。如，有不少干部家庭因受水灾没有饭吃，也有不少干部家庭被敌摧残而没有吃和住的，有很多干部家庭无劳力代耕（干部家属荒地减收），救济等各项工作做得不好，影响了干部情绪"②。

第二，有的是不愿放弃家乡相对安全的生活环境。"土地平分后有了生产资料，发家致富的思想上升。有的干部要求回家生产，有的说：'革命好，革不起'，只挂着他的小牛、小驴、孩子老婆，而对工作则很差。"③

第三，怕过江后还要"打游击战"。1947年鲁西北各县基本都有干部跟随刘邓大军南下到大别山区工作。由于缺乏后方依托，当时的刘邓大军在大别山区遭到敌人优势兵力的围追堵截，这批鲁西北南下干部经受了长期的艰苦生活和残酷的斗争环境，不少同志牺牲了。因此，1949年南下动员时，一些鲁西北干部（尤其不少在土改中刚刚涌现出的积极分子、新提拔干部）存在一定的畏难情绪，怕过江后到了国民党统治中心区域，还要"打游击战"。

第四，"小农思想"、乡土情结与传统观念等影响。1948年底至1949年初动员南下中的基层干部，多数有较高的思想觉悟和较强的组织纪律性。但他们毕竟绝大多数是普通农民子弟，文化程度有限，"有些区全区只有区书、区长、财助能写信。这些干部多是在土改、复查、游击战争当中提拔出来的，其工作动机又极其复杂"④。不少人刚翻身分了土地，长期受到华北乡村传统文化观念深刻影响，如所谓"物离乡贵，人离乡贱""老不征北，少不征南"。一些同志"还存在'父母在不远游，游必有方'的封建落后思想，国家观念、组

---

① 冀鲁豫五地委组织部：《动员南下干部工作总结报告》（1949年3月15日），山东省档案馆藏，案卷号：G052-01-0098-008。

② 《冀鲁豫区党委关于南调干部工作布置报告》（1948年），中共冀鲁豫边区党史工作组办公室编：《中共冀鲁豫边区党史资料选编 第3辑 文献部分 下 1948.6—1949.9》，山东大学出版社1989年版，第331页。

③ 同上。

④ 同上。

织观念是很模糊的"①。鲁西北的绝大多数干部是"土生土长"的本地人，"没有到过大城市，有不少同志连自己所在县的县城都没有到过。参加革命后大多数同志都是在自己的家乡周围活动。土改以后，农村基层干部中较为普遍地产生了革命到顶的思想。当时曾流行过这样一句话：'三十亩地一头牛，老婆孩子热炕头。'形象地说明农村干部留恋土改后的小农经济生活"②。

第五，对南方的环境不了解或有误解。部分干部起初有不愿南下的思想，有的是不愿放弃家乡相对安全的生活环境，而有的则是对南方的环境不了解或有误解。如说"宁愿向北走三千，不愿向南移一砖"，南方"墙上可以烙烧饼，三个蚊子有一斤"。有的说"到江南去北方人不服水土好生病，江南雨水大，好生脚气病，江南说话听不懂"，"江南有蚊子能咬死人，有大蛇走路大蛇绕腿，走路得带着刀准备割蛇"③。"有一部分工农干部感到自己无前途，不会写不会算无用处，不如知识分子，就是进了大城市，咱还不是扫大地吗？不如现在回家，（免得）将来老了无人管。"④

不过总的来看，家庭因素还是影响当时鲁西北干部"南下"抉择的最主要原因，即当时文献中常称的"老婆拉腿""父母哭闹"。夫妻感情好的干部怕一南下这辈子难以见面，有的干部担心家中父母年老体衰无人照料，家里农活没有劳力，等等。"思想不通的干部借父母妻子寻死觅活不叫走而动摇了，有的不见面；有的给领导去信说不走了；有的叫家属到机关请愿；有的干部论了堆；有的干部本来可以

① 《冀鲁豫区党委关于南调干部工作布置报告》（1948 年），中共冀鲁豫边区党史工作组办公室：《中共冀鲁豫边区党史资料选编 第3辑 文献部分 下 1948.6—1949.9》，山东大学出版社1989年版，第331页。

② 郝昌德、付明余：《回忆王富海同志率冀鲁豫六地委干部南下和西进的事迹》，中共黄平县委党史办编印：《光照千秋资料专辑》，1985年，第85—86页。

③ 冀鲁豫五地委组织部：《动员南下干部工作总结报告》（1949 年3月15日），山东省档案馆藏，案卷号：G052 - 01 - 0098 - 008。

④ 《冀鲁豫区党委关于南调干部工作布置报告》（1948 年），中共冀鲁豫边区党史工作组办公室：《中共冀鲁豫边区党史资料选编 第3辑 文献部分 下 1948.6—1949.9》，山东大学出版社1989年版，第331页。

南下，但由于乡邻的拉腿而动摇了。"① 有的干部被老婆关在家里不让出来，有的"装病，另生枝节，与医生闹气，强调家庭困难，不能离开老婆"等。② "有一部分同志是孝顺父母的思想为主。不能外调的干部的家属，在土改后，由于教育不够，对干部思想经常拉向落后，起腐蚀作用。"③ "还有一小部分论堆的干部，没有任何理由可讲，'我就是不南下'的论堆④态度。"⑤ 使得基层政权的南下动员工作面临着很多具体困难。如冀鲁豫九地委观城县"躺倒"⑥ 38 名干部，其主要原因，当时统计有"严重的农民落后自私观点，强调家庭脱离不开""回家做买卖不干了""怕外调""家死人，主要不愿远去离家""蜕化离不开老婆"等等。⑦

正如冀鲁豫九地委寿张县总结该县干部南调中所遇困难时称，"总起来说，这次南下发生的问题，百分之九十以上的都是家庭观念问题，父母不同意南下，老婆哭叫，家庭无劳力依靠代耕不行，走后家庭有困难。这些问题里边，尤其是老婆拉腿最狠，其效力最大，重家庭轻革命"⑧。

二　基层组织的动员举措及其效果

1948 年底，鲁西北的冀鲁豫、冀南区党委接到南下任务后，即

---

① 冀鲁豫六地委：《南调干部工作总结》（1949 年 3 月），中共聊城地委党史资料征集研究委员会编印：《一切为了前线（上）聊城地区党史资料第 15 辑》，1988 年，第 92 页。

② 《冀鲁豫区党委就南调干部问题向华北局的报告》（1949 年 3 月），中共贵州省委党史研究室冀鲁豫组编印：《从冀鲁豫到贵州——南下支队和西进支队专辑》，1991 年，第 70 页。

③ 观城县委组织部：《关于干部南调工作的报告与请示》（1949 年 2 月 9 日），聊城市档案馆藏，案卷号：2－1－40－7。

④ "论堆"在山东方言中指"自甘落后"的意思。

⑤ 冀鲁豫九地委组织部：《南调干部工作总结及调整组织训练培养干部的意见》（二月份报告），聊城市档案馆藏，案卷号：2－1－46－9。

⑥ 当时的各级组织对于一些干部不愿离开家庭、"为家庭放弃革命"的表现称之为"躺倒""弯腰"或"落水"。

⑦ 观城县：《观城县躺倒干部登记表》，聊城市档案馆藏，案卷号：2－1－40－11。

⑧ 《寿张县调动政权干部南下工作总结报告》（1949 年 3 月 3 日），山东省档案馆藏，案卷号：G052－01－0229－005。

积极加紧政治动员，要求各级组织在工作中强调彻底实现解放战争最后胜利的必要性，对党、政、民、武干部"进行政治教育、阶级教育，提高觉悟"，"个人利益应服从整体利益，局部利益应服从全部利益"①。各县多召开大会宣布南下，首先由干部主动自报南下，其后宣布南下名单，再做思想不通者的工作。各地除了组织开会学习、政治动员外，也采取了一些灵活性与原则性相结合的具体措施，以完成南调任务。

（一）克服"和平"与"稳定"的思想

华北干部中当时比较典型的思想是"和平"与"稳定"的想法。华北战事基本结束，家乡解放以后，干部们普遍心态放松，以为"蒋介石打倒了，任务就完成了"，一些人被蒋介石的和平阴谋所蒙骗，有的准备"享福"，有的要求复员回家。各地党委对这类思想进行了系统批驳，指出并不是我们不要和平，不要和谈，而是蒋介石所谓的"和谈"是"假和谈"，对干部们充分讲解"将革命进行到底"的必然性与必要性。如九地委寿张县"以县委名义，召开了县区干部四百人的大会（党内外干部均有），先作了形势报告，并分组讨论了形势"，认真学习了1949年"毛主席对时局的声明，及反动派求和的阴谋等文件"，"给干部对形势有清晰的认识，提高了干部的政治觉悟，奠定了干部将革命进行到底的决心"，使干部们明白："蒋介石的和平是假的，蒋介石的骨头就是反动的，蒋介石曾提过，对共产党宁杀一千，不许漏网一个共产党，这样是将革命进行到底呢，还是半途而废呢？没有问题，我是要将革命进行到底，是听从调动。"②经过教育学习，一些起初思想不通的干部表示："我们是贫农，家有老母妻子，就是无劳力，起初是想照顾家庭，但又一想，个人生活的改善是谁给的呢？是共产党。经过斗争以后，个人仍是坚定了决心，丝毫问

---

① 《刘晏春同志在地委组织部长联席会议上的总结报告》（1949年1月8日），中共贵州省委党史研究室冀鲁豫组编印：《从冀鲁豫到贵州——南下支队和西进支队专辑》，1991年，第63页。

② 《寿张县调动政权干部南下工作总结报告》（1949年3月3日），山东省档案馆藏，案卷号：G052-01-0229-005。

题没有的服从调动,高兴南下。"①

(二) 充分发挥积极分子榜样带头作用

各区通过事先预备积极分子在大会上主动自报南下,做出表率,来鼓舞、影响其他干部自报南下。如冀南一地委冠县面对当时"一些封建伦理观念与小农经济的狭隘思想还禁锢着一些入党不久的同志",所谓"'父母在,不远游',千里迢迢远离父母有不孝之嫌;有的满足于'三十亩地一头牛,老婆孩子热炕头'的小家庭生活"等旧思想、旧传统,召开了全县干部大会,集中学习了毛泽东同志《元旦献辞》及上级关于南下的一系列文件,号召广大干部认识南下的必要性和重要性,由积极分子在大会和小会上发言,表示坚决响应党中央的号召。② 寿张县"积极分子得到了大力活动",该县"二区王作亮同志在全县干部大会上说:'我40年参加八路军,起初当兵后升连长,负伤退休,去年土改我又参加工作,蒋介石假和平,我是不能上他的当,我要南下,我愿意。'继由二区副区长曹金辉说:'我要干到底,因我是贫农,去年刚分到地,我要保住!别看我家没人,我也得去,娘、妻、儿谁也拉不住我。'"③

冀鲁豫六地委通过组织积极分子在大会上带头报名、现身说法,使众多干部深受鼓舞,表示愿意南下,地委总结指出,"这次证明了哪个区有南下的积极分子作骨干的,问题就少;哪个区的南调干部中没有骨干,或者主要干部思想不通,干群问题就多,不服从调动的就多"④。

(三) 反复、细致、不厌其烦地上门劝说

一些地方对于思想不通的干部,进行了反复、艰苦、不厌其烦

---

① 《寿张县调动政权干部南下工作总结报告》(1949 年 3 月 3 日),山东省档案馆藏,案卷号:G052 - 01 - 0229 - 005。

② 王平主编:《中国共产党冠县历史》(第一卷),新世界出版社 2011 年版,第 329—333 页。

③ 冀鲁豫第九专署:《南下政权干部工作总结报告》(1949 年 3 月 1 日),山东省档案馆藏,案卷号:G052 - 01 - 0209 - 010。

④ 冀鲁豫六地委:《南调干部工作总结》(1949 年 3 月),中共聊城地委党史资料征集研究委员会编印:《一切为了前线 (上) 聊城地区党史资料第 15 辑》,1988 年,第 95 页。

的登门劝说。如冀鲁豫九地委南峰县分委级干部赵正文，"家庭观念较深"，被调到后一度"躺倒"，"现已回家半月余，坚决不干了，他们参加工作动机是打倒蒋介石即完成任务了，在他认为蒋介石已被打倒，他的任务完成了，故坚决回家不干"。但领导上决不放弃，"作三番五次的动员"，"叫他反省……领导给他谈，叫他一天不中两天，十天，半月，一月，半年，总是会反省好的"，他一天不通，做一天的思想工作，一月不通，就做一月思想工作。结果把他劝来，"但他还是坚决回家不干了，现在已又回家"，领导上又动员家属、朋友给他谈，"这样反省一段，用尽各种方法才算把他的思想扭转过来，现在已到区工作了"①。茌平县"十一区同志回家动摇了，区书马上前去动员，无效，领导上又专门下派南下干部的积极分子去动员，还是动员成功了"②。莘县各区不少干部是土改中新提拔出来的，参加工作时间短，"刚出来，怕南下，不愿离开家"，区委领导"用说服批判的方式感动他"，如有的同志，组织上"连叫他四次，与他讲道理，他说我再不出去真对不起您，也对不起党，我一定得出去"③。

（四）结合"年关鉴定"，启发干部思想，端正南下态度，并积极做家属思想工作

鲁西北地区将"年关鉴定"与南下动员相结合，采取自我总结、领导和群众评议、民主鉴定的方法，进行干部考评，以启发干部思想，提高"南下"的自觉意识，树立"南下"的正确动机。如冀鲁豫九地委"年关，各县干部都作了鉴定，审查了每个干部的思想与立场，审查和评定每个党员的条件，结合学习怎样作一个共产党员，检查无组织无纪律，结合南调任务，表扬好的，批评坏的，分是非，明

---

① 朝城县委组织部：《朝城县六月份组织报告》（1949年7月5日），聊城市档案馆藏，案卷号：2-1-38-7。
② 冀鲁豫六地委：《南调干部工作总结》（1949年3月），中共聊城地委党史资料征集研究委员会编印：《一切都为了前线（上）聊城地区党史资料第15辑》，1988年，第91页。
③ 《莘县三月份组织工作回报》（1949年3月25日），莘县档案馆藏，案卷号：052，1949年。

确方向，树立党员个人无条件的服从组织的原则"。"各县在这一工作上也是贯彻把干部在政治上思想上提高一步的精神上进行的，不是为鉴定而鉴定，单纯找出几个错误的问题，重视和强调通过这一工作，把干部的思想提高一步，这一工作以观城县委贯彻的较好……观城县委曾在一月廿四、廿五、廿六日三天内以区为单位，县委分头作鉴定动员和掌握这一工作，批评和自我批评开展的也较好，好些问题在干部思想上划清了界限，明确了是非。年关鉴定在各县干部中都已在政治上思想上纪律上提高了一步，也奠定了干部自觉南下的思想基础。"① 冀鲁豫六地委"通过年关干部鉴定，有意识的着重解决了干部的地方观念和家庭观念，强调服从党的调动是党员的起码条件，在这方面求得干部及早作（好）南下的思想准备"②。对于一些在自报南下中被组织认为"动机不纯"的干部，基层组织对其进行了深入谈话，帮他们认清"解放全中国被压迫劳动者""革命到底"的重要意义，助他们转变思想，树立正确的"南下观"。

不少地区在宣布南下名单后，给了干部若干天假期让其回家收拾与告别，同时特别注意回家后干部的思想转变。冀鲁豫六专署在"干部回家以后，估计到有问题的，即抓紧去找，已经为家庭牵扯而声明不能去的，即派有关系的干部去动员家庭。如茌平财科王克同志之母到县府请愿，不让其子南下，结果经范科长到他家去进行说服，很愉快的让王克来了。（动员说服家庭的结果）"③。干部自己也心平气和地通过说理，劝服家人，如冀鲁豫九地委"观城一个土改翻身的同志，家里父母、妻子大哭，不让他南下，他说：'过去家没饭吃，我十七八岁的那样小个孩子，你们叫我下关外，为啥不哭？现在翻了身，有了饭吃，你们又哭咧，人人要不出去帮助穷弟兄解放，咱们也

---

① 冀鲁豫九地委组织部：《南调干部工作总结及调整组织训练培养干部的意见》（二月份报告），聊城市档案馆藏，案卷号：2-1-46-9。

② 冀鲁豫六地委：《南调干部工作总结》（1949年3月），中共聊城地委党史资料征集研究委员会编印：《一切为了前线（上）聊城地区党史资料第15辑》，1988年，第89页。

③ 冀鲁豫六专署：《南下干部总结》（1949年3月1日），山东省档案馆藏，案卷号：G052-01-0213-003。

解放不了。'"①

（五）认真解释南下后的情况，解决一些人的思想困惑

鲁西北干部南下后的目的地究竟在何处，南下动员时上级并没有明确、具体地传达，因此，"到哪去"，也成为当时干部们议论最多的一个话题。多数同志认为是去接管江南地区，尤其南京、上海、杭州等国民党统治中心的繁华大城市。为了利于动员工作，基层党组织并没有轻易否定当时人们对于南下目的地的种种猜测，而是将江南的具体情况，包括南方大城市较为有利的工作环境向干部们进行了解释，也引发了一部分干部对南下工作的向往。此外，南下动员之初，一些干部由于听说1947年跟随刘邓大军南下的鲁西北干部在鄂豫皖大别山区遭遇到敌人围追堵截，被迫进行游击作战，不少干部牺牲了，因此存在一定畏难情绪。他们认为北方的作战虽已胜利，但过江以后，美国可能出兵，我们可能还要打游击战。关于应对美国出兵干涉的问题，中共中央早已作出了计划与部署。1949年1月中共中央政治局会议上，毛泽东指出："我们从来就是将美国直接出兵占领中国沿海若干城市，并和我们作战这样一种可能性，计算在我们作战计划之内的。这一种计算现在仍然不要放弃，以免在事变万一到来时，我们处于手足无措的境地。但是，中国人民革命力量愈强大，愈坚决，美国进行直接的军事干涉的可能性也就将愈减少，并且连同财政及武器援助国民党这件事也就可能要减少。一年以来，特别是最近三个月以来，美国政府的态度的摇摆不定和某些变化，证明了这一点。"② 在鲁西北各县，组织上通过思想动员，并认真、耐心解释目前全国解放的形势与南下后的状况，使他们打消了顾虑。如冀鲁豫九地委的干部对南下后的状况存在两种较大的顾虑，一是"这次南下是

---

① 冀鲁豫九地委组织部：《南调干部工作总结及调整组织训练培养干部的意见》（二月份报告），聊城市档案馆藏，案卷号：2－1－46－9。

② 《目前形势和党在一九四九年的任务》（1949年1月8日中共中央政治局会议通过），中共中央文献研究室、中央档案馆编：《建党以来重要文献选编（1921—1949）》第26册，中央文献出版社2011年版，第25页。

否还与大别山一样打游击"，二是"我们如大军过江，美国是否会出兵"①。"当时这两个思想是大家争论的最有兴趣的一节，最后又经过形势报告与小组争论，结果在干部思想上认识到，现在形势发展了，过江不会与去年往大别山一样，再者，我们大军过江后，根据目前全世界民主力量与美国兵力他是不敢出兵的，到这时大家的思想变了，有的说：'就让美国出几十万兵，也挡不住蒋介石的灭亡，他真出兵我们真揍他，南下吧，吃大米去，到杭州、上海、南京去，活捉住蒋介石。'"②

（六）认真落实"军烈属待遇"，妥善安排代耕

针对许多干部抱有南下后家人无人照料的顾虑及实际困难，各地认真贯彻了对南下干部家属一律按照"军烈属"对待，安排代耕的方针，改进之前在代耕等方面存在的不足。如冀鲁豫九地委总结道："有的干部提出：代耕问题搞的不好，家庭困难如何解决？只要解决了一定'南下'。有的说，'人在人情在，人去人情去'，现在说的好，走了谁还管呢？发现干部对这个问题顾虑很大。""我们首先向干部承认过去这个工作是未搞好，增加了烈、军、工属的困难，但不是党不愿把这个工作做好，而是我们的工作还未做好，群众思想发动不够，还没有深刻认识到把代耕搞好是与自己利益直接联系的问题，不了解自己利益和革命利益的一致性。代耕问题搞不好，主要是我们发动群众的工作做的不够，今后一定会搞好这一工作，并提出所有留下的干部，凡今后自己提出代耕工作给他家搞的不好，不问别的，先问他本人工作的地方把这一工作做好了没有，然后才问他家里为何未代耕好，以增加全党干部对这一工作的重视。"③ 使得不少干部放下了家人生活无人照料的思想包袱，心情愉悦地投入南下的准备工作中，"因此有的干部思想通了，说：'我通了，我相信今后党一定会

---

① 冀鲁豫第九专署：《南下政权干部工作总结报告》（1949年3月1日），山东省档案馆藏，案卷号：G052-01-0209-010。

② 同上。

③ 冀鲁豫九地委组织部：《南调干部工作总结及调整组织训练培养干部的意见》（二月份报告），聊城市档案馆藏，案卷号：2-1-46-9。

把这个工作做好，这次不说别的啦，我坚决南下。'"①

为了防止"优属""代耕"工作流于口号和形式，冀鲁豫区党委"号召全区党、政、民、武，结合中心工作及经常工作，进行检查优军（包括'二属'）代耕工作，在旧历年关前组织村优军代耕委员会，帮助解决家属具体困难，并提出改善意见来，有领导地使这一工作经常化（每年要保证有组织地检查一次两次），因实际行动胜于口头宣传千万遍"。并要求对这一问题常抓不懈，"进行此工作，要防止现烧香、现磕头、现画符、现念咒的办法"。② 当然由于动员时间紧、任务重，在代耕问题上，一些地方此后出现了区别对待军属与南下干部家属的情况，只优先照顾军烈属等。毕竟，由于南下动员任务紧急，而地方人力物力条件又极为有限，华北地方党组织不可能在很短时间内解决好所有干部的后顾之忧。

（七）切实解决干部婚姻家庭困难

对于一些干部在婚姻问题上的要求，多数地区基层组织为了完成南调干部数目任务，采取了比较灵活的态度，如冀鲁豫九地委南峰县委对确实因南下干部"个人献身于革命，以革命为职业原因"③ 而提出解除婚姻关系的，多给予了同意，以使之心情愉快地南下。冀鲁豫六专署"河西等县按一方提出即可批准的办法"处理了离婚问题，"也有的干部说，准许离婚就南下，不叫离婚就不去。最后经过几再动员，政府保证：凡合乎离婚条件者争取于一个月内解决，将离婚书寄去"④。一些地方还破格提拔了一批妇女干部，以使之符合南下干部家属的条件，可以随丈夫南下。

---

① 冀鲁豫九地委组织部：《南调干部工作总结及调整组织训练培养干部的意见》（二月份报告），聊城市档案馆藏，案卷号：2-1-46-9。

② 《刘晏春同志在地委组织部长联席会议上的总结报告》（节录）（1949年1月8日），中共贵州省委党史研究室冀鲁豫组编印：《从冀鲁豫到贵州——南下支队和西进支队专辑》，1991年，第64页。

③ 南峰县委组织部：《南峰县委组织部元月份组织工作月终报告》（1949年1月30日），聊城市档案馆藏，案卷号：2-1-38-3。

④ 冀鲁豫六专署：《南下干部总结》（1949年3月1日），山东省档案馆藏，案卷号：G052-01-0213-003。

一些妇女干部特别积极要求南下，提出可以不带孩子，自己跟随丈夫南下。如南峰县"分委级干部愿带自己的爱人（工作干部）一同南下的有七个干部，其中有四个妇女干部是小脚的，并带有孩子，一个或两，有的能舍孩子随男"①，但是县委也无法全部解决。如前文所述，各区党委为了南下行军的顺利、迅速及南下工作环境的实际需要，对于南下调动中一些县份调出的多数妇女干部进行了大规模审查和劝返。如华北局冀鲁豫区党委即将"小脚"、怀孕、有病及不够工作员条件的妇女干部送返原籍，并要求九地委绝大部分南调的妇女干部回去或到党校学习。②

1949 年 7 月，已南下到达新区工作地——赣东北的赣东北区党委（原冀鲁豫南下区党委）派出干部来冀鲁豫接部分南下干部的配偶南下。但是此次调干部配偶南下也有一定条件：第一，七、九地委干部家属不调（原冀鲁豫九地委主要在今聊城地区），也即涉及聊城地区的主要是原冀鲁豫六地委。第二，规定南下干部爱人的条件是："凡脱离生产之地方妇女干部和有军籍之女同志以及中学生、教员、参加过工作之高小生均可南下，但如怀孕在六、七个月以上者，或身体有病者和产妇未满月者不能南下，可由地委组织部和赣东北区党委所派来之干部共同审查确定。"第三，"妇女干部的小孩尽量不带，设法安置在家或地方，如必须带时尽量找男保姆，大脚的女保姆也可。东西尽量精简不准多带"。③ 根据南下后的赣东北区党委所规定的条件，在南下干部到达赣东北后，安排从鲁西北家乡南下的干部家属仅限于妇女干部、知识青年妇女，而对于没有参加革命工作的一般农村妇女家属，仍然不安排南下。由于冀鲁豫干部很快又从赣东北全部调出，西进贵州接管，这批从冀鲁豫南下的干部配偶（妇女干部）均暂留"湘潭留守处"，未跟随西进支队进入贵州。新中国成立后，又有一

①　南峰县委组织部：《南峰县委组织部元月份组织工作月终报告》（1949 年 1 月 30 日），聊城市档案馆藏，案卷号：2－1－38－3。

②　冀鲁豫区党委组织部：《对九地委组织部南下工作报告的回复》（1949 年 3 月 20 日），聊城市档案馆藏，案卷号：2－1－46－8。

③　《冀鲁豫区党委关于保证妇女干部南下和当地工作的几项规定》，聊城市东昌府区档案馆藏，案卷号：3－2－3－4。

部分到达贵州工作的原冀鲁豫六地委干部自行安排了其在鲁西北的配偶南下。

不过，在实际中，绝大多数基层普通干部的家属由于客观条件限制，加之乡土观念（华北老区民众"安土重迁"的心理，多数农村普通妇女甚至从没有去过家乡所在县城，因此，贵州等南下地对她们来说实在太过遥远，在心理上不愿南下），自身实际困难（未脱离生产、小脚、身体有病无法承受远行）及需要照顾子女、公婆等因素，最终并未南下，而是一直留在了鲁西北家乡。①

从1948年底至1949年2月底，鲁西北各级政权的动员工作一方面解决了很多棘手问题，但另一方面由于时间紧、任务重，加之老区条件极为有限，人力物力紧张，又被支援新区占用了大量精力，地方党政机关不可能在短短一两个月之间将当时所有问题全部尽善解决。对于婚姻家庭、代耕、留守干部心态、新干部提拔等诸多遗留问题，对南下干部走后数万家属的后续安置问题，仍需要华北老区政府花费数年甚至更长时间去逐步解决。然而即便仍有诸多顾虑与困难一时未能解决，为了南方新区的解放，为了将革命进行到底，广大鲁西北干部还是克服了重重阻力（尤其当时情形最为严重的家人"拉腿"），毅然南下了。

---

① 2016年9月18日访谈聊城市东昌府区南下干部后人王×（女）。她的外祖父是南下干部，1949年从冀鲁豫六地委筑先县（聊城县）南下至贵州镇远地区。新中国成立后，她的外祖父给外祖母买好了火车票，在火车站等着外祖母，外祖母最终却没有南下。新中国成立后她的外祖母没有南下的原因，因为家里分了地，有牛，有公婆、子女需要照顾，也有"安土重迁"的心理。2016年10月11日访谈茌平县南下干部后人谢××。他的祖父是山东省博平县谢天贡村人（今博平县已划归聊城市茌平县），1949年从博平县南下，先至赣东北，后至贵州省炉山县。他回忆说：新中国成立后，他的爷爷让他的奶奶南下去贵州，他的奶奶没有去。他的祖父（爷爷）1949年南下贵州后，从20世纪50年代一直到70年代末山东家乡"包产到户"开始前，坚持向山东家里寄钱，帮助家里渡过了生活困难。20世纪80年代他的祖父曾回过家乡，并随后将他的哥哥（当时在读小学三年级）接去贵州学习、生活。他本人小时候也跟随父亲去贵州见过祖父。

第三章 听党指挥：聊城地区的 "南下"组织工作

今地级聊城市所属范围，在 1949 年初分属于中共中央华北局的冀鲁豫、冀南区党委领导，具体包括冀鲁豫区六地委、九地委，冀南区一地委及二地委的高唐县。1949 年 7 月，聊城地区划归新成立的平原省（省会在今河南省新乡市）管辖。此后历经省际、县际拆分、合并，1949 年初的冀鲁豫六地委、九地委、冀南一地委（及二地委的高唐县）所辖各县名称、范围与今日聊城地区区划已大不相同。由于行政区划的变更，以下按照 1949 年初行政区划分述之。

一 冀鲁豫区六地委的南下组织工作

冀鲁豫六地委（又称运东地委，地委驻地聊城城关），1949 年初下辖茌平、博平、东阿、聊阳、筑先、齐禹、河西、徐翼 8 个县，此后区划变动情形较为复杂，很多县名、区划今已不存，除齐禹县今大部划归德州市齐河县和禹城市，河西县部分划归济南市长清区外，其他区域基本属于今地级聊城市范围。按照冀鲁豫区党委要求，决定冀鲁豫六地委组织一个将要到南方新区接管一个地区的干部队伍，按照六地委在区党委之序列，编成二野五兵团南下支队第六大队，冀鲁豫六地委要组建 "1 个地委级机关架子，5 个半县架子，38 个半区架子，共 595 人"[①]，实际调出干部人数超出不少。在冀鲁豫区党委的

---

① 《冀鲁豫区党委关于南调干部工作布置报告》（1948 年），中共冀鲁豫边区党史工作组办公室编：《中共冀鲁豫边区党史资料选编 第 3 辑 文献部分 下 1948.6—1949.9》，北京大学出版社 1989 年版，第 330 页。

驻地菏泽留下、劝返部分老弱、妇女干部后，最终实际调出干部675人。① 外加随调勤杂人员 200 多人，总数 900 多人。"各县也多半是由县委书记和副县长带队南下。"② 各县又以县为单位组建中队，一般以县委书记任政委、县长任中队长。各区把抽调的干部又以班组成，区委书记任班长，区长任副班长。③ 以下分别述之：

（一）地委、专署

当时六地委选派的南下班子多数都是抽的一把手，"所配班子的阵容是比较强的"，如地委是书记谢鑫鹤（山东博平人，今属山东聊城市茌平县）带队南下，专署是副专员姚修文随军南下，六分区是司令员曾宪辉和副政委袁子清南下。④ 地委南下带队班子以六地委书记谢鑫鹤、地委组织部长王富海、军分区司令曾宪辉等同志组成领导班子，以曾宪辉任大队长，谢鑫鹤任大队政委。

面对南下调动，很多人确实面临不少困难，据时任地委组织部干部科长姚传德同志回忆："在南下干部中，有的是新婚不久的青年同志，如地委文印员小贾（贾永荣），刚结婚三天，按照当地的风俗，正是女方回门请女婿的时间。可就在这时，小贾接到地委的通知，他立即放下杯盏，离开宴席，还动员了他的新婚妻子（王传风），一同到地委集合报到。"⑤ 1949 年初南下时，贾永荣同志年仅 18 岁，他回忆说，"现在，要离开家乡故土南下了，离别年迈的父母和妻子儿女了，又是摆在大家面前的严峻考验。诚然，这批干部长期生长在鲁西北聊城的这块革命的热土上，其中相当部分是刚分得土地翻身的农民出身的干部，确有恋乡恋家之情。眼前党为解放全中国，号召南下，服从是毫无疑义的。但南下后还能不能回来？会不会牺牲？走后家里

---

① 姚传德：《组织干部随军南下》，《山东革命斗争回忆录丛书 光岳春秋（下）》，山东人民出版社 2014 年版，第 452—453 页。
② 同上书，第 452 页。
③ 刘月卿：《鲁西北南下干部的战斗历程》，中共聊城地委党史资料征集研究委员会编印：《一切为了前线（上）聊城地区党史资料第 15 辑》，1988 年，第 136 页。
④ 姚传德：《组织干部随军南下》，《山东革命斗争回忆录丛书 光岳春秋（下）》，山东人民出版社 2014 年版，第 452 页。
⑤ 同上。

的实际困难怎么解决？等等"，然而最终，为了南方新区的解放事业，大家放下种种顾虑南下了。①

当时，刚刚上任地委组织部长的王富海同志，就以自己的满腔热忱投入到南下事业中，以他在干部群众中的威信，进行深入细致的组织动员工作，圆满地完成了南调动员任务，"在干部的思想解决后，却又遇上家属拉后腿。博平县有一位同志需要南下，但老母亲舍不得儿子离开。王富海同志就亲自登门拜访，给老人讲述共产党员要帮助劳动人民翻身解放的道理。他说我们解放区的人民虽然翻身了，但蒋管区的人民群众还生活在水深火热之中，我们有责任去解放自己的兄妹同胞，一起过上幸福的生活。经过富海同志的动员，老人想通了高高兴兴地送儿子南下。王富海同志就是这样协助地委出色地完成了组织动员干部南下这一光荣而艰巨的任务"②。

（二）筑先（聊城）县

筑先县，原名聊城县，1940 年 10 月，为纪念在 1938 年 11 月聊城保卫战中牺牲的著名抗日民族英雄范筑先将军，经地委和鲁西区行署批准，聊城县更名为筑先县。1949 年 7 月恢复原名聊城县。③

筑先县是大县，又是县委驻地，干部出身成分比较复杂，南调人数也多。县委精心组织，进行了细致的工作。首先，"在未宣布调干部之前，在领导上号召全体干部作南下的思想准备，不断的讲解目前全国的胜利形势，指出根据形势的发展，南调干部是肯定的，每个干部都必须作南下的思想准备"④。其次，"确定南调干部的对象时，和各区分书⑤进行了分析研究，能够调动的干部及政治坚定的就确定南

---

① 山东东阿县 1949 年南下干部贾永荣同志为笔者寄送的其南下回忆资料（手写稿）："南下干部心向党"，第 11 页。

② 郝昌德、付明余：《回忆王富海同志率冀鲁豫六地委干部南下和西进的事迹》，中共黄平县委党史办编印：《光照千秋资料专辑》，1985 年，第 86 页。

③ 冀鲁豫行署：《关于南峰、筑先两县恢复原名的通令》（1949 年 7 月 8 日），档案馆藏，案卷号：G052 - 01 - 0182 - 009。

④ 《筑先县组织部南调干部总结报告》，聊城市东昌府区档案馆藏，案卷号█████，13 - 3。

⑤ "分书"，即分委书记。

调对象，对政治较脆弱如硬调就得垮台。凡是这样情况的干部在研究中就未确定南调对象"①。最后，"宣布了南下名单之后，在领导上以无产阶级的武器和南下干部的落后思想及家庭观念作了紧张的不调和的斗争，强调了党的纪律（党员服从党的调动是党员的起码条件）。并指出了今天要走光明前途，向南下干部分析了社会向那个方向发展（由分散的小农经济逐渐走向集体的社会主义），批评了干部羡慕现在落后分散的小农经济思想，指出了回家过日子的思想将来一定要被社会潮流所淘汰"②。

　　该县绝大多数干部从思想上意识到南下的战略意义，服从调动。"大部分同志是响应了这一号召，如九区分委会在未调干部之前提出口号要求同志们努力工作，把地方上的群众领袖培养起来，人民会建立起来，把工作交代他们咱就（指干部）南下，即是为了南下快把工作做完做好。又如六区指导员时常讲解南方的群众生活情况，风俗习惯，对干部的影响也很大，所以这次六九区的南调出问题就比较少，甚至有的区，如九区根本没出问题，直到集中南下干部时，同志们都很高兴，没提出任何问题和困难。从这一问题可以看出和证明这次南调干部在思想准备与组织准备还是较好。"③ 少数干部提出南调有一定困难，如有的同志"提出他是一个后补④党员，觉悟程度没有那么高，这次南调接受不了"。有的干部说："我父亲的胃病很严重，家里无人作活，家庭生活的确是一大问题，我如坚决南下，我父亲的胃病一旦发生，还不知好歹，其实也是挂心的一点。"有的干部说："我的耳朵聋了一个，至今尚未好，现在我正在积极的医治着。"有的说："家庭生活困难，我家（土改中）被斗，我家的土地按全年计算起来不够维持生活的，是否我对这点也要关心哩。"⑤ 有的同志在

　　① 《筑先县组织部南调干部总结报告》，聊城市东昌府区档案馆藏，案卷号：1－1－
　　② 同上。
　　③ 同上。
　　④ 原文如此。
　　⑤ 《筑先县组织部南调干部总结报告》，聊城市东昌府区档案馆藏，案卷号：1－1－
－15。

"回家后声明了南下"，即遇到家人"拉腿""哭闹"的严重阻力，如该县一区财委一位干部说：

> 我自回家后声明了南下，我的父亲母亲寻死觅活整天哭叫，在这几天中不能吃饭，又加老婆孩子的齐哭乱叫，真是全家对我寸步难行。此种情况叫我也难为情。但是我的思想在这种情况监督下与我的利益矛盾起来，牺牲家庭为了群众，我还不是布尔什维克的思想，牺牲不了家庭。①

县委宣布南下名单后，在"领导上"起初"没预料到干部思想波动这样厉害"，因此，一方面"对思想犹豫动摇之南调干部及时作了深入的动员，县委亲自找到南下干部进行个别谈话，并动员了部分家属（南调干部）"，另一方面"根据南调干部的思想情况的变化"，面对一部分干部南下确实存在实际困难，"根据这一情况，县委会又马上另准备了一批后补干部，以备填补调垮之干部的缺额（原接受任务八十一个干部，后又准备十五个后补干部，共九十六个干部的数）"②。同时，对南下干部"讲了县委的政策，即对南下者家属按军属待遇，区、村对其家属的生产、生活困难，保证做好照顾工作"，对南下同志的爱人问题，"讲明了组织上已决定待南下干部到达工作地区后进行接送"③。最终，使得"这次南调干部基本上是完成了任务"④。

1949 年初筑先（聊城）原县委书记是王鲁光，由于生病无法南下，当时的地委书记谢鑫鹤找到时任六地委宣传部副部长的段缄三，说："小明（我的小名）你愿不愿去南下？鲁光不行了，别人不好代

---

① 《筑先县组织部南调干部总结报告》，聊城市东昌府区档案馆藏，案卷号：1 - 1 - 13 - 3。

② 同上。

③ 李吉民、王万里：《对四八年聊城县干部随军南下的片断回忆》，中共聊城市委党史资料征集研究委员会编印：《聊城市党史资料》第 5 辑，1989 年，第 280—281 页。

④ 《筑先县组织部南调干部总结报告》，聊城市东昌府区档案馆藏，案卷号：1 - 1 - 13 - 3。

替，大县，干部比较多，叫你去。"段缄三欣然领命。① 原聊城县委班子，在南下前被一分为二，干部一分为二，枪支也一分为二，两个建制（即留下一半，南下一半）。② 段缄三被任命为聊城南下县委书记，沈廷梅任副书记，訾瑞林任组织部长，孟景侠任宣传部副部长，办公室主任袁令明，张佃一任县长，还抽调了一些科局长，如齐振邦、刘洪山、赵玉山、明耀中、李晋卿等。同时还决定每区抽调干部五至七人，勤杂三人，组成六个区，即聊城县南下干部中队的六个班，区委书记有：王万里、姜梦斗、张清田、刘庆超、李吉民、张玉振，区长有周明轩、杨中正、王炳晨、郑惠彬、陈赖晨、张兴鲁，共抽调干部82人，行政勤杂24人，总计106人。③

（三）聊阳县

聊阳县，为1947年9月冀鲁豫区党委将原筑先县西南4个区和阳谷县西北4个区合组而成，辖8个区。该县1949年7月撤销，辖地分别划归聊城县和阳谷县。冀鲁豫六地委对抽调南下干部的原则性条件是"年轻，身体条件好，有一定政治水平和文化水平，有独立工作的能力"④。消息一传出，聊阳"全县干部有口头报名的，有写书面申请的，十分踊跃，有的怕批不准他南下，找领导倾诉衷情"，有的怕家人反对，干脆不告诉家人。⑤ 县委经过对每一个报名干部的反复研究，确定了南下人选名单，报地委批准。当时县委有6位委员，由于县委书记李健民调地委，和地委机关同志一起南下，县委副书记沙晓鲁调北京工作，因此负责带领全县南下干部的是县委委员、县委

① 段缄三：《回忆接管余江》，中共余江县委党史工作办公室编印：《余江春秋》，1991年，第224页。
② 同上。
③ 李吉民、王万里：《对四八年聊城县干部随军南下的片断回忆》，中共聊城市委党史资料征集研究委员会编印：《聊城市党史资料》第5期，1989年，第279—280页。
④ 张武云等：《从鲁西北到大西南——原聊阳县干随刘、邓大军南下西进纪实》，中共贵州省委党史办公室冀鲁豫小组编印：《冀鲁豫党史资料选编》第12集，1989年，第79页。
⑤ 同上。

民运部长杜竹林和宣传部副部长柴龙。[①] 经过组织动员，全县共调出干部62人，由杜竹林、柴龙带领，于1949年2月8日到地委所在地聊城（筑先）县集中。

聊阳县干部到聊城集中后，编为六大队第五中队，由六地委调派地委党校副校长张武云担任中队长，杜竹林任政委，柴龙协助队长、政委工作。中队以下设班，班长为孙德祥、康阜、杜仲文、王凤瑞、孙瑞民、张芳苓、冯保平、裴惠民等同志。[②]

（四）东阿县、河西县

在动员南下前，东阿县面临着不小困难。由于紧临黄河，东阿县在解放战争时期，尤其1947—1948年斗争形势极为严峻，当时黄河以南即是国民党统治区，而黄河以北则是共产党统治区，"黄河两岸双方互相骂"[③]。加之国民党新五军的进攻，和当地还乡团对革命群众的残酷屠杀，使东阿县社会经济曾遭到敌人很大破坏。此外，在1949年之前的历次干部南下北上中，东阿县已有数批干部跟随刘邓大军南下大别山，以及赴北平、天津接管。然而即便如此，此次渡江南下的干部动员与组织工作，仍然在不到二十天的时间内就完成了。

1949年这一批"南下的人数比较多"，东阿县各区"区长、副区长必须去一个，下边助理员等也是配齐后走的"[④]。东阿县的南下干部由县委组织部长傅秀峰（又名葛道峰）带队，率领赵庆德、王子奎等县区干部68人，"按一个县委、一个县政府和若干个区的建制配备齐全，组成南下工作队"，"他们和六地委南下干部共同组成冀鲁豫南下支队第六大队"[⑤]。

---

① 张武云等：《从鲁西北到大西南——原聊阳县干随刘、邓大军南下西进纪实》，中共贵州省委党史办公室冀鲁豫小组编印：《冀鲁豫党史资料选编》第12集，1989年，第79页。

② 同上。

③ 田绪彦等：《参军支前和统战工作》，中共东阿县委党史资料征集研究委员会编印：《东阿党史资料》第2辑，1985年，第56页。

④ 同上书，第55页。

⑤ 中共东阿县委党史资料征集研究委员会编：《中共东阿县党史大事记1933—1949》，山东省出版社总社聊城分社1990年版，第120页。

河西县设于 1945 年 8 月，原为长清县的黄河以西地区，属冀鲁豫六地委管辖。1949 年 8 月撤销，县境一部分划归长清县，另一部分划归东阿县。① 河西县发动与抽调南下干部工作较为顺利。"因为经过了较长时间的酝酿和思想发动。中央很早就提出了三大战役之后，要组织百万雄师过大江，'打过长江去，解放全中国'，'打到南京去、活捉蒋介石'等口号。还明确地指出要组织三万至四万干部随军南下，接管新开辟的解放区。中央的这些指示精神，很早就在干部中进行过酝酿和讨论，在酝酿讨论中，大家精神振奋，情绪高昂。"② 绝大多数干部"感到经过八年抗日战争和三年自卫战争，终于到了大家盼望已久的彻底打倒国民党反动派，解放全中国的时候了"，愿意服从组织调遣，绝不打折扣。县委明确要求，在抽调干部中"没有正当理由而不服从调动者，即开除党籍"。在确定南下干部名单之前，县委为做到心中有数，对干部思想进行了摸底排队，"摸清干部对南下的态度和决心。在掌握干部思想的基础上，县委组织部提出名单经县委讨论决定，属上级管理的干部报地委批准。干部名单经组织决定批准之后，即通知本人，本人要不折不扣的坚决执行组织决定"③。

河西县共抽调干部及工勤人员 90 人，其中干部 76 人（女干部 6 名），工勤人员 24 名，由县委书记张金屏、县委宣传部长孔焕章带队。据孔焕章同志回忆，"1949 年 2 月 18 日，河西县委、县府召开了欢送大会，并合影留念。开过欢送大会之后；当天我们即起程赴六地委（聊城地委）去集中，经过两天的行程，到达聊城"④。

因东阿、河西两县相距较近，按照六地委要求，两县合并组成了一个新的南下县委领导班子，"县委书记张金屏；组织部长傅秀峰（东阿县），宣传部长孔焕章，社会部长房建平，县长（县委委员）武大觉。新县委组建后即按照军事化的建制组编行军队伍，一个区编

———————————
① 中共聊城地委组织部、中共聊城地委党史资料征集研究委员会、聊城地区档案局编印：《中国共产党山东省聊城地区组织史资料》，1989 年，第 168 页。
② 孔焕章、高兴中：《随军南下、西进的战斗历程》，中共贵州省委党史研究室冀鲁豫组编印：《冀鲁豫党史资料选编》第 19 集，1994 年，第 29 页。
③ 同上书，第 30 页。
④ 同上书，第 30—31 页。

为一个班，9 个区（东阿县 5 个区、河西县 4 个区）编为 9 个班，再加上直属机关共编为 12 个班。各区区委书记、区长任正副班长，直属机关的班，指定适合的干部任班长"①。

（五）茌平县、博平县

茌平、博平两县地域相邻，关系密切。博平县已于 1956 年 3 月正式归并入茌平县。1949 年 1 月，茌平、博平县委接到抽调干部南下任务。这是解放战争以来第四次从两县抽调干部，"数量超过前三次总数，而且牵扯到县区党政军群各单位部门，甚至每一个干部"②。此次南调工作中，茌平、博平两县的县、区两级班子整体调出，由主要领导亲自带队，两县合计调出 237 人。③ 在地委统一安排下，两县县委各自进行了组织动员工作。动员工作分前后两个阶段，第一阶段是提高认识阶段，"通过召开干部大会，传达贯彻上级指示精神，分区分部门讨论酝酿，提高干部对南下开辟新区工作意义的认识；二是报名表态阶段，采取自愿报名、组织审查"④。抽调的干部按县制组成。茌平县南下干部由县长崔方亭带队，南下县委成员由崔方亭、孙紫芳、单志远、李建华、曹子魁 5 人组成。县委设组织部、宣传部、民运部、人民武装部。县政府设民政科、财政科、教育科、人民银行、税务局等。下设 6 个区，机构有党、政、群团等。⑤ 被调人员"由于受到三大战役大好形势的鼓舞，加之思想动员工作做得及时、深透，被抽调的干部，都积极响应。真正做到走者愉快、留者安心、情绪高涨"⑥。1949 年春节过后，即集结出发，所有被抽调的干部，包括勤杂人员在内，均按时到县城报到。茌平县共调出南下干部

---

① 孔焕章、高兴中：《随军南下、西进的战斗历程》，中共贵州省委党史研究室冀鲁豫组编印：《冀鲁豫党史资料选编》第 19 集，1994 年，第 30 页。

② 中共茌平县委研究室编：《茌（博）平南下北上干部资料集》，新世界出版社 2011 年版。第 2 页。

③ 同上书，第 1 页。

④ 同上书，第 2 页。

⑤ 单志远、崔方亭：《茌平县南下干部在炉山县的工作》，中共贵州省委党史研究室冀鲁豫组编印：《冀鲁豫党史资料选编》第 22 集，1998 年，第 209 页。

⑥ 同上。

120 人。

博平县尤其重视干部的思想学习工作。在 1949 年 1 月份 "干部学习较正规，绝大部分干部坚持了学习制度（每天两小时），县里组织了学习委员会，领导机关学习，并能按时开会，总结学习经验，规定学习计划与方式，学习材料是（毛主席）新年献词《将革命进行到底》，结合上级指示决定，工作通报及报纸社论"①，干部们的思想觉悟普遍有一定提高。该县南下干部由县委书记张玉环带领，调出南下干部 117 人。② 南下到达赣东北后，茌平、博平干部分别负责了弋阳、贵溪两县的接管工作。

（六）齐禹县、徐翼县

冀鲁豫六地委下辖的齐禹县，成立于 1944 年初，于 1950 年 5 月撤销，县境划入齐河、禹城县。1949 年初南下动员时，抽调县委副书记刘学民、组织部长倪建华等 85 名干部南下。③ 徐翼县，是 1947 年秋为纪念抗日战争时期牺牲的阳谷县长徐翼烈士，由冀鲁豫区党委、行署将阳谷县东北部的七级、阿城、范海、安乐镇和东阿县西南部的关山、刘集等合并组建，并成立中共徐翼县委，隶属于冀鲁豫六地委。1949 年 8 月该县建制撤销，其辖区仍划归原属各县。徐翼县南下干部由县委书记、南下地委委员兼地委组织部长王富海率领，共调出南下干部 60 余人。王富海同志作为地委主要领导，率领六地委南下干部于 1949 年 5 月到达赣东北进行接管工作，随后奉命西进大西南，到达黔东南后，担任贵州省镇远地委组织部长，1950 年 4 月在贵州黄平县被土匪伏击，不幸牺牲。④

① 中共博平县委员会宣传部：《博平县宣传部半年的工作总结报告》（1949 年 6 月 25 日），茌平县档案馆藏，"革命历史档案"，卷号：002，年度：1949。

② 中共茌平县委研究室编：《茌（博）平南下北上干部资料集》，新世界出版社 2011 年版，第 2 页。

③ 张树臻主编：《中共齐河地方史》，黄河出版社 2002 年版，第 208 页。

④ 贾振铎：《勇于打开困难局面的人——忆王富海同志》，本书编写组编：《山东革命斗争回忆录丛书 光岳春秋（下）》，山东人民出版社 2014 年版，第 408 页。

二　冀鲁豫区九地委的南下组织工作

冀鲁豫九地委，增设于 1947 年 9 月 20 日，因其核心区是濮县、范县，故又称濮范地委，下辖阳谷、寿张、南峰（朝城）、观城、范县、濮县六县。六县之中，阳谷、寿张、朝城、观城四县，今大部属于地级聊城市辖域，少部分属于河南省及河北省区划；濮县、范县，今大部分属于河南省濮阳市。① 冀鲁豫九地委成立以来，原驻寿张、阳谷、范县、朝城结合部簸箕营一带，1948 年春迁往朝城县城（旧址在今山东莘县）。按照冀鲁豫区党委要求，冀鲁豫九地委需要组织"1 个地委级机关架子，3 个县架子，22 个半区架子，共 370 人"②。全区实际调出干部（不包括勤杂人员在内），据冀鲁豫九地委 1949 年 2 月份时统计报告，"调出数目以现在情况是 395 人"③。

（一）地委、专署

1949 年 1 月 11 日，九地委组织部召开了各县委组织部长联席会议，会期七天，专门研究了南下工作的贯彻与执行，"使各县领导思想上充分的认识到目前全国胜利发展着的形势，对干部情绪的鼓舞，及整党后干部思想觉悟普遍提高了一步，同时又是在全党响应中央号召，干部加紧学习，反对无组织无纪律已经进行了半年多的时间之基础上，进行这一工作——光荣的南下任务"④。联席会议结束后，各县组织部长回到本县，"将大概精神传达到区主要干部，地委直属机

---

① 濮县、范县，国民政府时期属于山东省，先后隶属于山东第十、第十六行政督察专员公署管辖。1949 年 8 月，由冀鲁豫区划归新成立的平原省管辖。1952 年平原省撤销后，濮县、范县划归山东省聊城地区。1956 年濮县、范县合并为范县。1964 年，范县由山东聊城地区划归河南安阳地区。

② 《冀鲁豫区党委关于南调干部工作布置报告》（1948 年），中共冀鲁豫边区党史工作组办公室编：《中共冀鲁豫边区党史资料选编 第 3 辑 文献部分 下 1948.6—1949.9》，山东大学出版社 1989 年版，第 331 页。

③ 冀鲁豫九地委组织部：《南调干部工作总结及调整组织训练培养干部的意见》（二月份报告），聊城市档案馆藏，案卷号：2－1－46－9。

④ 冀鲁豫第九专署：《南下政权干部工作总结报告》（1949 年 3 月 1 日），山东省档案馆藏，案卷号：G052－01－0209－010。

关传达到支委会，并将目前形势与任务结合着具体情况作了分析，最后决定先从学习着手，然后进行鉴定自报，领导批准"①。地委、专署调出的南下干部由地委组织部长宋望平、社会部长刘国华、地委政策研究室主任高黎光等人带领，地委、专署、九分区直属机关调出一共29名，其中地委级2名，县级7名，区级8名，工作员级12名。②

按照地委要求，各县在南调干部准备工作中，首先向全县干部传达了区党委组联会的精神及地委对完成南调任务的意见，并进行了讨论启发，"随后又学习了目前形势，新年献词（'将革命进行到底'），毛主席对时局声明，党章（一部分），'少奇同志关于修改党章的报告'（一部分），社会发展史及树立共产主义思想几个文件，结合文件联系自己反省对党和人民事业的态度，树立原则，检查思想，开展批评与自我批评，多数农民干部在自己阶级出身阶级利益入党动机，阶级翻身上反省自己与党的联系，从过去比现在，指出将来，把好多农民干部比醒了，有的农民干部说，'将来还有这些事咧'，'这一定得干到底'，树立将革命进行到底的思想"，"克服了农民干部的地方观念与和平思想，明确了共产主义的人生观，批判了干部中表现的自私自利与资本主义思想，从党员与党的联系上树立了党员的组织观念，树立了党的利益高于一切，党员个人利益应无条件的服从党的利益与原则，尖锐而严肃的批评了某些党员的无组织无纪律与某些干部有条件的服从党的错误思想与观点"③。

（二）阳谷县

在南下动员初期，由于乡土观念、老婆"拉腿"、"和平思想"和家庭困难等因素，阳谷县一部分干部对南下存在畏难情绪。阳谷县

---

① 冀鲁豫第九专署：《南下政权干部工作总结报告》（1949年3月1日），山东省档案馆藏，案卷号：G052－01－0209－010。

② 冀鲁豫九地委组织部：《南调干部工作总结及调整组织训练培养干部的意见》（附表），《九地委南下干部统计表》（1949年3月15日制），聊城市档案馆藏，案卷号：2－1－46－9。

③ 冀鲁豫九地委组织部：《南调干部工作总结及调整组织训练培养干部的意见》（二月份报告），聊城市档案馆藏，案卷号：2－1－46－9。

委在干部动员大会上结合处理某些干部的无组织无纪律行为，以教育干部，"表扬了南下光荣，批判了某些地方观念的调动自私自利的错误观念，树立了方向，教育了干部"①。最终地委批准该县调出南下干部 61 人（不包括战勤人员），其中县级 5 人，区级 40 人，工作员级 16 人，包括女干部 6 人（区级 3 人，工作员级 3 人）。②"这次被批准南下的干部不少，在县政府系统中有县长时进，和民、财、建、教、公安等科局的几个科（局）长和副职，还有几个主管科员，都是政府中的主要业务干部，而且是自聊城解放后就负责主管各部门工作的，在工作上能担当一面的干部，年龄不大，30 岁左右。"县以下获批南下的有区长、副区长和助理员。"县委会中有几个委员和区委书记和副书记。这批干部大体上是区助理员、区委委员以上的职级，但其中也有些村干部和自愿报名随同干部南下的通信员、战士一级的人员"，"没有几天，县委就把全县的南下干部集合起来了"，县委书记杨沧主持了欢送会并会餐饯行，随即出发赴地委集中了。③ 那时，人们为了解放全中国而奋斗的决心是很大的，"其政治热情和思想境界是比较高的"，大家对故土家乡也有很多的不舍，亲历者回忆道，"当我们离开县城时，大家都动情地流下了眼泪"④。

阳谷县南下干部原定由县委书记杨沧同志带队南下，"在出发前五六天，过去曾因阑尾炎开过刀的杨沧同志，现在刀口又发炎了，不能行军"，旋改由县长时进带队，任该县南下干部中队长。据时进同志回忆，"我非常愉快地接受了这一光荣的任务。出发前我处理了两件事：一件是将身边不满两周岁的孩子送区党委托儿所。另一件是我爱人已怀孕二个月，为了南下，采取极秘密办法，由一中医开了堕胎

---

① 冀鲁豫九地委组织部：《南调干部工作总结及调整组织训练培养干部的意见》（二月份报告），聊城市档案馆藏，案卷号：2-1-46-9。

② 冀鲁豫九地委组织部：《南调干部工作总结及调整组织训练培养干部的意见》（附表），《九地委南下干部统计表》（1949 年 3 月 15 日制），聊城市档案馆藏，案卷号：2-1-46-9。

③ 冯之琨：《我参加的阳谷县干部南下》，中共阳谷县委党史资料征集研究委员会办公室编印：《谷山烽火》，1990 年，第 573—574 页。

④ 同上书，第 574 页。

药方，服用后在行军路上流产了。"① 为了完成南下战略任务，南下干部作出了很多个人、家庭的牺牲。

（三）观城县

观城县，今已撤销，其县城旧址位于今山东省莘县的观城镇。该县地处山东、河南、河北三省交界。1949年8月，观城县由冀鲁豫九地委划归新成立的平原省的濮阳地委。1953年，观城、朝城两县合并为观朝县。1956年3月，观朝县建制撤销，辖区南部划归今河南范县，北部划归山东莘县。② 1949年该县南调工作初期曾遇到一定困难，县委宣传部长岳烈光等部分干部受家庭观念等种种思想和困难制约而"躺倒"，未能调出。该县县委在南调总结中归纳了该县干部出现的四种思想，一是"农民干部落后自私思想与代耕问题搞的不好"，二是"调走了离家远，不能孝顺父母"，三是"离不开老婆的思想"，四是"南下离家，家乡难舍的思想"，"怕当外来干部，认为外来干部苦"，"总之，干部绝大部分是农民干部，以上四种思想是主要的"。③ 虽然南调工作由于一些农村干部"小农意识"影响，遇到一些阻力，但该县还是通过及时提拔新干部等方式，完成了南调任务。"从今年（1949年——引者）一月至二月底，计经区党委批准，提拔县委三人（其中岳烈光不服从调动开除党籍），分委干部九人（其中七人南下，二人留县），皆经地委批准。工作员、助理员干部提拔了二十四人，都是经县委组织部审查批准。（其中七人为县府审查，经县组批准的，多为教育视导员，十七人从村干中提拔，分委审查，县组批准的）。"④ 干部提拔条件是：（1）提拔区工作员，一定从现职主要村级干部中提拔；（2）有村级工作经验，具有培养前途；

① 时进：《奔腾在全国解放的洪流中——回忆阳谷县干部南下队伍》，冀鲁豫边区党史工作组上海市联络组编印：《冀鲁豫边区党史资料选编》，1991年，第135页。

② 彭兴林编：《中国古城名胜图志 山东卷》，山东美术出版社2011年版，第633页。

③ 观城县委组织部：《关于干部南调工作的报告与请示》（1949年2月9日），聊城市档案馆藏，案卷号：2-1-40-7。

④ 观城县委组织部：《关于提拔干部工作的检查总结报告》（1949年6月），聊城市档案馆藏，案卷号：2-1-40-3。

（3）思想意识好，有进取心，能将革命进行到底的；（4）经过民主整党，有明确结论的。① 南调工作结束后，县委指出，"南调干部过程中，组织部有意识的了解县干部的思想情况与历史情况，组织工作比以前更细致了。这次南下任务的完成，除了思想成熟外，坚持了党员必须服从组织调动的原则，克服了管理干部的右倾思想。今年以来，提拔村干部采取了思想动员与组织决定并进的方式，不少从前调不出来的村干部也调出来了，是一个很大的进步"②。

当然，此次为了完成南调任务，该县短时间内提拔了较多新干部并让其南下，也由此积累了一些经验教训，县委总结主要有以下两点：

（1）配备南下干部，整个说来，在家的分委干部是强的，因为南下思想成熟的、质量好的干部，只有提拔分委副书记宋元兴同志南下，今天看来能力稍差，工作经验虽有，但缺乏领导力，原则性不强。当时县委思想上认为：如果从现职分委书记中抽出，实在困难，提拔宋元兴同志虽勉强一点，只好这样。因此向地委汇报他的情况时，强调了他的优点与观城干部的困难，这种不严肃的凑数思想，是错误的。

（2）南下干部时，提拔了王洪慈（区武委会副主任）、赵锡正（副区长）、刘家同（区民助）、李广田（区青委副书记）四同志为分委，决定他四人南下后，反映："提拔我，叫我南下，为南下而提拔。"县委会认为这四个同志，以德、才、资的标准衡量是应该提拔的，去年（1948 年——引者）九月大批提拔时，这几个同志应情况不了解或某一点问题，没有提拔。提拔与南下同时宣布，在他们南下思想不十分巩固下，出此认识并不奇怪。不过从这个反映中我们可得出一个教训：提拔培养干部应列为组织工作的经常工作之一，遇到干部外调或组织调整时，再整批的

---

① 观城县委组织部：《关于提拔干部工作的检查总结报告》（1949 年 6 月），聊城市档案馆藏，案卷号：2-1-40-3。

② 同上。

提拔，不仅容易简单，而且会出反作用。当然这四个同志的反映是不正确的，因为县委毫无因南下而提拔干部的思想。①

观城县共调出南下干部61人，其中县级2人，区级34人，工作员级16人；其中妇女干部10人，全部为工作员级，主要是干部配偶。② 县级两人，为县委书记刘淮、县委会办公室主任张松琴。③ 完成了南调干部任务。

（四）寿张县

寿张县历史悠久，东汉时已有"寿张县"之名。1964年，该县撤销，其原辖地，金堤以北地区划归今山东省阳谷县，金堤以南地区划归今河南省台前县，旧县城在今阳谷县寿张镇，随阳谷县隶属于聊城市。④

1949年寿张县的南下组织动员工作，主要分两步进行。第一步是"从学习上进行的思想发动"。1949年年初，寿张县委"看到1949年新年献词《将革命进行到底》，曾提出蒋介石反动派的求和阴谋，并提出现在摆在中国人民、各民主党派、各人民团体面前的问题，是将革命进行到底呢，还是半途而废呢。并提出1949年的三大任务。我们即召开了干部会议，将革命进行到底文件的精神，做了启发报告，并定位阴历年前一段的学习材料，如将革命进行到底，则应以什么姿态去将革命进行到底，以什么姿态去完成1949年的三大任务。""在学习这个文件上，学习的比较深刻，都作了酝酿和讨论，结合了实际联系了自己。一般的同志在学习这个文件的时候，都表明

---

① 观城县委组织部：《关于提拔干部工作的检查总结报告》（1949年6月），聊城市档案馆藏，案卷号：2-1-40-3。

② 冀鲁豫九地委组织部：《南调干部工作总结及调整组织训练培养干部的意见》（附表），《九地委南下干部统计表》（1949年3月15日制），聊城市档案馆藏，案卷号：2-1-46-9。

③ 《第三中队干部登记表》（1949年3月25日），聊城市档案馆藏，案卷号：2-1-40-9。

④ 彭兴林编：《中国古城名胜图志 山东卷》，山东美术出版社2011年版，第592页。

了将革命进行到底的态度，这个文件的学习在阴历年关，进行了测验。"①

第二步是"从县区干部大会上，进行的思想发动"。阴历正月初十日，"以县委名义，召开了县区干部四百人的大会（党内外干部均有）"，先作了形势报告，并分组讨论了形势，多数干部表明了南下态度。大会作了典型汇报，重点是向全县干部充分揭露蒋介石"假和谈"的阴谋，不被其"和谈阴谋"迷惑，而要将革命进行到底。二区武装部王作亮同志说："1940 年参加八路军，起初当兵，以后提升为连长，在部队受伤回家，土地改革时村里群众不起劲，我又参加了区武装部工作，我认为蒋介石是代表官僚资产阶级利益，共产党是代表无产阶级反对他们的，蒋介石不会实行真和平的。从他的历史看也是不会和平的，我们不能上他的当。我对把革命进行到底，我的思绪认为首先革自己的命，克服地方主义，加强国家观念，服从调动，只要组织上叫我去，我愿意南下。"②

大会结束，南下干部回到各自机关后，其思想状况主要分以下三类：一是"决心南下的"，占半数以上。二是"虽然愿欲服从组织调动，但意志不坚决，经不起家庭拉腿"，其主要表现为"愿意服从组织调动，但与家庭作斗争则不够坚决。母亲与老婆均痛哭流涕的拉腿不让南下，自己也就动摇了"。三是"基本不愿南下，死活论堆（自己落后）"。县委认为，这部分干部革命意志不坚定，小农思想严重，有的参加革命动机不纯，"本心甘愿落后，满脑子纯是家庭，毫无革命观念，对这种人真是无办法挽救，只有执行纪律"③。

多数干部对南下事业表现了高度热忱。一些干部虽然面对家人的掣肘、"拉腿"，但"自己想尽一切办法摆脱家庭，达到南下目的"④。"如寿张城关管委会主任孙绍恩，南下坚决，自己想尽一切办法摆脱家庭问题，向家庭作尖锐的斗争。起初不对家里说，怕找出更多麻

①《寿张县调动政权干部南下工作总结报告》（1949 年 3 月 3 日），山东省档案馆藏，案卷号：G052 - 01 - 0229 - 005。

② 同上。

③ 同上。

④ 同上。

烦，牵肘自己的南下。他儿子来问他，绍恩同志说：南下没我，晚天可能叫我受训，你回去吧。""临走前自己到了家，老婆问，南下有你没？绍恩说有我。老婆说：你要南下我就跳坑死。绍恩说：我要不能南下我就跳井死，要死咱俩一块死。老婆一看用跳坑死威胁不行，就大哭。绍恩说：你要不哭，我待一年二年还回来，你要哭我就永远不回家啦，老婆一看用死用哭都威胁不了绍恩同志，他也没法啦……这说明只要自己坚决，就能坚决的向家庭作尖锐的斗争。"①

寿张县调出干部72人，其中县级3人，区级53人，工作员级16人，女干部5人（区级1人、工作员级4人）②，在县委副书记、县长何进，组织部长陈伯文带领下③，赴地委驻地聊城集合。

（五）南峰（朝城）县

南峰县，原名朝城县。1945年9月2日，为纪念1942年7月在抗击日伪时英勇牺牲的中共朝城县抗日民主政府县长齐南峰烈士，经冀鲁豫行署批准，将朝城县改名为南峰县。1949年7月，恢复原县名朝城。④ 1953年8月，朝城县与观城县合并组建观朝县。⑤ 1956年3月，观朝县建制撤销，县境分别划归今河南范县和山东莘县。

自1948年底，"南下"的消息通过各种途径传播开来后，南峰县多数干部的思想情绪出现过一定波动："由于战争形势的发展，地区的扩大，又听到袁林同志（县委副书记——引者）到区党委组织部去开会，再加上以前听到传言和估计要调干部南下的问题，作了一番的估计，认为这次袁林同志可能带回南下的干部任务数，会后三五个的

<hr>

① 《寿张县调动政权干部南下工作总结报告》（1949年3月3日），山东省档案馆藏，案卷号：G052 - 01 - 0229 - 005。

② 冀鲁豫九地委组织部：《南调干部工作总结及调整组织训练培养干部的意见》（附表），《九地委南下干部统计表》（1949年3月15日制），聊城市档案馆藏，案卷号：2 - 1 - 46 - 9。

③ 台前县地方史志编纂委员会编：《台前县志》，中州古籍出版社2001年版，第316页。

④ 冀鲁豫行署：《关于南峰、筑先两县恢复原名的通令》（1949年7月8日），山东省档案馆藏，案卷号：G052 - 01 - 0182 - 009。

⑤ 中共莘县县委组织史资料编辑领导小组编：《中国共产党山东省莘县组织史资料1931—1987》，山东省新闻出版局1989年版，第98页。

干部自然结合酝酿南下问题，在此会议上的干部思想有些波动，分为三种情况，愿意南下的积极分子，积极愉快提出到南下时算上一份，但在情绪上少有波动，表现在会议讨论工作时不够细致耐心。另一种是不表明积极南下态度的，到南下时再说。三种是不愿南下，在思想上光考虑自己的个人之困难，有怕调南下之思想，如一区区长粟恩仲同志老想家庭老婆孩子困难走后无法生活的问题。"①县委针对干部思想出现种种波动，及时开会动员，进行思想工作，向全县干部讲明南下"是高度的原则党性问题，调或不调南下，必须屁股坐稳这段工作，是将来鉴定之一，批判了不正确的思想，指出正确的方向"。"干部对工作态度上、思想上才有了个正确的认识，加上这次会议工作任务紧促，及时转入正常，走向正常的方向，现都安心工作到工作岗位，和自作准备亦正酝酿南下的问题了，忙于工作未受波动而影响工作。"②

全县干部"共有356人（县委级在内），自报南下的有88人，占全县干部数百分之二十四点七"。主动自报南下的干部，多数"是积极态度对待自己的南下准备工作积极的筹备，认为在思想上肯定南下了，不但自己如此，还要积极的动员别人南下。如分委级吴清臣同志（县仓库主任）动员本部门，在六个人当中就有四人报名南下，还动员其他部门干部打通思想，解决问题，达到自报。如伍合明同志在思想上是恐怕调不着自己南下去不了，并积极地动员别人南下。工作员级的王翔鹏同志亦是如此。王保尊同志每逢与自报南下的干部说起话来，用依咱们南下长短的口话当成解释谈话内容"③。县委认为，"自报南下干部的主要原因当然是有他自觉的阶级觉悟，响应党的号召自报南下，有国家观念，为解救新区的人民服务的观点"，但不排除"个人南下眼界游历一番的心理，而愿南下的成份自报南下"④。

对南下有顾虑的干部，主要是出于家庭问题，即受父母、妻子

---

①　南峰县委组织部：《南峰县委组织部元月份组织工作月终报告》（1949 年 1 月 30 日），聊城市档案馆藏，案卷号：2 - 1 - 38 - 3。

②　同上。

③　同上。

④　同上。

"拉腿""牵绊较大"。还有个别"听到南下吓倒的干部",这些干部有的是家庭羁绊,有的本身参加革命动机就不纯,是为自己谋一个好前程的"投机分子","自从动员自报调南下后,有八个干部为了怕南下而被吓倒",有的"吓病了",有的"要回家不干",这些"躺倒"干部"有种农民狭窄的思想,不愿离家,独守人,或离不开(工作)老婆,如此故躺倒。我们对区委员干部分别谈话,避免影响其他干部"①。

未表明南下态度的干部,"全县共有223人(各级未表明态度的及非党员都在内),占全县总干部数(356人)百分之六十二点六,他们不自报,亦不表明态度,听从调动"。"故此我们对这类大多数的干部有这种思想要继续教育,提高其阶级觉悟,从国家观念出发,另面掌握南下积极分子来个别动员活动,来解决这种不正确的思想观念,来发动争取多数自报的热潮。"②

最终,南峰县共调出县委副书记袁林、县长李志琛等干部64人,其中县级5人,区级41人,工作员18人。其中女干部17人(区级3人,工作员14人),多为临时提拔。③

三 冀南区的南下组织工作

1949年初,冀南区党委(专署)共辖5个地委(专署)、45个县(市),总面积3万多平方公里,总人口700多万。④ 冀南区组织了1个区党委、6个地委、36个县委、200个区委的南下建制。全区共抽调各类干部3591人,勤杂人员1323人随军南下⑤,到将要解放

① 南峰县委组织部:《南峰县委组织部元月份组织工作月终报告》(1949年1月30日),聊城市档案馆藏,案卷号:2-1-38-3。
② 同上。
③ 冀鲁豫九地委组织部:《南调干部工作总结及调整组织训练培养干部的意见》(附表),《九地委南下干部统计表》(1949年3月15日制),聊城市档案馆藏,案卷号:2-1-46-9。
④ 中共湖南省委党史研究室、湖南省中共党史联络组编著:《南下湖南》,中共党史出版社2014年版,第61页。
⑤ 同上书,第108页。

的新区进行接管工作。今属聊城地区范围的，主要是冀南区一地委
（专署）大部，以及二地委（专署）的高唐县。

　　冀南区一地委，又称临清地委，地委驻地山东临清市（后隶属聊
城地委、地级聊城市），下辖冠县、元朝、莘县、馆陶、临清、武训、
永智、邱县等8县和临清市，其中冠县、元朝、莘县、临清、武训、
永智6县大部或部分属今山东聊城区划，馆陶县原属山东省聊城地委
（专区）领导，至1965年划归河北省邯郸专区，邱县今归属河北省邯
郸市。

　　冀南区二地委，又称夏津地委，地委驻地夏津县（今属山东省德
州市），下辖清河、武城、故城、恩县、夏津、高唐、平原7县，其
中高唐县今属山东聊城市管辖，武城、恩县、夏津、平原4县今属山
东省德州市范围，故城县今属河北省衡水市，清河县今属河北省邢台
市。二地委要求清河、武城等5县各抽调一个南下县委及7个区委架
子，高唐、平原两县抽调半个县架子、3个区委架子，地委直属机关
抽调五分之一个地委架子干部。

（一）一地委、专署

　　冀南南下一地委是由冀南一地委（临清地委）负责抽调组建的。
1948年10月29日，中共中央华北局作出决定，要求各区党委将所抽
调干部组成一整套完整的领导班子，整体调出。中共冀南区党委于
1948年底召开了地、县委书记、组织部长联席会议，部署组织大批
南下干部的工作，分配了此次南下干部的具体任务。"地委书记、组
织部长会议结束后，各地委又召开了有县委书记、组织部长参加的会
议，具体落实组织干部南下的任务。"① 各县均抽调干部，按照留守
一半，南下一半的比例，组成新的县委及县以下各区委架子。一地委
计划抽调南下干部712人。2月中旬到地委报到时，统计有干部659
人，勤杂人员278人，合计937人。此后各县又动员了一部分干部到

---

　　① 赵畅：《告别故土 奔赴新区——数千冀南干部南下湖南纪实》，政协湖南省委员会
文史资料研究委员会编：《湖南文史》第42辑，湖南文史杂志社1991年版，第46页。

区党委驻地威县集合南下，基本完成了南调任务数。①

南下一地委（含专署和军分区）在1949年春节前即已组成。一地委组成的南下班子，"地委书记郭清文，副书记兼军分区政委杨新一、组织部长阎耀华（因病未南下）、专员梁向明、军分区司令员孙洪、政治部主任刘洪源、参谋长齐钦"②。南下地委、专署和军分区各直属机构的组成人员，基本上是从一地委、专署和分区直属单位（包括专区人民医院）一分为二抽调的。其中，南下地委和专署机关抽调的科长级以上干部有张堃、赵畅、刘宝勤、徐明魁、王鸣时、张贯一、赵振山、刘英、史平、杨敬民、李子涛、魏长捷、刘哲、张毅川、张新兴、岳盛光、王维、陈书谏、张承祖、王希明、田蕴玉、刘儒林、吴凤岐、王秀智等，南下军分区抽调的科长以上干部有徐万夫、张金泽、解英、张洪流、江洪、张道生、张烈江、姚西平、徐孝尊、赵巨德等。③

过江南下，归期无定，意味着长期离开父母、妻子、儿女和故土。经历战争磨难的冀南区干部，很多人已经失去了太多，但绝大多数干部明白，要获得革命的彻底胜利，要实现全中国的彻底解放，他们就必须要作出抉择，作出牺牲，因此，他们克服种种困难、不舍，告别亲人、故土，毅然南下了。

（二）武训县

武训县，旧名堂邑县，1943年11月，为纪念清末著名"义丐"、行乞办义学的山东堂邑县人武训，中共冀南行署将原堂邑县北部和冠县东部地区组建为武训县，并成立中共武训县委和武训县抗日民主政府。1949年8月，武训县恢复堂邑县旧名，1956年堂邑县撤销，辖地分别划归聊城县和冠县。

---

　　① 中共湖南省委党史研究室、湖南省中共党史联络组编著：《南下湖南》，中共党史出版社2014年版，第65页。

　　② 刘万祥：《南下沅江之回忆》，中国人民政治协商会议沅江市委员会文史资料委员会编印：《沅江文史资料》第6辑，1989年，第11页。

　　③ 中共湖南省委党史研究室、湖南省中共党史联络组编著：《南下湖南》，中共党史出版社2014年版，第108—109页。

1949 年旧历年（春节）前，临清一地委派秘书长杨新一来武训县传达动员干部南下的政治任务，他阐述了革命的大好形势和组织干部随军南下的政治意义，强调必须将南下作为一项政治任务完成，并提出了具体要求，“（一）把县区所有干部统一组织搭配，分成两套班子，一套是继续作好地方工作，开展大生产运动和作好支援前线的工作；一套要支援解放军南征，组织干部南下，武训县组成四个区的随军南下班子，再与其他县搭成一个县级架子，人员要骨干与一般、党群与政权干部进行搭配；（二）确定南下的干部，要政治素质好，身体健康，年龄为青壮，无重大家室之累，男女皆可，一律自愿；（三）春节后动员，二月集中在地委指定地点，按上级要求出发南下；（四）县委由曾广成同志带队”①。

据时任武训县委书记司洛路回忆，该县“完成南下干部任务的条件是优越的”：（一）全县在一九四八年贯彻中国土地法大纲之后，最后完成了土地改革。经过整党，县、区党、政、群、武装，合作社等组织机构充实，该县之后的任务是开展大生产运动，支援前线战争。当时干部认为这个县没有资产阶级，地主、富农全打倒了，搞社会主义是以后的事情，感到这里革命似乎已经完成，要革命就得到全国去，因而，离县南征是干部应有之义务。（二）经过土改和整党，运动中涌现出了大批积极分子，不少优秀者被安插到县、区组织机构中去，干部已满员，除留作本地工作外，具备了一部分干部南下干革命的条件。（三）土地改革后，就为参军参战做工作规划，诱发干部南下。②

抗战胜利以后，该县已有多次动员干部外调，“但都为数较少，都是经过个别动员，或以区，或以部门动员完成的。这次是大批动员，所以召开了全县县、区干部进行了大会动员，轰动了全县广大干部和群众”③。1949 年春节后，县委在县城召开了全县县、区干部大

---

①　司洛路：《回忆武训县动员南下干部的情况——县长曾广成同志带领近百名干部南下》，中共聊城市委党史资料征集研究委员会编印：《聊城市党史资料》第 5 期，1989 年，第 315—316 页。

②　同上书，第 316 页。

③　同上书，第 317 页。

会，除少数留守岗位工作外，其他县、区干部均参加了大会。大会首先总结了土改和整党工作，布置了开展大生产运动，接着动员了干部南下。动员后，进一步分组进行讨论，广大干部"认识到老区干部的责任和完成南下这个光荣政治任务的意义之后，便纷纷进行了报名，全县只有两名干部未报，绝大多数男女干部均报了名"①。

县、区委根据所有报名同志，逐个进行了分析研究，同时，把留下与南下的干部进行了认真的研究确定，留下的干部去完成大生产运动的工作，南下的干部就回家准备，结果只有两人没去，组织上对其进行了处分，其余都按时集中南下了。整个组织动员工作较为顺利。②至1949年2月，武训县动员了县、区干部95人，搭配成1个县级，4个区级机构，县委书记司洛路留守，由县长曾广成带队，正式南下了。

（三）冠县

冠县县委在1948年底冀南区委联席会议结束后，随即召开了包括区委书记参加的县委扩大会议，由县委书记苏钢主持，开展南下吹风，进行思想摸底，开始了该县自抗战胜利以来人数最多、规模和影响最大的第四批干部南下的准备工作。③

作为老解放区的干部，经过抗战、土改和整党，大多数政治觉悟高，组织原则性强，服从党和人民的调遣，愿意南下工作。但部分人也存在一些模糊观念和错误认识，思想波动较大："一是南方大部分地区还没有解放，战争残酷，牺牲的可能性更大。二是长途跋涉条件艰苦，不懂南方语言，生活也不习惯。三是南下远离故土，难以返乡与家人团聚。四是一些封建伦理观念与小农经济的狭隘思想还禁锢着一些入党不久的同志。有的认为'父母在，不远游'，千里迢迢远离

---

① 司洛路：《回忆武训县动员南下干部的情况——县长曾广成同志带领近百名干部南下》，中共聊城市委党史资料征集研究委员会编印：《聊城市党史资料》第5期，1989年，第317页。

② 同上。

③ 王平主编：《中国共产党冠县历史》（第一卷），新世界出版社2011年版，第330—331页。

父母有不孝之嫌；有的满足于'三十亩地一头牛，老婆孩子热炕头'的小家庭生活，缺乏将革命进行到底的坚定意志和解放全中国人民的全局观念。有的认为南方一切都比不上北方，'宁愿向北走一千，不愿向南走一砖'。"① 以上这些旧观念和旧思想成为束缚部分干部南下积极性的严重障碍。

1949 年初，新华社发表了毛泽东同志《将革命进行到底》的新年献词，号召打过长江去、解放全中国。解放区军民掀起了轰轰烈烈的支援全国解放的高潮。县委结合全国解放形势，针对本县干部存在的各种思想，召开了全县干部大会，县长崔强作了当前政治形势和抽调干部南下的报告。会议期间，集中学习了毛泽东同志《元旦献辞》及党组织抽调干部南下的一系列文件和指示，鼓舞了广大党员干部，在"打到南京去，活捉蒋介石""打过长江去，解放全中国"的口号声中，冠县党员干部开展了报名南下的热潮。南下干部中有的是新婚不久的青年，有的夫妇一起报名南下，有的怕家庭阻拦，没和家人商量就报了名，直到到达新解放区后才告知家人。②

在个人自报、并经组织审查的基础上，冠县共选调南下干部 115人，其中县级干部 6 人，区级干部 26 人。县委 7 名成员中就有 5 人南下，只有县委组织部长田坡和县委委员、四区区委书记赵矢勇留守本县。县委书记苏钢上调到南下六地委，任宣传部长。由县长崔强担任县委书记，带队南下。南下县级领导班子成员是：县长崔强任县委书记、副县长郭策任县长，县委委员、八区区委书记王冀克任县委组织部长，一区区委副书记李占英任县委办公室主任，六区区委书记康政任县武委会主任，县委办公室主任钟达任县政府秘书，李敬民任县公安局局长。同时还组成了南下县政府各部门和各区的领导班子："县硝磺局局长蒋霞波任县银行行长，财政科科长于馨亭任县财政科科长，高东岳任县财政科副科长，司法科科长蔡勖庭任县法院院长，阎立群任县民政科副科长。二区区委副书记陈汇川任区委书记，张子

① 王平主编：《中国共产党冠县历史》（第一卷），新世界出版社 2011 年版，第330页。

② 同上书，第330—331 页。

廉任区长；八区抗联主任李子平任区委书记，梁慧敏任区长；五区区委委员宋维臣任区委书记，韩凤巢任区长；七区区委副书记宋玉坤任区委书记，张建功任区长。"①

　　1949年2月13日，冠县第四批南下干部在县城城隍庙集合。县委、县政府组织干部群众举行欢送大会，热烈欢送南下。在人民群众敲锣打鼓夹道欢送中，南下干部与故乡告别，奔赴地委驻地临清集结。到达地委后，邱县民运部长霍旭魁带领邱县3个区20多名干部编入冠县南下县委建制。②

（四）莘县

　　1947年至1948年冀南区进行了较大规模的整风整党，莘县干部参加了冀南一地委在柳林举办的整风班。莘县的党训班、干训班也相继开业，集训农村基层干部。"通过整党整风，广大党员干部提高了思想觉悟和阶级觉悟，改进了工作作风，加强了党内外的团结，纯洁了党的组织，提高了党的战斗力。"③加之该县细致、周密的宣传动员工作，因此，在1949年初的这次抗战胜利以来规模最大的南下动员工作中，全县干部南下的积极性较高。

　　1949年2月7日，莘县县委召开全县干部大会，提出口号"军队向前进，干部紧后跟，打倒蒋政府，解放华南民"，到会干部百分之百报名。④经县委研究公布名单后，少数被调到干部因各种原因而动摇。这些动摇分子表现为"思想落后，不愿工作，想回家，情绪不高，有（的）装病逃避回家，有的借口家庭忙出不来，说不得闲，故意不愿出来，有的个人能力小不行愿回家"，有的"感觉没前途，主要思想怕南下"，也有的"已回家了，至今叫了数次也不出来"，

---

　　① 王平主编：《中国共产党冠县历史》（第一卷），新世界出版社2011年版，第331—332页。
　　② 同上书，第332页。
　　③ 中共莘县县委组织史资料编辑领导小组编：《中国共产党山东省莘县组织史资料1931—1987》，山东省新闻出版局1989年版，第63页。
　　④ 王再兴：《为全国解放尽力——莘县南下干部情况》，中共莘县县委党史资料征集研究委员会编印：《燕塔风云 莘县民主革命时期党史资料汇编》，1987年，第195页。

甚至说"我反正不干了，上级愿怎样就怎样，区书与他谈，他说我蜕化了"，"有的交枪，不干了"①。县委领导分析，这些落后者的"思想主要的是刚出来，怕南下，不愿离开家，觉悟性也差，这是极少数的"②。但是绝大多数干部对南下的态度是积极的。对"回家不出来的干部"，各区采取三种方法，一是"用说服批判的方式感动他"；二是"抓落后干部的弱点，揭发他，分析他的根源，也能打通了"；三是用组织纪律对其进行处理。③对于极少数没有正当理由而拒不南下，"再三争取"而"不通者"，即所谓"南下落水干部"，根据"每个干部的一贯性好坏程度，结合这次的巨大任务"，给予了包括"开除党籍"在内的相应组织处理。④

很多干部克服了家人亲情羁绊，毅然南下。如该县安松林同志怀孕，组织上让她回家分娩后再南下，由其爱人王文焕同志护送回家。"不料，王文焕同志回到家后即被家里派人监视起来，不能脱身归队。"最终，区政府派人做通了王文焕家属的思想工作后，王文焕一人骑自行车终于赶上了南下干部队伍。⑤

该县原定由县委书记阎耀华带队南下，但因阎生病未能南下，县长解方调军分区工作，故由县委宣传部长王再兴带队。莘县共调出南下干部74人，"其中县委委员3人，一般县级干部2人，女干部7人，编成一个中队，全县7个区的干部编成7个班，县机关干部编为直属队"⑥。

（五）元朝县

元朝县成立于1945年5月，冀鲁豫中央分局确定以元城（今河北大名县卫河以东地带）和莘县、朝城各一个区组建元朝县，同时成

---

① 《莘县三月份组织工作回报》（1949年3月25日），莘县档案馆藏，案卷号：052，1949年。
② 同上。
③ 同上。
④ 《莘县一九四九年组织工作总结报告》，莘县档案馆藏，案卷号：052，1949年。
⑤ 王再兴：《为全国解放尽力——莘县南下干部情况》，中共莘县县委党史资料征集研究委员会编印：《燕塔风云 莘县民主革命时期党史资料汇编》，1987年，第195—196页。
⑥ 同上书，第196页。

立中共元朝县委。1949 年 9 月，元朝县与大名县合并为大名县，除元朝县的王奉、张鲁两个区划归莘县（莘县当时属平原省管辖，今属山东省聊城市）外，其余并入河北省大名县。①

据南下时被提拔为县委组织部长的张鹤亭同志回忆，南下前，他担任元朝县委办公室主任兼县青年团团委书记，1943 年底，在解放战争取得辽沈、淮海、平津三大战役决定性胜利的大好形势下，元朝县委遵照上级指示精神，"确定县委成员中的县委书记梁向明、县长刘清华和我南下，并经中共冀南地委明确南下后梁向明任专员，刘清华任县长，我任组织部长。动身前，因刘清华年老不想南下经批准留下，改派新提县委委员张新兴代之"②。

1949 年 2 月，张鹤亭率领元朝县 100 多名干部到冀南地委所在地临清市报到后，"即以自己只有 25 岁又水平低难于胜任主要领导职务为理由，向地委提出增加元陶县（即元朝县——引者）南下干部中的主要领导人的请求而获得同意，派来了崔克南、唐瑞庭，并指定崔南下任县委书记，唐任县委宣传部长，还派来临清县某区的区委书记郭连贵等 10 多人"。充实了力量的元朝县南下干部被编为冀南南下干部支队第一大队第一中队。崔克南任中队指导员，张鹤亭任中队长。元朝县干部中队分 9 个班："第一班班长郭兆林、副班长房砚田；第二班班长刘锋、副班长王士宽；第三班班长张世荣、副班长宋绍平；第四班班长罗英、副班长刘鸿业；第五班班长李学良、副班长商文华；第六班班长张宜林、副班长叶鹤亭；第七班班长郭连贵、副班长袁福清。这 7 个班南下到县再分配区。还有 2 个班叫县直属班，规定南下到县后留县城工作。"③

（六）临清县（市）

1949 年 1 月，"冀南区党委发布干部南下命令"，"根据一地委转

① 参见中华人民共和国民政部、中华人民共和国建设部编：《中国县情大全　华北卷》，中国社会出版社 1992 年版，第 294 页；中共聊城地委党史资料征集研究委员会、聊城地区档案局编印：《中国共产党山东省聊城地区组织史资料》，1989 年，第 181 页。
② 王兴刚：《张鹤亭同志谈南下干部到宁乡的情况》，政协湖南省宁乡县文史资料委员会编印：《宁乡文史资料》第 6 辑，1989 年，第 31 页。
③ 同上书，第 31—32 页。

发区党委关于提前调动干部南下的紧急通知精神，2月5日至3月5日，临清市委抓紧对拟南下干部进行组织鉴定"[1]。该县（市）在南下前，干部中存在一定的畏难情绪，"过去几次南下，有些同志牺牲及开小差逃跑回来，南边风俗习惯，及过去旧习惯，'老不上北，少不上南'等影响"，"家庭观念深……干部普遍存在'怕南下'，在这种思想指挥下，工作不积极，有的同志说：'宁到北走一千，不到南走一砖'（为明确不调动，到北也不去），还有个别同志说：'形势很乐观，南下可不□。'"[2]县委根据干部具体思想，"每次会议都进行了时事及前途教育，我们敢于胜利，为全国人民服务，以及进行酝酿以县机关为主有组织有□□有意识的鼓励南下的情绪"[3]。

为了完成南调干部任务，并保障干部南下后本地工作仍能照常运转，"领导上注意了培养提拔干部，健全各级组织，一般的干部都设了正副，共培养提拔了六七十个干部，脱离生产，健全了各级组织，每个区二十来个干部，备到三十多个干部"[4]。

临清县（市）干部职工共调出140名（其中县区级干部91名），合编为一个南下县委、县政府，"张凤彩任县委书记，田园任县长（后临清干部大部分分配至湖南省益阳地区工作）"[5]。

（七）永智县、高唐县

永智县，原名清平县，今该县建制、区划皆已不存。清平县历史悠久，早在西汉便已置县（时称贝丘县），隋开皇十六年（595）改名清平县。1946年1月，"为了纪念1943年10月在清平县陈官营战

① 中共临清市委党史资料征集研究委员会编印：《中共临清党史大事记1925—1949》，1990年，第146页。
② 原件中个别字已无法辨识，以"□"代替。《关于南下干部工作总结报告》，临清市档案馆藏，案卷号：7－1－15－4。
③ 《关于南下干部工作总结报告》，临清市档案馆藏，案卷号：7－1－15－4。
④ 同上。
⑤ 中共临清市委党史资料征集研究委员会编印：《中共临清党史大事记1925—1949》，1990年，第148—149页。

斗中牺牲的肖永智同志，上级领导决定，将清平县易名为永智县"①。
1949年8月，撤销永智县，恢复清平县及中共清平县委，划归平原
省管辖。1956年清平县撤销，原有县境，西部划入今山东省临清市，
东部划入山东省高唐县，东部一隅（王药包、杜沟）划入山东省茌
平县。② 1949年初，永智县原任县委书记刘洪源调任军分区政治部主
任后南下。永智县南下干部由新提拔的县委书记张少迪和县长侯鸿业
带领近百名干部，单独组成一个县的建制南下。③

高唐县在1949年初属冀南区二地委（夏津地委）管辖。按照冀
南区二地委1949年1月要求，各县应调出"县级共三十三人"："1.
县委会：县书一，县秘书长一，管理员一，司务长一，收发文印二，
组织部长一，干事一，宣传部长一，干事一，民运部长一，干事二，
武装部长一，干事二"，"2. 政府：县长一，秘书一，民政科长一，
科员一，财经干部八（财政科长一，银行经理一，会计出纳六）"。
县以下区级应调出十人："1. 区书一，区宣一，区组一，民运一，保
卫一"，"2. 区长一，民政助理员一，财政助理员一，武装二（主任
一、干事一）。"④ 根据冀南区二地委的部署，高唐的任务是抽调71
名干部，16名勤杂人员，将该县原有县区机关一分为二，重新组建
一个县的班子，随军南下。⑤ 在南下组织过程中，"一般干部主要思
想是怕南下，怕受训，怕调动，（都是为了怕南下）"⑥。县委认为干
部"怕南下思想，原因家庭观念深，怕艰苦怕牺牲"。在解决干部思

① 中共临清市委党史资料征集研究委员会办公室编印：《卫滨风云 清平党史资料选
编》，1992年，第40—41页。

② 由于区划变动、建制取消、年代久远等原因，目前关于清平县"南下"的相关资
料很少。笔者走访了临清市档案馆、党史办、史志办，高唐县档案馆、党史办、史志办，
所存清平县"南下"相关原始档案均极少。

③ 政协临清市委员会编：《烽火岁月 临清抗战史料汇编》（二），中国文史出版社
2015年版，第97页。

④ 《冀南二地委组织部通知》（1949年1月13日），德州市委党史研究室编：《光荣
的使命 德州干部随军南下简史》，党建读物出版社2002年版，第353页。

⑤ 高唐县委党史办：《1949年干部南下北上情况》，中共聊城地委党史资料征集研究
委员会编印：《一切为了前线（上）聊城地区党史资料第15辑》，1988年，第191页。

⑥ 《一至六月这半年的组织工作》（1949年6月19日），高唐县档案馆藏，案卷号：1-
3-1-0009。

想问题上，该县一是"领导上首先向干部作了检讨，管理教育不够，过去表扬好的批评有错的也不够"，二是"严格组织生活，采小组会上的方式自我批评与相互批评，对个别错误严重的个别谈话，打通思想，在全体干部大会上作自我检讨，经常表现好的在大会上表扬"①。该县南下组织动员具体情况如下：

1. 初期动员与干部态度："由于干部南下问题，已有了较长时间成熟酝酿，一般的都能服从党的调动，从思想上准备南下是多数的，从行动上、物质上准备南下的是少数的，表示坚决不南下的是个别的。"② 总的来说，干部们对于南下是较为积极主动的。

自召开了全县干部大会动员南下后，"干部南下的空气更紧张了。由于卢政委在大会上讲明了目前形势与我们的任务，如何根据目前形势，迎接全国胜利——干部南下，解放江南人民，大家听了动员报告并进行了讨论，一致认为快胜利了，也认为该南下，没有理由说不南下，更增加了南下的信心"。因此干部有三种不同的表现："一是积极自动报名的61人（名单已报地组部），二是服从调动的占绝大多数，约有300余人，三是不服从调动，表示坚决不南下的4人……"③

另外，此次不南下的干部也有些思想变化，"一是从思想上准备下次南下，二是怕下次南下，现在提出家庭困难与个人有病，要求回家，三是后悔这次没有南下了，这次南下又近，地区也好，下次更远，还不如这次南下哩，四是怕调到外区去，认为南下调走一批干部，各区干部需要调剂一下"，因此，"不南下的干部思想上还不够很稳定，原因是受南下的影响，南下干部还未走。其次组织还未调整干部配备起来。再次，工作上抓的也不紧。这些问题□急待解决"④。

2. "对好坏的典型，作了适当表扬与批评"：对于积极自动报

---

① 高唐县委组织部：《一九四九年全年总结报告》（1950年1月28日印），高唐县档案馆藏，案卷号：1-1-20-0004。

② 《组织工作月报（二月份）关于南征干部问题》，高唐县档案馆藏，案卷号：1-1-20-0024。

③ 同上。

④ 原件中个别字已无法辨识，以"□"代替。《组织工作月报（二月份）关于南征干部问题》，高唐县档案馆藏，案卷号：1-1-20-0024。

名、要求南下的干部，"在大会上给以一般的表扬与鼓励，说明这些同志们的精神很好，值得大家学习的。但是为了坚持后方工作，与前方干部的配备，不能谁报名谁南下，必须根据情况留下一大批干部坚持工作"。而"对表示坚决不南下的干部，除在大会给以不指名的批评，进行了干部教育，说明这是不对的，也是不应该的，这是不敢胜利的具体表现，白受了共产党多年的培养与领导，并在各该区与机关内也作严格的批评教育"。"另外，政府对坚决不南下两个通讯员，给予处分，关禁闭室一天，并清洗回家。"①

3. 南下人员确定后的情况："组织决定的南下干部52人，后补多余的南下干部14人，共66人，以备顶替组织决定南下干部发生变化。""而'论堆'不去的人数，据现在了解凡是原来组织决定的南下干部还没有发生问题，甚至有的组织决定的南下干部未有参加动员南下干部大会，只是从信上通知的也都服从调动南下了。"总体上，已确定其南下的干部均来县报到，只有5名干部未来。②

根据1949年2月高唐县委统计，该县实际抽调县级干部6人，包括县委书记卢青云，副书记徐敬民，县长褚丹亭，县委宣传部长翟光民，县委委员艾育才、王培林；县机关干部12人，区书、区长级干部10人，区委干部26人，一般干部16人，合计70人。③ 调出勤杂人员22人，其中通讯员16人，伙夫6人。合计干部及勤杂人员共92人。带长枪6支，区长、区书以上干部带短枪24支。④

---

① 《组织工作月报（二月份）关于南征干部问题》，高唐县档案馆藏，案卷号：1 – 1 – 20 – 0024。

② 同上。

③ 《南下干部名单》，高唐县档案馆藏，案卷号：1 – 1 – 20 – 0001。

④ 《组织工作月报（二月份）关于南征干部问题》，高唐县档案馆藏，案卷号：1 – 1 – 20 – 0024。

第四章　风雨千里：南下干部的整训与行军

1949 年 2 月上旬，鲁西北各县南下干部（冀鲁豫、冀南区）经过组织、动员后，按时到各县集中，分别开赴各自地委驻地进行短暂集结、整训，随后开赴区党委驻地，进行了较长时间整训与学习。此后，冀鲁豫、冀南区南下干部队伍告别家乡，踏上风雨千里的南下征程。他们克服行军中的重重困难与考验，渡过长江，奔赴南方新区各自工作地，为全国解放事业，为接管与开辟广大新区作出了重要贡献。

一　冀鲁豫区南下干部的整训与行军

（一）冀鲁豫干部在地委的短暂集结整训

1949 年 2 月 5 日，冀鲁豫区党委就南下工作给各地委发出指示信，"根据目前战争形势迅速发展，天津、北平相继解放，我军可能提早过江，为此华北局令我区南下干部于 2 月底集中到区党委整训，待命出发"。故冀鲁豫区党委要求各地委南下干部务于 2 月 28 日整队到区党委驻地菏泽集中，"以便整训学习"，"各地委集合时间，由地委自定"。区党委同时要求各地"即刻确定并宣布南下干部名单，如尚未酝酿成熟，即加紧政治动员，迅速确定并宣布南下干部名单"；"南下地委委员，应将工作交待清楚后，立即脱离原职，成立办事机关，专心组织南下干部工作"；"南下干部和杂务人员之家属，一律以革命军属待遇"；"对南下干部应作极充分的政治动员，以地委为单位，召开盛大而富有教育意义的欢送大会（但不要铺张浪费）"①。

冀鲁豫六地委、九地委各县南下干部队伍组成后，首先分别在各县开了欢送会，之后即启程赶赴地委所在地集中，进行初步动员与整训，并做好向区党委驻地进发的准备。

冀鲁豫六地委所辖茌平、博平、东阿、聊阳、筑先（聊城）、齐禹、河西、徐翼8个县南下干部，于2月上旬陆续到达地委驻地聊城集中，地委用了数日时间进行编队学习及进一步动员工作。② 在组织编队上，南下干部队伍组成以后，按照六地委在冀鲁豫区的序列，以军队的建制组成了冀鲁豫南下支队第六大队，"地委和分区机关的南下干部组成直属中队，县为中队，区为班。六地委的南下干部队伍由900多人组成"③，其中干部670多人，其他为战士勤杂人员。大队长由六分区司令员曾宪辉（江西于都人，参加过长征）担任，大队政委由六地委书记谢鑫鹤（山东博平人）担任，大队还设政治部、保卫处，分别由王富海（地委组织部长，山东临清人）、赵尧（又名姚修文，地委社会部长，山东阳谷人）、袁子清（副政委，福建上杭人，参加过长征）等同志负责。④

各县干部在聊城集结期间，六地委、专署"召开了隆重的欢送大会。南下的地委书记谢鑫鹤代表南下干部讲话，表示坚决随军南下，解放全中国，接管新解放区的决心"。接替谢鑫鹤职务、留守的新任地委书记陶东岱在大会上致辞，代表地委、专署和全区人民热烈欢送

---

① 《冀鲁豫区党委就南下工作给各地委的指示信》（1949年2月5日），中共冀鲁豫边区党史工作组办公室编：《中共冀鲁豫边区党史资料选编 第3辑 文献部分下 1948.6—1949.9》，山东大学出版社1989年版，第461页。

② 吴肃、曾宪辉、姚修文、张玉环等：《风风雨雨千里行——记冀鲁豫六地委干部南下西进的历程》，中共贵州省委党史研究室冀鲁豫组编印：《从冀鲁豫到贵州：南下支队和西进支队专辑》，1991年，第372页。

③ 同上书，第371页。

④ 吴肃、曾宪辉、姚修文、张玉环等：《风风雨雨千里行——记冀鲁豫六地委干部南下西进的历程》，中共贵州省委党史研究室冀鲁豫组编印：《从冀鲁豫到贵州：南下支队和西进支队专辑》，1991年，第371—372页；姚传德：《组织干部随军南下》，《光岳春秋（下）》，山东人民出版社2014年版，第452页。

全体南下干部，大家很受鼓舞，更坚定了南下的决心。① 六地委南下干部初步学习了上级有关南下的指示精神，从思想上明确了南下的重大意义，同时进行了必要的纪律教育。②

这支南下干部队伍，虽然经过严格挑选，每位同志在党的长期教育、培养下，都有较高的政治觉悟和组织观念，"但是，大多数毕竟是农民子弟，有不少同志还是刚翻身分得了土地的农民"。很多人参加工作以来，始终在家乡工作，连县城和地委驻地都没有到过。现在，将要远离故土、离开年迈的父母、年轻的妻子、幼小的儿女，不能不是一个严峻的考验。当干部们集结完毕，离开地委驻地聊城，赶赴冀鲁豫区党委首府菏泽时，"当大家离别家乡和离别亲人时，那种难以排遣的惜别之情油然而生。有的同志'一步三回头，望望聊城的大鼓楼'；有的同志向自己的村庄方向望了又望，高喊着：'家乡再见了！'；有的同志抓上一把土揣在怀里上路，说家乡土可治水土不服。思念归思念，惜别归惜别，但这丝毫没有阻止我们南下的脚步"③。南下干部队伍出发时，"当地的群众和我们的亲属，以及当年打游击时我们住过的房东，都纷纷赶来为我们送行。沿途群众为我们设了很多茶水站，有的老大娘拿着煮熟的鸡蛋，一个个地往我们手里送，好多群众都眼含热泪，一边为我们送行，一边还不住地问我们什么时候才能回来呀……"④

1949 年"古历正月十七"（公历 2 月 14 日），冀鲁豫六地委南下干部队伍 900 多人，从地委驻地聊城出发，奔赴冀鲁豫区党委驻

---

① 孔焕章、高兴中：《随军南下、西进的战斗历程》，中共贵州省委党史研究室冀鲁豫组编印：《冀鲁豫党史资料选编》第 19 集，1994 年，第 31 页。

② 吴肃、曾宪辉、姚修文、张玉环等：《风风雨雨千里行——记冀鲁豫六地委干部南下西进的历程》，中共贵州省委党史研究室冀鲁豫组编印：《从冀鲁豫到贵州：南下支队和西进支队专辑》，1991 年，第 372 页。

③ 张武云、杜竹林等：《从聊城南下接管临川亲历记》，临川市政协文史资料委员会编印：《临川文史》第 1 辑，1996 年，第 89 页。

④ 姚传德：《组织干部随军南下》，《山东革命斗争回忆录丛书 光岳春秋（下）》，山东人民出版社 2014 年版，第 453 页。

地——山东菏泽。①

与此同时，冀鲁豫九地委下辖各县南下干部于2月中旬陆续开赴地委驻地朝城（县城在今山东莘县朝城镇）集中。"地委将各县南下干部组成一个大队，由高黎光、宋望平等同志带队"，在地委停留数日后，即向冀鲁豫区党委驻地菏泽进发。原阳谷县长、阳谷南下干部中队队长时进回忆，"当行至黄河渡口时，看着那滚滚奔流的黄河，人们都心潮澎湃，非常兴奋。我是第一次看到那样大的木制渡船，每次可同时摆渡两辆卡车、数匹马、数百人。船工们喊着号子，撑着长篙，在奔腾的河水之上把我们送往南岸"②。

（二）菏泽整训

菏泽地处鲁西南，是当时的中共冀鲁豫区党委首府所在地，也是冀鲁豫解放区的政治文化中心。从聊城到菏泽有三百多里路，六地委南下干部大队走了四天才到达。③ 2月中下旬，冀鲁豫区党委（专署）下辖八个地委（专署）的南下干部陆续到达区党委驻地菏泽。"2月28日集中到菏泽城东南晁八寨一带整训，一面准备房子给养。"④ 南下干部在这里接受了进军江南前一次较为系统、时间较长的整训、学习。晁大庄又称"晁八寨"，传说是梁山首领晁盖的家乡。南下干部们回忆，"当年晁盖在此仗义疏财，结交各路绿林好汉，准备举事来替天行道，今日我们在此整训学习，熟悉党的政策，掌握军事本领，

---

① 李吉民、王万里：《对四八年聊城县干部随军南下的片断回忆》，中共聊城市委党史资料征集研究委员会编印：《聊城市党史资料》第5期，1989年，第281页。一说出发时间是2月13日，见张武云、杜竹林等：《从聊城南下接管临川亲历记》，临川市政协文史资料委员会编印：《临川文史》第1辑，1996年，第89页。

② 时进：《奔腾在全国解放的洪流中——回忆阳谷县干部南下队伍》，冀鲁豫边区党史工作组上海市联络组编印：《冀鲁豫边区党史资料选编》，1991年，第135—136页。

③ 张武云、杜竹林等：《从聊城南下接管临川亲历记》，临川市政协文史资料委员会编印：《临川文史》第1辑，1996年，第90页。

④ 《冀鲁豫区党委就南下干部问题给华北局的电报》（1949年3月2日），中共山东省委党史研究室编：《山东党的革命历史文献选编1920—1949》第10卷，山东人民出版社2015年版，第381页。

准备南下服务江南人民，这大概可说是一种'缘分'吧?"①

　　冀鲁豫各地委南下干部行军到达菏泽集结后，冀鲁豫区党委召开了区级以上的干部大会。在会上，区党委副书记、南下支队政治委员徐运北同志讲了话，区党委秘书长、南下支队参谋长万里同志代表区党委和行署对南下干部再次做了动员。"万里同志在大会上着重讲了过去我们是开展游击战，战略方针是农村包围城市。现在我们要迎接全国的解放，我们工作的着重点要逐渐地由乡村转移到城市。我们进城后，要接管城市，建设城市，要遵守城市工作的纪律、守则及需要掌握的方针政策等。万里同志的讲话，给我们每个人都提出了一个崭新的、并有待于我们去实践解决的新课题。"②

　　区党委书记潘复生同志对冀鲁豫区全体南下干部说："1949年是我们全中国胜利的一年。在这个胜利的局面下，江南群众欢迎我们去。革命从南方到北方，又从北方到南方。回忆我们十年内战，从南方到北方，现在又从北方到江南去，帮助江南群众翻身。十几年来党培养了我们，依靠我们开辟了冀鲁豫，我们光荣的完成了任务。我们现在又响应党的号召南下，这是光荣的。"③潘复生指出，首先，全体南下干部必须利用没南进之前的一个月时间，"好好学习城市政策"，"特别要注意群众纪律"，"过去是乡村包围城市。我们没有城市经验，现在都是新问题。我们很可能到城市去，必须学习如何管理好城市"。其次，"要反对无组织、无纪律、无政府状态"，不要发展为"个人主义思想和行动"，甚至"地方主义"。最后，"我们还可能有些顾虑"，南方"雨水多，有蚊子，这些都是可能的。我们要准备好，但最大的问题是家庭问题"，对于南下干部走后其在华北老区的家属，"区党委要尽可能做好，我们党是不骗人的，这些事情可能办

　　① 张武云、杜竹林等：《从聊城南下接管临川亲历记》，临川市政协文史资料委员会编印：《临川文史》第1辑，1996年，第90页。
　　② 姚传德：《组织干部随军南下》，《山东革命斗争回忆录丛书 光岳春秋（下）》，山东人民出版社2014年版，第452—453页。
　　③ 《潘复生等同志对南下干部的讲话》（1949年3月5日），中共贵州省委党史研究室冀鲁豫组编印：《从冀鲁豫到贵州：南下支队和西进支队专辑》，1991年，第73页。

到的就要尽可能办到"。① 也使一部分干部在思想上解除了后顾之忧。

　　冀鲁豫南下干部在晁八寨的主要任务是集中整训学习，从思想上、组织上、身体上都充分做好南下的准备。集训学习的主要内容是：

　　第一，学习毛泽东同志1949年1月1日在《人民日报》发表的社论《将革命进行到底》，及1月14日发表的《关于时局的声明》。通过学习，使广大干部树立了正确的革命目标，端正了南下态度，提高了思想觉悟，自觉自愿的南下江南。

　　第二，学习接管新区的方针政策。着重学习了接管城市的政策、工商业政策（包括怎样搞好城市工业生产）、统战政策、知识分子政策等。

　　第三，军事训练。南下干部"每个人都发了二野的一套土布军装和一个只能罩住头的小蚊帐"②。每人都身着军衣，要严格遵守军风纪。在学习军事技能方面，要求不太高，因为都是些党、政干部，仅学习了在行军中的一些普通军事常识，如集合、跑步、整队、紧急集合、急行军、打绑腿、打背包、防空和行军中应注意的一些事项等。但特别强调了"三大纪律、八项注意"，行军途中要严格遵守组织纪律，在每一驻地出发前，要检查地扫干净了没有，借的门板、稻草归还了没有，损坏的东西赔偿了没有。中队设有纪律检查委员，负责检查各班的纪律执行情况。③ 根据南方山路、田埂路和小溪流多的地理特点，重点进行了"夜行军和紧急集合以及过独木桥的练习"④。此外还有快速吃饭（五分钟吃饱），上下火车和汽车，"锻炼晚上习惯

---

　　① 《潘复生等同志对南下干部的讲话》（1949年3月5日），中共贵州省委党史研究室冀鲁豫组编印：《从冀鲁豫到贵州：南下支队和西进支队专辑》，1991年，第73—74页。
　　② 姚传德：《组织干部随军南下》，《山东革命斗争回忆录丛书　光岳春秋（下）》，山东人民出版社2014年版，第452—453页。
　　③ 孔焕章、高兴中：《随军南下、西进的战斗历程》，中共贵州省委党史研究室冀鲁豫组编印：《冀鲁豫党史资料选编》第19集，1994年，第31—32页。
　　④ 李吉民、王万里：《对四八年聊城县干部随军南下的片断回忆》，《聊城市党史资料》第5期，1989年，第281页。

性大便等"①，以应对千里南下行军途中可能出现的各种紧急情况。

紧张的训练持续了二十多天。训练结束后，区党委又对所有的南下干部重新做了考察，"留下了体弱有病的干部和个别的女同志"②。"鉴于战争仍在进行，区党委决定，除区委以上的女同志以外，其他女同志一律暂返原县待命。"③ 因此六、九地委动员了部分女同志暂时回乡，"待到目的地后再来接她们"④。同时，"区党委还要求我们尽量轻装，将一切可带可不带的东西，如多余的被子、大衣及其他日用品都留下来"⑤。在此期间，"南下干部还参加了军区处决变节蜕化分子赵得胜（原任营长）的大会。大家以他为反面教员，引以为戒。这次学习收获很大"⑥。

在从菏泽出发，正式南下之前，鲁西北南下干部思想曾发生了一场波动。"原来上级曾宣布冀鲁豫南下干部随刘邓大军去接管宁、沪、杭。南京是国民党盘踞多年的老巢，上海是世界闻名的大都市，而杭州'上有天堂、下有苏杭'，更是人们向往的地方。去那里接管，大家自然高兴。当整训快结束，我们即将离开冀鲁豫南下时，上级重新宣布我们的任务是去接管赣东北。顿时，大家头上像泼了一瓢冷水，从头凉到脚，于是三个一群、五个一伙，议论纷纷。经过上级反复动员，介绍情况，说明道理，并且从中队到班组，从党内到党外开展了热烈讨论，绝大多数同志很快就解开了思想疙瘩。道理很明显，同志们毕竟受过党的多年教育，经过战争考验，对党无限忠诚，对人民无限热爱。正如有的同志所说：'我们早已以身许党，党指向哪里，我

---

① 张武云、杜竹林等：《从聊城南下接管临川亲历记》，临川市政协文史资料委员会编印：《临川文史》第 1 辑，1996 年，第 90—91 页。

② 姚传德：《组织干部随军南下》，《山东革命斗争回忆录丛书 光岳春秋（下）》，山东人民出版社 2014 年版，第 453 页。

③ 时进：《奔腾在全国解放的洪流中——回忆阳谷县干部南下队伍》，冀鲁豫边区党史工作组上海市联络组编印：《冀鲁豫边区党史资料选编》，1991 年，第 136 页。

④ 李吉民、王万里：《对四八年聊城县干部随军南下的片断回忆》，《聊城市党史资料》第 5 期，1989 年，第 281 页。

⑤ 姚传德：《组织干部随军南下》，《山东革命斗争回忆录丛书 光岳春秋（下）》，山东人民出版社 2014 年版，第 452—453 页。

⑥ 冯之琨：《我参加的阳谷县干部南下》，中共阳谷县委党史资料征集研究委员会办公室编印：《谷山烽火》，1990 年，第 574 页。

们就打到哪里，哪里需要我们，我们就到那里去。'"① 这场短暂的思想波动很快被广大南下干部克服，坚定地踏上了南下征途。

在菏泽集训期间，冀鲁豫区党委还对各地委调出的南下干部按照军队编制进行了重新编组。冀鲁豫区党委将从 8 个地委、专署、军分区和 57 个县（市）抽调的 3960 名干部，外加勤杂、通信、护卫人员 2027 名，共 5987 人②，按部队编组，组成"南下干部支队"，番号为"中国人民解放军第二野战军第五兵团南下干部支队"。由傅家选担任南下支队司令员，徐运北担任南下区党委书记、南下支队政委，申云浦担任南下区党委宣传部长、南下支队政治部主任，郭超担任组织部长，万里担任行署主任。③ 下辖 6 个大队，44 个中队。6 个大队，即八地委干部为第一大队，二地委干部为第二大队，三地委干部为第三大队，七、九地委干部为第四大队，四、五地委干部为第五大队，六地委干部为第六大队。44 个中队，"即 32 个县各为一个中队，区党委机关、行署机关、行署干校、军区机关各是一个中队，报社、文联、书店等单位为一个中队"④。其中，今属聊城地区范围调出的六地委、九地委南下干部分别编为南下六大队和四大队，总数约 1500人，其中六地委干部 675 人，九地委干部 395 人，勤杂人员（包括各地、县调出的警卫班及警卫员、医生、卫生员、通讯员、伙夫等）500 多人。

冀鲁豫干部在菏泽集训大约一个月左右。临出发前，区党委和行署在晁八寨召开了盛大的欢送会，"南下支队政委徐运北和政治部主任申云浦同志在大会上讲话，表示南下的决心。军区的战友剧团还为

① 张武云、杜竹林等：《从聊城南下接管临川亲历记》，临川市政协文史资料委员会编印：《临川文史》第 1 辑，1996 年，第 91 页。

② 中共贵州省委党史研究室冀鲁豫组编印：《从冀鲁豫到贵州：南下支队和西进支队专辑》，1991 年，第 3 页。

③ 中共中央党史研究室、中央档案馆编：《中共党史资料》第 72 辑，中共党史出版社 1999 年版，第 151 页。

④ 中共贵州省委党史研究室冀鲁豫组编印：《从冀鲁豫到贵州：南下支队和西进支队专辑》，1991 年，第 33 页。

我们演了《甲申三百年祭》（即闯王进京），南下干部深受教育"①。通过长达一个月的学习与整编、动员，广大冀鲁豫南下干部提高了对南下的认识，坚定了信心，增强了行军能力，跟随二野五兵团踏上了南下征程。

（三）南下征程

1949 年 3 月底，冀鲁豫南下干部支队组成浩浩荡荡的南下队伍，从区党委驻地菏泽出发，向江南挺进。由于淮海战役结束不久，铁路有的尚未开通，有的已被破坏，冀鲁豫南下支队只能步行南下。经鲁西南的定陶、曹县等地，赶至豫东陇海线上的商丘。② "当天下午三点即在此搭乘火车东去徐州。"③

火车这种先进的运输工具，对于从聊城地区南下的多数同志来说，"既没见过，更谈不上坐过。"南下干部当时乘坐的火车是运输货物的露天车，既不挡风，又不避雨，晴天挨晒，雨天挨淋。由于车皮紧张，同志们只能一个挨着一个坐在自己的背包上，相当拥挤。尽管如此，大家还是非常兴奋，"一路谈笑风生，歌声阵阵。有位农民出身的同志对火车拉得多、跑得快很惊奇，便一本正经地问其他同志火车头上有几头牛、几匹马拉着跑呀？他这一问，引起了同志的捧腹大笑。后来在行军的路上，成了说笑的把柄，当急行军大家疲乏时，一提到牛马拉火车的事，大家的精神就来了"④。由于火车所经地区是淮海战役的主战场，沿线的铁路到处被破坏，火车走走停停，停下之后何时开，谁也不知道，"火车一停下来，上级就通知'没有命令不准下车。'因此，在火车厢里等上几个小时那是常事。在车上，我们饿了吃点炒面，渴了喝几口仅有的凉水，而且也不敢多吃多喝，大

---

① 孔焕章、高兴中：《随军南下、西进的战斗历程》，中共贵州省委党史研究室冀鲁豫组编印：《冀鲁豫党史资料选编》第 19 集，1994 年，第 31—32 页。

② 张武云、杜竹林等：《从聊城南下接管临川亲历记》，临川市政协文史资料委员会编印：《临川文史》第 1 辑，1996 年，第 90—91 页。

③ 陈德风：《南下与西进》，中共大方县委党史资料征集研究委员会办公室编印：《大方解放初期的斗争 大方党史资料》第 3 辑，1987 年，第 120 页。

④ 张武云、杜竹林等：《从聊城南下接管临川亲历记》，临川市政协文史资料委员会编印：《临川文史》第 1 辑，1996 年，第 91—92 页。

家最怕大小便。有的同志要大小便时，就采取几个挡住的办法，用搪瓷缸或其他东西接"①。

在火车上经过两天一夜颠簸，冀鲁豫南下干部到达了安徽省的固镇车站。由于战争的破坏，铁路到此中断了，在火车上度过一昼夜后，全体同志不得不下火车，重新步行。经过两天的急行军后，到达了淮海重镇——蚌埠。在这里，南下干部们"看到了国民党军队惨败的情景，火车道上，沟壕里，淮河里，还可看到国民党兵的尸体。解除武装遣散的国民党官兵及其太太、小姐们三五成群，有的披绿军毯，有的头上裹着脏毛巾，有的互相挽扶着，有的拄着棍子艰难地沿着铁道边向北走，昔日的威风荡然无存"②。

1949年4月6日，冀鲁豫南下支队到达安徽合肥，驻市郊休整，这也是南下以来的第一次休整。4月9日上午，班以上的党员干部集结于合肥市的一个电影院，聆听张鼎丞同志传达党的七届二中全会精神。③ 在1949年3月召开的七届二中全会上，党中央指出："从现在起，开始了由城市到乡村并由城市领导乡村的时期。党的工作重心由乡村移到了城市。在南方各地，人民解放军将是先占城市，后占乡村……决不可以丢掉乡村，仅顾城市，如果是这样想，那是完全错误的。但是党的工作重心必须放在城市。必须用极大的努力去学会管理城市和建设城市。"④ 将工作重心由乡村转移到城市，这对冀鲁豫南下干部是一个巨大挑战。他们认真学习党中央关于接管城市的政策，学习如何接管、建设好城市，如何处理城乡关系。此时，豫皖苏、冀中等全国其他解放区的南下干部也陆续到达合肥。总前委首长刘伯承、邓小平、陈毅、粟裕等接见了南下支队领导人，"明确指示：南下干部支队过江后的任务是负责接管赣东北地区，建立赣东北区党

① 张武云、杜竹林等：《从聊城南下接管临川亲历记》，临川市政协文史资料委员会编印：《临川文史》第1辑，1996年，第92页。
② 同上。
③ 陈德风：《南下与西进》，中共大方县委党史资料征集研究委员会办公室编印：《大方解放初期的斗争 大方党史资料》第3辑，1987年，第120页。
④ 中共中央文献研究室中央档案馆编：《建党以来重要文献选编（1921—1949）》第26册，中央文献出版社2011年版，第203页。

委、赣东北区行政公署和赣东北区军分区，隶属于中共中央华东局和华东军区领导"①。

初到合肥的冀鲁豫南下干部在这里真正地看到、体会到了祖国南方的风土人情及其生活习惯，"看见了水牛稻田"，大家感到很兴奋。南下支队六大队（聊城地区）组织部长王富海同志再三叮嘱南下干部"要遵守当地的风俗习惯"②。"在合肥住了一个星期左右，主要任务是三项：一是继续学习接管新区的政策，二是检查总结自南下以来执行纪律的情况，三是了解群众的生活及其风土人情。"③ 大队停驻合肥期间，由于受战争破坏，加之大军南下，供应繁忙，因此对南下干部的物资供应严重不足，"为了减轻群众负担，大家就到山上拣干松果和松针做饭。当时青黄不接，吃菜特别困难，我们就到田地埂上，找香椿树摘春芽吃"，"到小麦地里拔野韭菜吃"，"生活虽然比较清苦，但当大家想到解放江南人民时，再苦心里也是甜的"④。

在合肥休整、学习期间，来自聊城地区的冀鲁豫六地委、九地委干部接受了不同的工作目的地。此时，由于"在我军节节胜利的形势下，京、沪、杭的解放在望"，冀鲁豫九地委干部"原来说是我们南下至湖北的襄阳地区，接管那里的新区工作，而且按新区的地域配好了两级党、政、群工作班子"⑤，但因国民党政权的首都南京即将解放，急需大量干部，为适应形势需要，遂由上级决定，冀鲁豫九地委各级干部改变行军方向，准备赴南京接管。由此，冀鲁豫九地委（阳谷、朝城、观城、南峰等县）近 400 名干部，及冀鲁豫七地委干部，连同豫皖苏、冀中等解放区干部，共计 2400 余人，编成金陵支队，由宋任穷负责，改赴南京方向，准备解放南京后的接管工作。九地委

① 中共鹰潭市委党史资料征集办公室编著：《中共鹰潭地方史 第 1 卷 1926—1949》，中共党史出版社 2009 年版，第 345 页。
② 郝昌德、付明余：《回忆王富海同志率冀鲁豫六地委干部南下和西进的事迹》，中共黄平县委党史办编印：《光照千秋资料专辑》，1985 年，第 87 页。
③ 张武云、杜竹林等：《从聊城南下接管临川亲历记》，临川市政协文史资料委员会编印：《临川文史》第 1 辑，1996 年，第 92 页。
④ 同上书，第 93 页。
⑤ 冯之琨：《我参加的阳谷县干部南下》，中共阳谷县委党史资料征集研究委员会办公室编印：《谷山烽火》，1990 年，第 575 页。

干部与其他解放区南下干部"合编为金陵支队后","打乱了原来按地区编队的界限,改按财经、政法、教卫、新闻、农业等编成专业大队"①。国民党拒绝在《国内和平协定》上签字后,1949年4月21日,人民解放军百万雄师分三路强渡长江。金陵支队于4月20日动员,当天下午2时出发,随军前进。踏上了接管国民政府首都南京的历程。②

九地委阳谷县南下干部冯之琨回忆,"我们阳谷的南下干部就随同九地委的各级干部,在万里同志组织领导下,改赴南京方向,准备南京解放后接管南京的工作。之后,和南下支队分开,在万里同志的直接率领下,沿津浦路乘火车行进。在南京解放不几天的时间中,我们到达了南京的江北岸,先接管了南京的两浦(浦口、浦镇)地区,万里同志为军管会主任和党政负责人。不到一个月,奉命过江进入南京市"③。

而冀鲁豫六地委干部,在合肥休了六天后,于4月13日跟随二野五兵团南下支队继续日夜行军④,前往赣东北地区进行接管工作。冀鲁豫干部从合肥继续南下后,吃饭成了大问题,"当时数十万部队同时南下",无法充分保证南下干部的粮食、蔬菜供应。对于跟随二野五兵团南下的冀鲁豫南下支队同志而言,最艰难时出现"吃了上顿没下顿"的情况,"解决这个问题的基本原则是自力更生,即以中队为单位,一面前进,一面自己筹粮,筹到啥吃啥——筹到米吃米,筹到面吃面,米面都筹不到就吃自带的炒面,有时筹到的粮少大家就匀着吃,有时没筹到其他食物只有粉条,就以粉条充饥。整个南下过程

---

① 高庆华:《随冀鲁豫南下支队南下情况的回忆》,《聊城市党史资料》第5期,1989年,第327页。

② 中共南京市委办公厅等编:《风雨同舟 南京探索前进三十年 1949—1978》,中共党史出版社2002年版,第24—25页。

③ 冯之琨:《我参加的阳谷县干部南下》,中共阳谷县委党史资料征集研究委员会办公室编印:《谷山烽火》,1990年,第575页。

④ 陈德风:《南下与西进》,中共大方县委史资料征集研究委员会办公室编印:《大方解放初期的斗争 大方党史资料》第3辑,1987年,第120页。

中蔬菜都是缺少的，个别情况，什么食物都没有，大家就忍饥前进"①。一路南下，经过皖中、皖南和江西，这些多数从未离开过所在县境的南下干部经历了不少不适应的情况，有的同志总结说："这里和我们家乡相比：鸡鸣、狗叫、娃娃哭、大人笑完全是一样的；其他都不相同——讲话不同、风俗不同、习惯不同……"② 加之"这时正是阴雨绵绵天气，道路泥泞，行走十分困难。同志们穿的是布鞋，一天就要踩烂一双，也没有防雨工具，衣服背包被淋得湿淋淋的"③。很多同志脚磨起了泡，一些同志体力不支，甚至生了病，仍带病坚持，虽然车、马、担架均不敷用，但是大家发扬互助友爱精神和革命乐观主义精神，坚持行军，很少有掉队者。

1949 年 4 月 26 日左右，冀鲁豫南下支队各大队陆续渡过长江。过江后，同志们昂首阔步，"气势很大"，因为当时的形势已是"摧枯拉朽，敌人到处乱跑。有时到厕所去也见到国民党的兵拖着枪，拖着破烂，我们叫他们赶快缴枪。沿途国民党跑的时候留下的小汽车还冒着烟呢。我们的队伍向前开去，国民党丢的枪、马、车子、子弹到处都是。我们通讯员抗战时没子弹，见这么多子弹，就去拣，后来都拿不动了"④。1949 年 5 月初，冀鲁豫六地委干部到达江西鹰潭，组织了贵溪地委，开始对赣东北地区的接管工作。从鲁西北到赣东北，冀鲁豫南下干部行程两千多里，历时两个月，发扬艰苦奋斗的精神，克服了重重困难，到达南下目的地，开始了在新区的工作。

二　冀南区南下干部的整训与行军

（一）地委集结

冀南区一地委各县干部，在完成动员并于县城集结调出后，首先

---

① 王瑞迎：《跋山涉水为人民》，中共贵州省委党史研究室冀鲁豫组编印：《从冀鲁豫到贵州：南下支队和西进支队专辑》，1991 年，第 476—477 页。

② 同上书，第 478 页。

③ 郝昌德、付明余：《回忆王富海同志率冀鲁豫六地委干部南下和西进的事迹》，中共黄平县委党史办编印：《光照千秋资料专辑》，1985 年，第 87 页。

④ 段缄三：《回忆接管余江》，中共余江县委党史工作办公室编印：《余江春秋》，1991 年，第 224 页。

赴地委驻地临清报到。2月中旬，各县调出的南下干部陆续抵达临清。2月16日，地委召开全区南下干部大会，南下地委书记郭清文同志作了重要讲话。强调了南下工作的重要意义，要求每个共产党员、革命干部都要响应党的召唤，争当南下先锋，绝不能贪图安逸，遇难而退。对于不服从调动，中途脱逃的，开除党籍，开除工作籍。接着有两位南下干部发言，向党表示了决心。留后方的地委、专署的领导也先后讲了话，给南下同志以极大鼓励。地委组成的南下班子是：地委书记郭清文、副书记兼军分区政委杨新一、组织部长阎耀华（因病未南下）、专员梁向明、军分区司令员孙洪、政治部主任刘洪源、参谋长齐钦。① 在临清短暂集结停留后，地委通知南下干部于2月21日到冀南区党委驻地——河北威县报到。临清距离威县一百余里，南下干部从临清步行前往，足足用了一天半的时间才到达区党委驻地威县。

（二）威县组训

由于冀南区南下干部主要接管湖南，而湖南省的解放较晚，因此，冀南区干部的南下行程较冀鲁豫区南下干部相比显得更为漫长，途中经历了三次较长时间的停驻和集中学习。

第一次是在区党委所在地河北威县。一地委南下干部1949年2月21日到威县后的第二天，冀南区党委即召开了全区南下干部大会，参加大会的有六七千人。南下区党委书记王任重同志强调了三点问题，一是畅谈了国际国内的大好形势和南下的意义。他指出：这次南下是全国性的，组成这样大规模的南下工作队，是我党有史以来从未有过的；二是明确了行军建制，他说：这次南下工作队按军队建制。区党委为冀南南下支队，地委为大队，县为中队，区为班，一律以军队职务称呼，并明确地指出南下干部享受军人待遇，其家属按军属对待；三是谈了行军路线和要求，他指出：这次南下行军第一站是河南开封，威县离开封行程较远，约六百多里，预计步行需十五至二十

---

① 刘万祥：《南下沅江之回忆》，中国人民政治协商会议沅江市委员会文史资料委员会编印：《沅江文史资料》第6辑，1989年，第10—11页。

天，因缺少车辆，行军是很艰苦的，要求每个共产党员、革命干部牢固地树立一不怕苦，二不怕累的革命精神，克服前进中的困难，胜利完成党交给的光荣而艰巨的任务。[1]

遵照区党委指示，南下的冀南区党委按照军队编制，改编为支队部，地委改编为大队部，县委改编为中队部，区委改编成班，区委书记任班长，区长任副班长，县长任中队长，县委书记任指导员，专员任大队长，地委书记任指导员。

冀南干部在威县的训练，主要是政治教育和军事训练，其中尤以军事训练为主要内容，以应对即将开始的长途行军和面临的复杂情况。当时，"我们南下人员大部分没有在军队工作过，没有受过军事训练……有的中队干部连'稍息''立正''看齐''报数'等军事口令都不会喊，队伍像一群羊，因此军事训练在当时说是非常必要的。军事训练的课程主要是练习行军、队列、防空袭、遭遇战、打背包、问口令、传口令、警戒办法等"[2]。

练习行军是军事训练的一项重要内容。据在威县集训的南下干部回忆：

> 我们南下人员一般都是二、三十岁的人了，难道还不会走路吗？路是会走，但走那么远就不一定会。绝大部分南下人员大都在本乡本土工作，一天走路也只有那么远，抗战后大部分骑脚踏车，走路退化了，我们南下几千里不能单靠坐车搭船，要靠两条腿走路，要靠自己，这就掌握了主动权。要作好急行军的准备，一天要能走上一百二十华里，这对我们参加过驰骋游击的同志是不在话下的，但对没有走过长途的人和妇女干部就是个大问题，所以南下要先学走路。各中队和直属队根据支队部的部署，练习行军，以住村为中心走两个半径来回走，或围绕住村转圈走。开始每天走六、七十华里就有不少人走得腿痛、腰酸，一身疲劳，

---

① 刘万祥：《南下沅江之回忆》，中国人民政治协商会议沅江市委员会文史资料委员会编印：《沅江文史资料》第 6 辑，1989 年，第 11 页。

② 孙云英：《在南下的日子里》，中共常德市委党史办编印：《常德人民翻身谱（1949—1953）》，1988 年，第 197 页。

两脚泡，吃过晚饭，用热水洗了脚，通开血泡第二天忍着痛，拐着腿，还要坚持跟着队走，以这种耐性毅力和不怕痛苦的精神一天一天地走下去，几天以后疼痛减少了，血泡没有了，每天走的里程也随着增加了，从六十、七十、八十华里到一百一、一百二十华里，就这样过了行军走路这一关，为南下奠定了基础。①

军事训练的另一项重要内容就是打背包。"我们地方工作人员绝大部分没有过过军事生活，不会打背包。"支队部规定每人的背包不能超过二十市斤，一个小薄被子，几件单衣（棉衣都捎回家去），一双鞋袜，一个笔记本，一个搪瓷缸。支队部给每人发了一条打背包的带子，大队部先教中队长学会打背包，然后以中队为单位教学，先学怎样打，后学打的快，要求五分钟打好，"我们在行军前把全大队的人员集合在一起，进行了一次背包大检查，经过检查，全大队的背包在重量上，形式上，捆紧上都符合规定的标准"②。

此外，防空演练也是南下行军前军事训练的一项重要内容。"在解放战争进行到一九四九年的时候，各路解放军挥师南下，敌人对我们的南下大军经常进行狂轰滥炸，因此防空袭就成为重要任务之一"。当时训练办法是，首先由军区参谋上防空课，然后进行防空演习，各中队南下人员一听到防空警报或口令便迅速分散、隐蔽、卧倒，有的人伏在树底下，有的人躺在坑濠处，有的人趴在墙沟里。解除防空警报一发，一吹集合号，迅速从地下爬起来，赶到集合地点，"有的一身泥，有的一身土，你看我，我看你，不但不以为苦，反而露出胜利的微笑"③。

冀南区南下干部在威县期间不仅进行了军事训练，还进行了政治学习。学习的主要内容是当前形势与任务。"当时我们南下人员一般都有个矛盾的心情，一方面看到大好形势，为了解放全中国，建立新社会竞相报名南下，一方面农民思想严重，不愿意离开家乡，愿意在

---

① 孙云英：《在南下的日子里》，中共常德市委党史办编印：《常德人民翻身谱（1949—1953）》，1988年，第197—198页。

② 同上书，第198—199页。

③ 同上书，第198页。

本乡本土工作。同时看到一九四七年随军南下的人员牺牲很多，思想也有顾虑，家属也有同样的心情，深恐自己的亲人南下后出什么事。在威县训练学习期间，家属看望的络绎不绝。"① 通过学习，使广大南下干部树立起南下接管新区对夺取全国革命彻底胜利的重要意义，克服了种种小农思想与封建落后保守思想。这一个多月时间的学习，不仅保证了此后南下行军的顺利进行，而且对很多鲁西北干部在南下地的工作、生活作风等产生了积极影响。

1949 年 3 月 29 日上午，冀南区党委在威县方家营召开欢送南下干部大会。王任重、乔晓光、郭森等南下区党委负责同志都出席了大会。王任重动员大家说："同志们，我们到新区工作的地点是京（南京）、沪（上海）、杭（杭州）、芜（芜湖）一带。我们（南下干部）好比即将出嫁的大姑娘，出家②时总是哭哭啼啼舍不得离开娘家，这种心情是可以理解的，但内心还是想到婆家去的，婆家就在江南。本来娘家应多送些嫁妆，但因娘家穷，没有什么嫁妆，这也请同志们谅解。"大家听完精神极为振奋。会后（3 月 30 日至 4 月 2 日），各大队、中队讨论了会议精神，打点行装，做好行军前的一切准备。③

（三）南下行军与开封整训

4 月 3 日，冀南南下支队下属六个大队，加上支队直属机关共六千多人，从威县开拔，直奔河南开封。④ 南下征程起初，经过区党委集中训练与动员的干部们斗志昂扬，士气高涨。加之淮海战役早已结束，行军所过的江北地区国民党正规军主力已被打垮，除了国民党飞机空袭外，路途中没有遇到大的危险。"我们在行进中，吃的粮食、炊具都放在大车上，病号和体弱的妇女还可以坐大车，前无拦截，后无追兵，比起二万五千里长征来不知要好多少倍，大家的心情都很愉

---

① 孙云英：《在南下的日子里》，中共常德市委党史办编印：《常德人民翻身谱（1949—1953）》，1988 年，第 199 页。

② 原文如此。

③ 赵志平：《南下日记》，湖南人民出版社 1990 年版，第 4 页。

④ 刘万祥：《南下沅江之回忆》，中国人民政治协商会议沅江市委员会文史资料委员会编印：《沅江文史资料》第 6 辑，1989 年，第 12 页。

快。当我们的队伍路过老解放区时，当地的群众、儿童团站在路的两旁夹道欢迎，送茶送水，问寒问暖，我们的士气随之大振，除了星期天、雨天休息外，我们坚持每天早晨行军十至十五里用早餐，上午行军三十至三十五里用午餐，下午行军二十至二十五里宿营。"①

　　然而由于缺乏交通工具，行程全靠步行，经过一段时间急行军，南下队伍遇到了一些困难，"有的同志脚磨起了血泡，泡穿后黄水直流，十分疼痛，因而走路东倒西歪；有的腰酸腿痛，乏力难支。有的思家心切，时常想念父母和孩子；还有极个别的同志怕苦怕累，思想动摇，不愿南下"。临清县南下队伍"有个勤杂员叫袁鹏的，因思家心切，就偷偷地溜跑了"②。

　　面对南下行程中出现的种种情况，领导上及时作出应对。一大队（临清一地委）南下领导针对这些问题，立即召开了会议，并研究了三条措施："一，层层召开党团员会议，反复讲解这次南下的重要政治意义，号召党团员艰苦带头。并分工做好个别人员的思想工作；二，以班为单位，开展文娱活动，活跃行军队伍中的文化生活。其活动形式打猜谜语、猜字虎、顺口溜、弹词、快板、唱歌、讲故事等；三，每个同志备置一根一米多长的木棍，以撑持走路，减轻腿的负担。在文娱活动中，像猜谜语、猜字虎则由队部研究好后，在行军队伍前头用粉笔写在路上，让后边的人猜……猜谜语和字虎，班上也可以自出自猜。行军中感到疲倦时，有的信口哼一段顺口溜。""休息宿营时，就讲古代传说和当今革命故事，或唱革命歌曲。通过这些文化娱乐活动，丰富了大家的精神文化生活，减轻了疲劳，克服了思家念头和怕苦怕累的思想，情绪大振，意气风发。"③ 南下干部们穿的北方做的土布鞋，"尖窄鞋紧，不宜走长路，打了泡后，磨得更痛"，"为了治泡，我们研究交流了很多经验办法。一是先用热水洗脚，用针刺破，点上一点煤油；二是穿上一根头发；三是用烟袋锅在穿破后

　　① 刘万祥：《南下沅江之回忆》，中国人民政治协商会议沅江市委员会文史资料委员会编印：《沅江文史资料》第6辑，1989年，第12页。
　　② 同上。
　　③ 同上书，第12—13页。

烫一烫。采取一些措施后，第二天行军就好过些"①。

经过十几天艰苦的长途行军，南下队伍达到河南省的封丘县，离黄河只有四、五华里路了。南下干部在此间一个小村子暂住，待命过黄河。② 当时国民党飞机轰炸猖獗，在附近住了近两天后，为防蒋机轰炸，决定夜渡黄河。临清县南下干部刘万祥同志回忆：

我们第三天晚上七点到黄河码头集结，要作好一切准备，自带行李和一天的口粮。大家听了要过黄河，都非常高兴，各自收拾行李。炊事员准备好了炒面，分发给每个同志。这样，每个同志所带的东西包括枪支子弹都有五六十斤重，特别是属夫妻俩的男同志负重达七八十斤，我的行李足有八十多斤。三班有个男同志叫张九宵，他经常帮助无丈夫的女同志背行李，重达一百二十多斤。第三天晚上，我们按时步行到达黄河岸边码头，各中队很快地上了船。都是些木船，不过船都比较大，每只可坐两百多人。我们五中队和大队部坐的是一只船。上船后，中队立即传达大队命令：一，不准大声说话、喧嚷。二，不准划火抽烟。三，一切行动听指挥。是夜过黄河，大家鸦雀无声，万籁俱寂，船舱内外，漆黑一团，只有那远边天上稀疏的星光，忽明忽暗地闪耀着，俗话说：黄河无风三尺浪，那晚风虽不大，但浪涛声汹涌澎湃，不停地撞击着船头，十分骇人。木船晃荡着前进，过了良久，东方蒙蒙发白，风浪声也慢慢小了，船已靠岸。大队、中队立即叫醒大家，迅速上岸。同志们虽然疲惫不堪，但一听上岸，精神顿振，背上行李，箭步前进。行军一个多小时后，我们就近进入村庄休息，忽听到空中有蒋机声，中队领导马上带领大家防空，并掩护当地群众隐蔽，蒋机周旋几圈，没有发现目标，就飞

---

① 赵建中：《随军南下》，湖南省党史联络组联合办公室编印：《回忆录》第2辑，1990年，第75页。

② 刘万祥：《南下沅江之回忆》，中国人民政治协商会议沅江市委员会文史资料委员会编印：《沅江文史资料》第6辑，1989年，第13页。

走了。蒋机走后，我们继续行军，一直步行到太阳沉西才宿营休息。①

在行军途中，冀南南下支队一直坚持政治学习，各大队评选模范中队。白天行军，晚上党小组开生活会，先自我检讨，后互相开展批评，以便取长补短、学优克劣。②

冀南区南下干部从地委驻地河北威县出发，一直到开封，始终是步行。由于女同志和部分男同志体弱，每天只能走50里左右，队伍拉得也比较长，到达开封共走了约半个月。③

1949年4月16、17日，冀南南下支队干部陆续到达了河南开封，随后队伍进行了全面调整。"为了适应形势的发展，中南局决定冀南南下支队不到京、沪、杭、芜一带地区去了，区党委架子撤销，除区党委书记王任重、区党委秘书长韩宁夫、区党委宣传部部长高元贵三同志带五大队（冀南五地委组成）和支队部（也是区党委机关）一部分和服务人员到湖北省工作外，其余都到湖南省去。"④ 与此同时，中共湖南省委在开封也完成了组建工作。1949年3月，中共中央任命黄克诚为湖南省委书记，王首道任省委第一副书记，金明、高文化任省委第二、三副书记，组建湖南省委。⑤ 由于黄克诚在天津公务繁忙，故省委及各机关主要组建工作由王首道负责。1949年4—5月，王首道等湖南省委主要领导先后抵达开封。

根据党中央和中南局的指示，由冀南南下区党委书记王任重率领五大队（原冀南区五地委南下干部）和区党委机关（支队部）500多名干部到湖北省进行接管，其他冀南区南下干部，由当时在开封的中

---

① 刘万祥：《南下沅江之回忆》，中国人民政治协商会议沅江市委员会文史资料委员会编印：《沅江文史资料》第6辑，1989年，第13—14页。

② 赵志平：《南下日记》，湖南人民出版社1990年版，第13页。

③ 王东才：《从冀南到常德》，中共常德市委党史办编印：《常德人民翻身谱（1949—1953）》，1988年，第188页。

④ 孙云英：《在南下的日子里》，中共常德市委党史办编印：《常德人民翻身谱（1949—1953）》，1988年，第202—203页。

⑤ 中共湖南省委党史研究室：《中国共产党湖南历史1920—1949》，湖南出版社2008年版，第930页。

共湖南省委和中南局共同决定："郭森同志带一部分干部和服务人员到省直属机关工作，乔晓光（区党委副书记）和支队部的孙卓夫、栗汇川三同志到常德地区（当时叫常澧地区）工作；一大队（冀南一地委组成）、三大队（冀南三地委组成）到益阳地区工作，二大队（冀南二地委组成）、四大队（冀南四地委组成）到常德地区工作；六大队（冀南区党委直属机关与十几个县组成）的五个中队，到常德地区去三个中队，到邵阳地区去二个中队。"① 聊城地区南下干部主要是一大队（冀南区一地委），被分配接管湖南益阳地区；二大队的高唐县干部被分配接管湖南常德地区的桃源县。

据冀南南下一地委书记、南下干部一大队副大队长郭清文回忆，此前同志们一直听说要去江浙一带接管，直到此时才知道要去湖南益阳地区接管。② 当南下队伍组建时，华北局指示冀南南下支队到南京、上海、杭州一带工作，大家纷纷说："上有天堂，下有苏杭"，欢欣鼓舞。到开封后，邓子恢同志作了整整两天报告，指出我军南进非常迅速，胜利形势出人意料，京沪杭等地区华东的干部已经去了。冀南区多数南下干部（包括一地委干部）要到湖南省工作。③ 面对工作地点的改变和机构人员的调整，"大家听了思想波动很大，舆论大哗，纷纷议论，'要到云南，贵州嘎嘎县（北方人形容南方很远的地方的言语）'，'蚊子像苍蝇'"④。有的说："人间天堂我们去不了，中南山沟钻定了；有的还担心湖南气候炎热受不了，特别是听人传说湖南的夏天'墙上可以烙烧饼，十个蚊子有一斤'的夸张说法，更感到畏惧。"⑤

南下支队领导针对这种思想，一方面深入细致地进行教育工作，

---

① 孙云英：《在南下的日子里》，中共常德市委党史办编印：《常德人民翻身谱（1949—1953）》，1988年，第203页。

② 郭清文：《南下湘北 接管益阳》，中国人民政治协商会议湖南省委员会文史资料研究委员会编：《湖南文史资料选辑》第19辑，湖南人民出版社1985年版，第78页。

③ 孙云英：《在南下的日子里》，中共常德市委党史办编印：《常德人民翻身谱（1949—1953）》，1988年，第202页。

④ 同上书，第203页。

⑤ 康政：《随军南下到湘乡》，中共聊城地委党史资料征集研究委员会编印：《难忘的岁月》，1989年，第224页。

坚定大家克服困难、革命到底的信念和"共产党员服从指挥"的组织纪律性，"另一方面请湖南籍的同志介绍湖南情况，以消除大家的思想顾虑"。经过湖南籍干部"给我们详尽地介绍了湖南的风土人情、地理概貌等情况，大到三湘四水，小到芝麻豆子茶"，"使我们这些北方人，第一次知道湖南是鱼米之乡；湖南人民是勤劳好客的人民；湖南是山青水秀的好地方"。大家放下了思想包袱，坚定了南下湖南接管建政的信心，同时也为能去毛主席家乡工作而感到无上光荣。①

南下支队到开封后，因人民解放军尚未过长江，江南各省市未及解放，上级命令南下支队就地待命，"在这里我们停留了一段比较长的时间"，冀南一大队（聊城地区）重新调整了组织，将冀南一大队干部与三大队（原冀南区三地委，即肥乡地委）南下干部合并组成新的一大队，其领导班子亦进行了调整：南下益阳地委书记朱效成（到武汉后由周惠担任）、副书记兼专员郭清文、组织部长杨新一、宣传部长秦雨屏、秘书长兼办公室主任万达、社会部长杜一夫、军分区司令员黄霖、军分区副政委孙洪。一大队原辖各县南下干部领导层也经历了较多调整。②

冀南南下干部从4月中旬起，直到5月中旬一直停驻河南开封，等待江南地区的解放。在开封时期，冀南南下干部的最主要工作就是集中学习，这也是冀南干部南下所经历的第二次较长时间的集中学习。当时，原河南省省会开封刚刚解放，南下干部生活条件极差，吃的曾一度供应不上，每天只有少量杂粮供应，社会治安也很乱，特务和各种反动势力不断骚扰，蒋机经常来轰炸。在这种艰苦环境下，各级党委将思想政治工作放在首位，组织全体干部认真学习党的七届二中全会精神，并继续学习毛泽东同志元旦献词《将革命进行到底》，同时给大家讲解革命战争形势，反复学习、讨论进入新解放区的有关方针、政策，不断提高认识，提醒每个南下干部到新区后都要警惕资

---

① 康政：《随军南下到湘乡》，中共聊城地委党史资料征集研究委员会编印：《难忘的岁月》，1989年，第224页。

② 刘万祥：《南下沅江之回忆》，中国人民政治协商会议沅江市委员会文史资料委员会编印：《沅江文史资料》第6辑，1989年，第15—16页。

产阶级糖衣炮弹的攻击。有的南下干部回忆："糖衣炮弹这个名词，我们是第一次听到，感到很新鲜。日常同志们开玩笑，经常讲小心糖弹打着你……想到今天，又有多少人被糖弹打中了呢?! 同志们，可要警惕啊！"① 当时的革命形势发展迅猛，4 月 20 日，国民党拒绝在国内和平协定上签字时，人民解放军遵照毛主席、朱总司令于 4 月 21 日发布的命令，百万雄师横渡长江，23 日解放的南京，此后捷报频传，杭州、武汉、上海等大城市相继解放，而鲁西北南下干部的目的地湖南也正酝酿和平解放。这些振奋人心的消息，极大鼓舞了南下干部的斗志，许多同志表示，"再苦再难也要随军南下，将革命进行到底！决心以实际行动落实毛主席号召，南下干部要象柳树那样，到哪里就在哪里生根、发芽"②。

　　南下干部当时多以中队为单位住在城郊附近的村庄。除了集中学习外，了解民情、向群众宣传党的政策也是他们日常要做的工作。他们一方面帮房东挑粪、做活，也帮村里人做活，一方面在其所住村里了解情况，进行宣传和调查工作。由于开封是新解放区，当地老百姓对党还不了解，敌情仍较复杂，因此上级要求一方面南下同志要做到和房东关系亲密无间、军民一家，要帮助房东和其他群众；另一方面要掌握分寸，不要单独一个人给群众在田野做活（以防万一），要两人以上，最好在家里做比如打扫卫生、挑水、拉粪等。有的同志向所住村里老百姓了解情况时，民众"还有点怕，不敢谈当地的情况，当我们表明来意、宣传政策后，他才给我介绍情况，正谈得热闹时，他的老母亲喊了他两声，喊的原因，可能是不放心，怕和我们谈出什么祸来，这主要是老百姓受国民党反动宣传的影响，对我们还不了解。在我们刚到此地时，年轻的男人怕抓丁跑了，年轻女人也躲藏起来了，家里只剩下老公公、老太太和娃娃"。"经过一段时间，老乡们亲眼看到我们给贫苦群众搞生产，装车送粪、拾柴挑水、扫院子搞卫

---

　　① 赵建中：《随军南下》，湖南省党史联络组联合办公室编印：《回忆录》第 2 辑，1990 年，第 73—74 页。

　　② 康政：《随军南下到湘乡》，中共聊城地委党史资料征集研究委员会编印：《难忘的岁月》，1989 年，第 222 页。

生等，他们就慢慢地回来了。"① 南下干部严格遵守"三大纪律、八项注意"，和当地群众逐渐熟悉起来。

为了适应南下工作的形势，特别是战争环境，上级指示，冀南南下干部支队中"所有南下湖南的女干部暂时集中留在开封，待局势稳定后再南下"。当时留下的女干部有 300 余人，加上管理、服务人员六七十人，近 400 人。为了加强领导，将他们编为 6 个中队。每个中队均留一名男同志担任中队长，选一女同志担任指导员。聊城地区干部组成的冀南一大队留下 70 多名女同志，编为五中队，由李占英（男）任中队长，刘英为中队指导员，余秀彦为副中队长。②

（四）武汉组训与入湘

在开封停驻月余后，5 月中下旬起，冀南南下干部分批离开开封，前往武汉。分别接管湖南益阳地区、常德地区的冀南区南下干部行军路线并不一样。到湖南益阳地区的行军路线是开封—武汉—益阳；到湖南常德地区的行军路线是：开封—南京—武汉—沙市—常德。

据冀南南下第一大队副书记兼副大队长郭清文同志回忆，"从郑州到武汉，我们乘火车走了六天时间。火车开得很慢的原因，一是交通被国民党军队破坏太厉害，路上很难走；二是沿途到处要让路，我们到信阳后在车上整整停留了一天。五月下旬才进入武汉市，我们支队扎在汉阳"。南下干部到达武汉后，"因湖南还没有解放，我们只好住下来学习"。③ 从 5 月下旬进入武汉，到 7 月下旬离开武汉继续南下，为了等待湖南的解放，冀南南下支队一大队在武汉停驻月余，期间的主要任务仍然是集中学习。这是冀南区干部南下过程中所经历的第三次、也是时间最长的一次学习。

在武汉学习的内容主要是继续传达中央在西柏坡召开的七届二中

---

① 赵志平：《南下日记》，湖南人民出版社 1990 年版，第 24—25 页。
② 康政：《随军南下到湘乡》，中共聊城地委党史资料征集研究委员会编印：《难忘的岁月》，1989 年，第 222—224 页。
③ 郭清文：《南下湘北 接管益阳》，中国人民政治协商会议湖南省委员会文史资料研究委员会编：《湖南文史资料选辑》第 19 辑，湖南人民出版社 1985 年版，第 78 页。

全会的内容和精神。结合七届二中全会精神，研究开辟新解放区的各项政策。冀南区南下干部反复学习、深入领会了中央七届二中全会精神，并尝试着将之运用于新区接管各项事业中。同时也学习了中央关于接管新区、接管城市工作经验，接受了政策与纪律教育。当时对新区工作，重点强调了以下几点：首先，"部队首长指示我们，对国民党起义投诚人员，不应歧视，要根据立功的大小，给以相应的报偿；对国民党政府的旧职人员，要区别对待，表现好的，大部分应当留用；要动员工厂的工人，立即开工，生产自救"；其次，领导上特别强调了要在新区及时培养、选拔干部，以弥补南下干部人数上的不足，并扩大新政权的基础，"对工人、农民中表现好的积极分子，要细心考察、培养、提拔为骨干。当时南下干部不多，每县约八十至一百名，分到每个区，除了区委书记和区长外，只能配三至五名干部，其余均都只能在地方上培养选拔"①。为熟悉新区具体情况，在武汉停驻时，还请湖南地下党负责人周里同志派来的联络员给南下干部介绍湖南各地区的具体情况，商讨今后如何开展接管工作。②

7月5日，南下湖南省委在汉口召开入湘干部大会，省委主要负责人、省委第一副书记王首道同志在会上指出，南下工作人员入湘后的任务是"筹粮支前，剿匪安民，打开局面，开展工作"。15日，南下省委发出通知，强调南下工作人员进入湖南后，配合人民解放军挺进大西南，争取粤、桂两省的迅速解放。17日，南下省委在汉口再发出通知，提出接管城乡工作分三步走进行：第一步，要把城、乡接管好，特别是要把城市接管好；第二步，迅速将全党工作重心放在农村，开展农村工作，造成发展城市的前提条件；第三步，直接发展城市。确定在5万人口以上的城市成立军事管制委员会，以统一军队和地方的领导。③

① 郭清文：《南下湘北 接管益阳》，中国人民政治协商会议湖南省委员会文史资料研究委员会编：《湖南文史资料选辑》第19辑，湖南人民出版社1985年版，第78页。

② 郭清文：《南下湘北 接管益阳》，《湖南文史资料选辑》第19辑，湖南人民出版社1985年版，第78页。

③ 中共湖南省委党史研究室：《中国共产党湖南历史1920—1949》，湖南出版社2008年版，第931页。

7月下旬，冀南南下干部支队一大队从武汉出发，前往湖南益阳地区。地委书记兼大队长周惠同志从岳阳取道前往长沙，向省委汇报，听取上级领导对益阳解放后的工作指示。副书记兼副大队长郭清文、地委组织部长杨新一等带领大队于8月13日到达湖南益阳。[①] 益阳地区已于8月3日和平解放，由中国人民解放军四十九军一四六师开进益阳。至此，聊城地区南下干部完成了自鲁西北的临清等地至湘中北，长达半年，历山东、河北、河南、湖北、湖南五省两千五百余里的南下行程。

[①] 郭清文：《进入益阳并开展工作》，叶建军、周日美、赵云主编：《红色记忆 新湖南第一代执政者亲历实录》，湖南人民出版社2009年版，第161页。

第五章　建政湘北：冀南区干部在南下地区的工作

1949 年 8 月，冀南区一地委（南下支队一大队）南下干部到达湖南益阳地区，进行新区接管工作。此外，冀南区二地委高唐县南下干部，跟随二大队南下，主要接管了湖南常德地区的桃源县，1950 年 4 月，部分高唐县干部又被调往湘西怀化县工作。[①] 由于战乱连绵，加之国民党腐败统治，新中国成立前，湘北地区工农业落后，土匪如毛，地方封建地主势力强大，并多与官府勾结，盘剥民众。而人民解放军大军过境，解放西南，支前征借粮草任务又十分繁重。鲁西北南下干部到达益阳地区后，面临的任务是十分艰巨的。

一　接管各级政权

（一）南下干部接管益阳地区的有利条件

1949 年鲁西北南下干部接管之初，益阳地委下辖益阳、宁乡、湘乡、安化、汉寿、沅江 6 县。南下干部接管益阳地区具备一定较为

① 高唐县共抽调南下干部 70 名，勤杂人员 22 名。1949 年跟随冀南南下干部第二大队（二地委，即夏津地委南下干部组成）到达湖南常德地区，成立常德地委、专署。1949 年 8 月，高唐县南下干部接管了常德专区下辖的桃源县。在桃源县工作数月后，由于湘西解放，1950 年 2 月，湖南省委抽调接管桃源县的部分高唐县南下干部与接管澧县的清河县南下干部合并，接管通道县，但由于通道县情形复杂，土匪盘踞，一时难以进入，故这部分高唐干部于 1950 年 4 月转去湘西怀化县工作。参见张英、潘广恩：《培养怀化县的地方干部》，政协怀化市委员会文史资料研究委员会编印：《怀化市文史资料》第 3 辑，1989 年，第 179 页；潘广恩：《我在南下的征途中》，政协怀化市委员会文史资料研究委员会编印：《怀化市文史资料》第 3 辑，1989 年，第 53—56 页。

有利的条件，主要有以下几点：

1. 从自然、经济环境看，益阳地区地处湘中北部，境内跨越资水中下游，处沅水、澧水尾闾，环洞庭湖西南，水运交通较为便利，且距离省会长沙较近，下辖的宁乡等县距长沙仅四十公里。地方上虽有土匪、国民党残兵等活动，国民党飞机时来轰炸，但由于距离省会较近，可以及时得到湖南省委及驻军的有力帮助。这对于工作开展较为有利。

2. 中国共产党在各县均有地下党组织工作，并有党的游击队武装力量坚持战斗。益阳地区地下党组织力量较为强大。如安化县在1949年6月28日即获得解放，是湖南省解放最早的三个县之一。该县党的组织遍布全县，国民党县自卫团、县城两个警察大队均相继起义，党在安化进行了长期组织动员工作。6月28日上午，中共湘中一支队司令员姜亚勋、政委官健平率军进入安化县城，国民党县长晏忠承偷偷溜走。6月29日，姜亚勋、官健平组织举行3000余人的群众大会，正式宣告安化解放。① 益阳地委所辖其他各县的解放，也均有当地地下党的大力工作。冀南区干部到达益阳后，迅速与当地的地下党会师。地下党的帮助，对南下干部了解本地情况，在新区开展工作创造了有利的条件。据冀南南下支队一大队副大队长、益阳地委副书记郭清文回忆，"八月中旬，益阳地下党同志与南下同志胜利会师。第一个与我们见面的是地下党湘中工委书记官健平同志，他同周惠同志一道从长沙来益阳，后来被任命为地委组织部长。还有张乐和刘静安同志领导的突击十二大队。所有的地下党同志，他们在白色恐怖的环境里坚持斗争，为迎接益阳的和平解放，做了大量艰苦的工作"②。

3. 益阳地区和平、民主力量较为强大，并倾向于与中国共产党合作。在三大战役胜利后，人民解放军百万雄师以摧枯拉朽之势席卷江南，国民党败局已定情形下，国民党湖南省主席程潜、国民党第一兵团司令陈明仁将军倾向于与中国共产党合作。中国共产党一直积极做程潜、陈明仁的争取工作。1949年8月4日，由程潜、陈明仁领衔

① 黄一俊：《安化解放纪略》，中国人民政治协商会议湖南省委员会文史资料研究委员会编：《湖南文史》第35辑，湖南文史杂志社1989年版，第126—131页。

② 郭清文：《南下湘北 接管益阳》，中国人民政治协商会议湖南省委员会文史资料研究委员会编：《湖南文史资料选辑》第19辑，湖南人民出版社1985年版，第79页。

发出有 37 位将领联名的起义通电，在长沙和平起义，湖南宣告和平解放。由于益阳地区距省会长沙相对较近，和平民主力量较为强大，因此在人民解放军进军益阳地区的过程中较为顺利。安化县城早在 1949 年 6 月 28 日即由湘中地下党和武装力量在地方民主人士配合下解放。8 月 3 日，由于中共地下党和民主人士、湖南省第五区专员兼保安司令（驻地益阳）蔡杞材、益阳县长颜健的努力，沅江、益阳两县获得和平解放。8 月 4 日，汉寿县城和平解放，国民党汉寿县长宣布起义。8 月 8 日，地下党湘中三支队配合人民解放军攻占宁乡县城。① 13 日湘乡县宣告和平解放。② 至此，益阳地委所辖 6 个县，除安化县于早先即由地下党力量解放，宁乡县城由解放军攻取外，全部和平解放。

（二）接管工作的开展

益阳县已于 8 月 3 日由于国民党湖南第五区专员蔡杞材的起义而和平解放。中国人民解放军四十九军一四六师进入县城，得到当地民众热烈欢迎。1949 年 8 月 13 日，郭清文、杨新一等一大队领导带领原冀南南下支队一大队（临清地委，辖冠县、武训、永智、临清、邱县、馆陶、莘县、元朝八县）和三大队（肥乡地委）四个县（曲周、永年、魏县、成安）干部合并组成的一大队 1400 多名同志到达益阳县龙鳞镇，14、15、16 日分别了解情况，17 日正式接收了国民党益阳专署、益阳县政府和龙鳞镇（益阳城关）镇公所。中共益阳地委、专署已于南下途中停驻开封期间成立，地委书记先是朱效成，到武汉后由周惠担任，副书记郭清文、杨新一、黄霖，办公室主任万达，宣传部长秦雨屏，组织部长杨新一，社会部长杜一夫，军分区司令员黄霖。③

---

① 宁乡人民革命史编写组：《宁乡人民革命史》，湖南人民出版社 1983 年版，第 238—239 页。

② 康政：《进入湘乡县接管建政前后》，叶建军、周日美、赵云主编：《红色记忆 新湖南第一代执政者亲历实录》，湖南人民出版社 2009 年版，第 296 页。

③ 赵畅：《告别故土 奔赴新区——数千冀南干部南下湖南纪实》，中国人民政治协商会议湖南省委员会文史资料研究委员会编：《湖南文史》第 42 辑，湖南文史杂志社 1991 年版，第 51 页。

　　1949年6月冀南南下干部在开封学习整训时期，考虑到女同志的特殊情况及新区可能还有战争的情况，留下女干部300余人，加上管理、服务人员，将近400人。其中一大队（聊城地区）留下70多名女同志。[①] 当益阳地区的接管工作基本就绪之后，"女干部才由冀南南下二地委妇联主任刘英同志带领，于1949年11月到达益阳地委所在地，并由各县派人接到各自分配的工作单位"[②]。

　　1. 会师地下党，培养新干部

　　益阳地区接管工作得到了当地地下党的大力配合。8月3日益阳和平解放后，当晚，地下党益阳区工委书记张乐即与人民解放军一四六师先遣部队首长取得联系。[③] 第一个与南下地委同志见面的地下党领导是地下党湘中工委书记官健平，在随后的益阳地委、专署改组时，官健平同志被任命为益阳地委组织部副部长，此后又担任地委组织部部长。

　　益阳地区地下党力量较强，中共湘中一支队在司令员姜亚勋、政委官健平领导下，具有一定战斗力，不少县工委也有部分自己的武装力量。南下干部到达工作地后，与当地地下党同志进行了会师，有的地方还举行了盛大的"南北会师"仪式。如在益阳县，8月29日，益阳地下党和南下干部会师大会在县中学操场举行。会上，县委书记张力耕作了"胜利形势和会师意义"的报告。地下党负责人张乐、文星郎相继讲了话。大家一致强调"努力学习，加强团结，艰苦奋斗，共建人民新益阳"[④]。"参加大会师的益阳县地下党共有一百多人，益阳区工委所属人员最多，共七十六人。地下党武装的部分干

　　① 康政：《随军南下到湘乡》，中共聊城地委党史资料征集研究委员会编印：《难忘的岁月》，1989年，第222—224页。
　　② 赵畅：《告别故土 奔赴新区——数千冀南干部南下湖南纪实》，中国人民政治协商会议湖南省委员会文史资料研究委员会编：《湖南文史》第42辑，湖南文史杂志社1991年版，第54页。
　　③ 中共益阳县委党史办、中共益阳市委党史办编印：《资江烽火 新民主主义革命时期益阳县党史资料汇编》，1986年，第112页。
　　④ 《一九四九年益阳解放前后大事记》，中共益阳县委党史办公室、政协益阳县文史资料委员会编印：《益阳县文史资料》第6辑，1989年，第49—50页。

部、战士也参加了会议。"① 南下干部、县委书记张力耕同志说："我党历史上有两次会师，第一次会师是北上会师。那是党中央和毛主席纠正了王明'左'倾路线的错误，拨正了革命的航向，领导红军经过二万五千里长征，胜利到达陕北与陕北红军会师，那次会师是革命由失败走向胜利的会师，会师实现了团结抗日，挽救了民族危亡，把革命推向了高潮。现在的第二次会师是南下的会师，（在益阳的会师只是这次会师的一个组成部分）是在大军胜利南下，全国即将解放的大好形势下，与南方同志的会师，是革命由胜利走向更大胜利的会师；但是，从整个共产主义事业来说，还只是万里长征迈出的第一步，建设新中国的伟大任务正摆在我们的面前。"他还特别强调了南下干部与本地地下党干部的团结问题，"当前任务是响应党的号召，南北干部团结一致，做好新区工作，借粮支前，解放全中国"②。会师结束后，冀南区南下干部与益阳地下党干部进行了数日的分区、分组讨论学习，"南北干部决心紧密团结，互相学习，踏着革命先烈的血迹奋勇前进"③。

大会休息时，南下同志合唱了一首渡江南下歌，唱出了北方同志响应党的伟大号召，不远千里，开辟新区，全心全意为人民服务的革命精神，也鼓舞了新区地下党干部勇往直前的决心：

> 我们是人民的勤务员，
> 我们是毛泽东的好学生、啦、呀、咳，
> 那里需要就到那里去，
> 江南的老百姓渴望我们去工作，
> 党的号召叫我们前进，
> 开进新区，啦、呀、咳，

---

① 丁作之：《回忆"益阳南北会师"》，政协湖南省桃江县委员会文史资料委员会编印：《桃江文史资料》第 1 辑，1984 年，第 9 页。

② 同上书，第 10 页。

③ 同上书，第 11 页。

伟大的任务我们来担起。①

8月底，由组织决定，对地下党员、地下武装进行工作安排和整编。分配张乐任中共益阳县委办公室副主任，文星郎任共青团益阳县委书记，其他同志分配到地、专机关和县、区等单位工作。也有部分同志输送到军大、革大、益阳干部学校学习。② 益阳地下党与南下干部一起，在各自的岗位上互相配合，取长补短，共同开展新区工作。

在湘乡县，南下湘乡县委书记刘洪源、县长宋子兴率领来自冠县、莘县、邱县的130多名南下干部和30多名服务人员离开益阳，坐汽车经长沙转车后到达湘乡县城，与当地地下党县工委进行了接头。南下干部"持益阳地委介绍信找到地下党湘乡县工委副书记胡开驷接上了关系"，当天"被安排在省立高级工业学校暂住。次日，胡开驷同志和城关区地下党委主要负责人向南下县委的同志汇报了他们迎解支前、接管建政准备工作的情况以及地下党的基本状况等。随即分头进行接管的准备工作"。数日后，南下县委和地下县工委的主要领导同志举行了会议。出席人员是南下县委书记刘洪源、县委副书记崔强、县长宋子兴等同志；地下党县工委书记刘资生、副书记胡开驷等同志。在请示省委批准通过后，南下湘乡县委、县政府吸收了湘乡地下党工委同志，组成了新的县委、县政府领导班子，地下党县工委书记刘资生被任命为湘乡县县委副书记，地下党县委副书记胡开驷被任命为县委委员。③ 9月1日和3日，湘乡县人民政府和中国人民解放军益阳军分区湘乡警备区司令部分别宣告成立并正式办公。④ 9月4日，在湘乡县简易师范学校礼堂，举行了南下干部与地下党干部的胜

① 丁作之：《回忆"益阳南北会师"》，政协湖南省桃江县委员会文史资料委员会编印：《桃江文史资料》第1辑，1984年，第11页。

② 《一九四九年益阳解放前后大事记》，中共益阳县委党史办公室、政协益阳县文史资料委员会编印：《益阳县文史资料》第6辑，1989年，第50页。

③ 康政：《随军南下到湘乡》，中共聊城地委党史资料征集研究委员会编印：《难忘的岁月》，1989年，第226—227页。

④ 同上书，第227页。

利会师大会，同时庆祝新县委的成立。① 湘乡的接管工作便有序地开展起来。

在宁乡县，"当时，南下的同志都希望和当地党员同志一起工作，以迅速开创新局面"②。8 月 28 日，"南北会师"后，县委组织部长、元朝县南下干部张鹤亭在梅家田开办干部训练班。第一期有学员 100 多人，都是本地党员同志。学习 10 天后，都分到各部门或各区工作。第二期的学员是未赶上第一期学习的本地党员和进步青年。"因筹粮支援解放大西南和开创新局面需要大批干部，且培养提拔本地干部是我们南下同志的一项重要任务。"③ 学员训练完毕后大部分迅速分配了工作。

南下干部积极同本地地下党干部合作，他们不以功臣自居，不以领导自居，不摆官架子，不搞经验主义，不自以为是，"言语不通，向本地干部学；情况不明，向本地干部问，有了意见和误解，总是先作自我批评，从而达到新的团结。他们强调本地干部熟悉情况，对本地干部提出的合理化的意见和建议及时采纳"④。南北干部搞"五湖四海"，不搞"山头主义"，彼此间团结信任。

除了充分团结、发挥地下党的作用，以补充干部队伍外，冀南区南下干部还通过开办干部学校，大量接收并培训本地知识青年（尤其本地和回乡的青年学生），以弥补南下接管干部数量的严重不足。"当时南下干部每个区只有 15 人左右，一个区有 10 多万人口，湖南多为山丘地带，干部非常缺乏。"⑤ 只靠一个县分配百余名南下干部，"是远远不够的，何况又有语言上的困难"⑥。因此，益阳地委积极在

①　康政：《随军南下到湘乡》，中共聊城地委党史资料征集研究委员会编印：《难忘的岁月》，1989 年，第 228 页。

②　王兴刚：《张鹤亭同志谈南下干部到宁乡情况》，政协湖南省宁乡县文史资料委员会编印：《宁乡文史资料》第 6 辑，1989 年，第 33 页。

③　同上。

④　程士祥、丁作之、龚维：《南下干部在桃江》，政协湖南省桃江县委员会文史资料研究委员会编印：《桃江文史资料》第 7 辑，1992 年，第 9 页。

⑤　赵畅：《冀南南下干部的组成情况和经过》，政协山东省冠县委员会文史资料研究委员会编印：《冠县文史资料》第 2 辑，1989 年，第 42 页。

⑥　赵畅：《告别故土 奔赴新区——数千冀南干部南下湖南纪实》，中国人民政治协商会议湖南省委员会文史资料研究委员会编：《湖南文史》第 42 辑，湖南文史杂志社 1991 年版，第 55 页。

回乡学生中发现积极分子，动员他们参加工作，以扩大干部队伍，满足工作的需要，于1949年9月开办了益阳干部学校，由地委书记周惠同志兼任校长，由南下干部、原山东临清县委书记张凤彩担任副校长，招收中学以上文化水平的青年学生1000多人，并从地委机关抽调干部担任班主任，经过一个月的学习后，学员分配到县、区工作。这批新培养的青年干部，"对加强基层工作，宣传党的政策，解除群众的思想顾虑，特别是对推动当时的征借粮食、剿匪、肃清国民党的残余武装等工作，都起了积极作用。这些青年干部本身也在实践中经受了考验和锻炼，提高了思想政治觉悟和政策水平，增长了组织才能。不少同志很快地担任了县的科局和区的领导骨干"①。

经过培养、调整与扩充，益阳专区干部队伍结构形成了以冀南区南下干部为骨干，以当地地下党和新培养的本地知识青年为干部重要来源，以留用的国民党旧职员为具体运作补充的干部队伍。

2. 调整组织机构，分配接管任务

按照南下前的动员要求，冀南一地委各县基本以县为单位调出，搭好了一个县的班子。但在南下集训及途中曾经历过数次各县之间的人员调整。到南下工作地后，南下地委、专署和各南下县党政领导班子又"进行了全面调整及其成员的大幅度调配"，"北方南下时统一整编时的建制被取消，各南下地委和县委的各级干部及勤杂人员重新调配，许多领导干部被免除南下时确定的职务，而降级安排，但是大家能顾全大局，服从了党组织的统一调配和安排"②。8月18日，经中共湖南省委、省政府批准，建立了地方党政机构。③ 经过调整合并后，对益阳地委下辖各县的接管，不是完全按照南下前成建制调出的鲁西北各县县、区班子与益阳地委下辖各县一一对应接管的，而往往

---

① 赵畅：《告别故土 奔赴新区——数千冀南干部南下湖南纪实》，中国人民政治协商会议湖南省委员会文史资料研究委员会编：《湖南文史》第42辑，湖南文史杂志社1991年版，第55页。

② 中共湖南省委党史研究室、湖南省中共党史联络组编著：《南下湖南》，中共党史出版社2014年版，第171页。

③ 中共益阳县委党史办、中共益阳市委党史办编印：《资江烽火 新民主主义革命时期益阳县党史资料汇编》，1986年，第111页。

以一县干部分配到数县接管，或以数县干部分配到一县接管。如以莘县南下干部为例，该县南下的"县直机关干部和永智、临清合并的一个中队负责接收沅江。莘县南下的七个区的干部和冠县、邱县合并为一个中队，负责接收湘乡"等。①

赴各县接管建政的南下干部于1949年8月下旬先后到达所分配的县区。由县委书记刘洪源、县长宋子兴带领冠县、莘县、邱县同志160多人到达湘乡县进行接管。② 由地委委员、县委书记李瑞山、县长张纪元带领元朝、馆陶县的干部150多人到达宁乡接管。由地委委员、县委书记梁向明、县长刘亚南带领临清、永年县的150多名干部到汉寿县进行接管。由地委委员、县委书记李哲、县长侯鸿业带领临清、清平（永智）县的140多名干部到沅江县进行接管。由县委书记王俊臣、县长曾广成带领的武训（堂邑）县和馆陶、清平县的一部分干部共140多人到安化县进行接管。由县委书记张力耕、县长董早冬带领的曲周、魏县150多名干部到益阳县接管。③ 1951年9月，根据上级指示，将原益阳县划出一部分，新成立桃江县，益阳县分为桃江、益阳两县。益阳地委以冀南区南下干部张力耕（河北大名人）任桃江县委书记，田园（山东临清人）任县委副书记、县长，带领原益阳县划归桃江的六、七、八、九区南下干部和地委从其他地区调配的部分南下干部从事桃江县的建政、土改等工作。④

3. 克服种种困难，接管各级政权

在政权接管过程中，虽然有地下党和地方民主力量的配合，但仍然有不少危险与困难。如在湘乡县，国民党的飞机不断轰炸，原撤到距湘乡县城90多华里的国民党军队，开始又扑至距离县城10多华里处。政治土匪、散兵游勇蠢蠢欲动。在这种情况下，一方面需要尽快

---

① 王再兴：《为全国解放尽力——莘县南下干部情况》，中共莘县县委党史资料征集研究委员会编印：《燕塔风云 莘县民主革命时期党史资料汇编》，1987年，第199页。

② 康政：《进入湘乡县接管建政前后》，叶建军、周日美、赵云主编：《红色记忆 新湖南第一代执政者亲历实录》，湖南人民出版社2009年版，第296页。

③ 赵畅：《冀南南下干部的组成和经过》，政协山东省冠县委员会文史资料研究委员会编印：《冠县文史资料》第2辑，1989年，第38—39页。

④ 程士祥、丁作之、龚维：《南下干部在桃江》，政协湖南省桃江县委员会文史资料研究委员会编印：《桃江文史资料》第7辑，1992年，第10页。

完成接管工作，发动群众，团结群众；另一方面需要抓紧筹措军粮，迎接军队南下。据山东莘县南下干部（湘乡县委委员）王再兴同志回忆，当时遇到的困难主要有以下几点：

一是县以下党的武装较少，各种土匪、散兵游勇的威胁很大。"在县里工作的同志有一个连的兵力做警卫，分配到各区工作的同志没有武装力量，下区前，虽接收了国民党的枪支弹药全副武装，但是，分配到各区的力量很小，每个区仅十人左右。"而政治土匪、散兵游勇时常活动，严重威胁征粮、建政同志的安全。①

二是语言不通。鲁西北南下干部到达益阳地区后，"首先遇到的困难，是语言不通"，与当地老百姓沟通时存在一定语言障碍。② 南下干部讲山东话，老百姓听不懂，老百姓讲的方言，他们也听不懂，在互相谈话中一开始只能多用手势比划，容易产生一些误会。

三是"鲁西北是大平原，湘乡县是山区丘陵，平原人刚到山区不仅不认识路，就是连东西南北也分不清"，因此南下干部在乡村地区独立开展工作时遇到一定困难。加之"当时又处于战争环境，多亏湘乡地下党的帮助，逐步展开工作"③。

四是生活习惯上的困难。鲁西北人初到湖南吃大米不习惯，吃饭时已感觉吃饱了，但是等一两个小时肚子就饿了；刚刚解放，群众生活苦，以辣椒当菜，北方人一下子适应不了。④

虽然面临着种种困难，但是"对这些誓为革命、为全国解放尽力的同志，什么都难不倒"。南下干部们遇到困难不是后退，而是艰苦奋斗，广泛发动群众，在群众中发掘、培养积极分子，尤其是贫苦农民及知识青年。他们主动同老百姓打成一片，多听多问，学习当地方言。虽然很多人数十年后仍乡音未改，但经过不懈努力，他们听懂了当地的方言，能够用当地的日常用语与老百姓熟练交流，也适应了南方的饮食习惯。

---

① 王再兴：《为全国解放尽力——莘县南下干部情况》，中共莘县县委党史资料征集研究委员会编印：《燕塔风云 莘县民主革命时期党史资料汇编》，1987年，第201页。
② 同上。
③ 同上。
④ 同上。

南下干部分县接管前，地委召开了各县负责人会议，详细说明了接管工作的要求、步骤和工作重点，特别强调"工作的重点是建立政权，恢复生产，稳定秩序，安定人心，保障人民生活"①。接管工作首先要求恢复生产，安定社会秩序。地委要求所有工厂立即开工，商店照常营业，银行、税务等部门的国民党旧职员一律按时继续办公，等待派进的接管人员接管，保障了社会经济的基本运转。

接管地方武装也是各县接管的重要任务。如以山东临清、永智县干部为主接管的沅江县，原国民党旧县政府所掌握的武装主要是县保安大队，其中一个直属队驻县城，三个中队分驻各乡，共计500余人，此外各乡还有地方武装，且其成分复杂，有散兵游勇、失业军人甚至地痞流氓。南下接管干部"对县保安大队的政策，是按照起义部队对待，先整训后整编"，整训内容以政治教育为主，军事教育为辅，主要启发他们政治觉悟，促使其自愿加入解放军。经过一段整训后，打下思想基础，再进行整编。愿意参加人民军队的贫苦纯洁青年编入解放军，资格条件不够或年龄偏大的发给路费遣散回家。经过整训，绝大多数国民党地方武装接受了整编，有一部分编入人民解放军主力，仅有少部分逃跑。②

益阳地委下辖的不少县中名人后代、世家大族较多。加之湖南是和平解放，很多地方上层人物本身在当地的和平解放中有过贡献，因此为稳定社会秩序、巩固新政权，并迅速完成征借粮草的首要任务，南下接管干部暂时没有触动这些地方上层人物的核心利益，并极为注意团结起义、留守的国民党旧职员及民主人士。如益阳专署和益阳县的国民党政权接管工作，在地委统一领导下，分三条线进行。第一条线接管各县党部，具体由地委副书记兼组织部长杨新一负责；第二条线接管保安司令部和湘北师管区（国民党的征兵机构），由军分区司令杜一夫负责；第三条线接管国民党旧专署，由地委副书记郭清文和孟信甫负责。此时，促成益阳和平解放的国民党益阳专署专员兼保安

---

① 郭清文：《南下湘北 接管益阳》，中国人民政治协商会议湖南省委员会文史资料研究委员会编：《湖南文史资料选辑》第19辑，湖南人民出版社1985年版，第80页。

② 李哲：《忆进入沅江县的工作》，叶建军、周日美、赵云主编：《红色记忆 新湖南第一代执政者亲历实录》，湖南人民出版社2009年版，第224—225页。

司令蔡杞材已去长沙，由保安副司令龙叔韬代办移交手续。龙叔韬、颜健等是益阳和平解放的有功人员，因此在接管时，冀南区南下干部在许多问题上都首先征求他们的意见，再做决定，以利于团结起义的新同志，并使工作顺利推行。① 在学校接管方面，为维持社会稳定，各中小学除清除了少数特务分子外，其余均保留了原班人马。只有培养师资的益阳师范学校，地委以极大诚意聘请了在益阳地区德高望重的民主人士林伯森为校长，任教多年的民主人士田凯元为教导主任。② 又如在湘乡县的接管中：湘乡是中国近代重要军事政治集团——湘军派系的发源地，是清末重臣曾国藩、湘军名将刘锦棠③等著名人物的家乡，名人后代、文物古迹较多。湘乡的东山书院也是毛泽东同志走出韶山、求学励志、成长报国的第一站。由于湘乡是和平解放，当南下干部到达县城时，"国民党的县长没有逃跑，还留在县政府'看守'，县警备队四个中队是全副武装"。南下干部"到达湘乡的当天夜间，召开县委会，讨论接收问题，11 日布告安民，宣布湘乡县人民政府成立，并接收县政府。12 日早晨集合 4 个警备队，放下武器训话，趁训话的机会收缴了 4 个警备队的武器，愿留下的经过教育，充实我军，不愿留下的发给路费遣送回乡。接着进行全面接管，分配到各区的干部，也都陆续到岗任职"④，他们在接管中尤其注意对文物古迹的保护，及对地方望族、民主人士的团结，邀请其参加工作，协助征借粮草、收缴枪支，得到了地方人士的普遍支持与配合。

地专和益阳县的接管工作自 8 月中旬起，至月底就基本完成了。其他各县的接管工作自 8 月 20 日前后开始，到 9 月上旬已经陆续将各县党部、警察局、参议会接管完毕。在较短的时间内，鲁西北南下

---

① 郭清文：《南下湘北 接管益阳》，中国人民政治协商会议湖南省委员会文史资料研究委员会编：《湖南文史资料选辑》第 19 辑，湖南人民出版社 1985 年版，第 79 页。

② 郭清文：《南下湘北 接管益阳》，《湖南文史资料选辑》第 19 辑，湖南人民出版社 1985 年版，第 79—80 页。

③ 刘锦棠（1844—1894），湖南湘乡人，湘军名将，跟随左宗棠平定西北，击败阿古柏侵略军，收复新疆，屡立战功，并推动新疆建省。1884 年新疆建省后，担任第一任新疆巡抚，治理新疆多有功绩。

④ 王再兴：《为全国解放尽力——莘县南下干部情况》，中共莘县县委党史资料征集研究委员会编印：《燕塔风云 莘县民主革命时期党史资料汇编》，1987 年，第 200—201 页。

干部建立健全了益阳下辖各县、区党政组织，按照政策妥善处理和安排了国民党军政人员，为进一步全面开展新区的工作创造了条件。

二 征粮与发展生产

财粮征收，自古以来即是关系国计民生的大问题。而在解放之初的益阳地区，征粮任务更加艰巨。在冀南区南下干部进入益阳地区之时，人民解放战争正势如破竹，人民解放军二野、四野主力部队，经湖南向两广和云、贵、川挺进。为了支援大军顺利南下，夺取人民解放战争的最后胜利，新区政权必须及时保证对过境大军和前线部队的粮草供应。由于大军过境，城市用粮，加之数十万国民党起义投诚军队、旧职员的粮食供应，同时，"还要解决国家工作人员、地方武装以及城镇职工、居民的吃饭问题，促进工厂开工、学校开学、商店营业，以稳定物价，活跃市场流通。因此，保证粮食供应，已成为当时巩固政权，支援野战部队夺取全国胜利的重大政治任务"①。应该说，新区的工作千头万绪，但是南下干部接管后，始终"把完成借征粮食保证支前放在头等重要的位置"②。当时的益阳地区因战乱、天灾，加之此前国民党屡次征收征借，以致民间存粮较为紧张，加之南下干部初来新区，对地方情况不熟，语言不通，征粮工作存在很大困难。他们积极探索各种工作方法，利用地方条件，进行征粮工作。

（一）通过地下党与新参加工作的本地干部，派出工作队，广泛发动群众

冀南区南下干部为了便于征粮工作的迅速开展，充分利用地下党同志和新参加工作的地方干部，发挥其熟悉地方情况和语言的有利条件，了解当地阶级状况和群众思想动态、风俗习惯等。南下干部广泛发动群众，有针对性地开展宣传教育，做征借粮食的动员工作，并派

---

① 赵畅：《告别故土 奔赴新区——数千冀南干部南下湖南纪实》，中国人民政治协商会议湖南省委员会文史资料研究委员会编：《湖南文史》第42辑，湖南文史杂志社1991年版，第56页。

② 同上。

出征借粮食工作组深入乡村，将征粮支前工作作为新政权的头等要务处理。本地干部也义不容辞地承担起了协助南下干部征粮的工作。益阳地区在征粮工作中，通过地下党和新参加工作的地方干部，首先发动一些地方上比较开明的大户，带头交够借征粮食，打开突破口。如"益阳五区新市渡十保稻子坪一户姓贾的大户，经过反复工作，一次交出20石稻谷"。南下干部充分"抓住这一事例，广泛宣传交代政策，推动了这一片借征粮食任务的迅速完成"①。

（二）利用地方民主人士的支持和帮助力量

各县民主人士对党的政策和南下干部的工作给予了理解与积极帮助。如益阳县在和平解放前，当地地下党已经与县长、民主人士颜健合作，"拒付国民党军队粮款"。1949年5月12日国民党湖南省政府电令饬筹集军粮36万斤，颜健以"益阳水灾严重，向上申请免借"，华中军政长官公署旋即改发军粮借补证，交部队向县政府借补。颜又以民间早已茹藜藿、食树叶、灾状至惨抵制补借，并说"剥民骨髓，实不忍心"。一面申述灾情，要求减免；另一面拖延交粮，拒绝供应。白崇禧为此要杀颜健。"颜匿于益阳二堡全利绸庄。直到白崇禧部离开益阳"，才回县府。然而，益阳和平解放后，颜健很快积极投身为新政权、解放军征借粮食的事业中，县里"决定筹集军粮36万斤（合2400石），除原县政府分配新民等乡1900石应如数缴齐外，再加派侍郎乡100石；云龙乡300石；永泉乡100石共2400石（合36万斤）"，只用十天时间便收齐了粮食。②

（三）利用国民党旧保甲长和群众监督评议进行征粮

由于多数地方村级组织尚未建立，部分老百姓对新政权心存疑虑，一些群众不敢同北方来的干部和解放军接近，有许多工作仍需要

---

　　① 赵畅：《告别故土 奔赴新区——数千冀南干部南下湖南纪实》，中国人民政治协商会议湖南省委员会文史资料研究委员会编：《湖南文史》第42辑，湖南文史杂志社1991年版，第56页。

　　② 上官明：《益阳解放前后财政工作的点滴回忆》，中共益阳县委党史办公室、政协益阳县文史资料委员会编印：《益阳县文史资料》第6辑，1989年，第84—85页。

当时的国民党旧乡保甲长的配合才能进行。因此，能否充分改造并使国民党旧职员、旧乡保甲长真心为新政权服务，就成为征粮工作能否顺利完成的关键。南下益阳党组织一方面留用了各县田粮处国民党旧职员及绝大多数乡保人员，一方面派出干部迅速予以接管并主持工作。他们向旧职员、保甲长充分宣传了党的政策，讲清了党的纪律，将"利用原有保甲长和发动群众评议相结合。对保甲长讲清能否很好地完成借征粮食任务，是他们能否取得群众谅解的考验，对犯有罪行的保甲长，号召他们在借征粮食工作中戴罪立功"①。要求这些旧政权人员将田赋粮册、地方民情档案等完整移交，并向他们指明，他们以前是为国民党效力的，派粮派款，敲诈民众血汗，罪恶深重，这次借征粮草是他们改过自新、将功赎罪的重要机会。这些保甲长"在党的政策感召和群众监督双管齐下的情况下，都基本能老老实实帮助工作队完成借征粮食任务"②。南下干部一方面将征粮任务分配到各乡保，另一方面按照上级征粮政策，对粮多者多征，粮少者少征，即对地主、富农（尤其囤积粮食较多者）多征，中农少征，无地少地者不征。对于各户应征多少粮食，"由工作队依靠地下党同志，发动贫苦农民群众进行评议，定出粮食借征数字，然后发榜公布"③。因此，评议借征粮食工作开展总体较为顺利。

当时社会秩序较乱，很多乡村有不少国民党残兵、敌特和封建土匪武装活动，国民党的飞机还时常来轰炸。但广大南下干部为了完成支前征粮任务，仍不顾个人安危，夜以继日地工作。他们不畏辛劳、起早贪黑，常常忍饥挨饿、跋山涉水深入山区，进行发动群众和借征粮食、物资的工作。由于借征粮食的主要对象是地主富农和地方豪绅势力，触动了一些人的利益，他们有的造谣生事，有的煽动围攻征粮干部，南下接管干部果断处置，对闹事领头分子采取强制措施，保证了借征粮食的顺利进行。地委副书记、南下干部杨新一同志（山东冠

---

① 赵畅：《告别故土 奔赴新区——数千冀南干部南下湖南纪实》，中国人民政治协商会议湖南省委员会文史资料研究委员会编：《湖南文史》第42辑，湖南文史杂志社1991年版，第56—57页。

② 同上书，第57页。

③ 同上。

县人，原冀南区一地委副书记）亲自"带领地委工作组，到国民党残余的游杂武装尚未肃清的农村去搞试点，总结了在新解放区利用旧的保甲长和发动群众相结合进行借征的经验。这一经验在全区得到推广"①。多数县份在接管后的10—15天完成了南下大军支前借征工作。"益阳成为借征工作搞得最好的地区，受到省委的表扬。"② 而杨新一同志则由于积劳成疾，于1951年6月17日病逝，年仅35岁。③"从1949年8月至12月，长沙、益阳、常德三个专区很快完成借粮11000万斤的任务。10月开始秋征，全省任务248000万斤，到年底完成198000万斤。"④"从1949年8月至1950年1月，湖南省共计支前征粮2.5亿斤，柴草3000多万斤，基本保证了百万大军过境的需要。"⑤

南下益阳地委通过推动工厂开工，要求集市商民照常营业，整顿金融秩序，稳定物价市场，恢复与繁荣了地方商业，维护了社会稳定。南下干部还积极组织民众恢复和发展生产。如在汉寿县，县委和县政府根据当时人民群众生活困苦，衣食奇缺的情况，发动人民群众进行生产自救，大规模开垦荒地，尽快恢复和发展生产。同时还组织群众开展减租减息斗争，从地主手里夺回了几千万斤粮食，较好地渡过了第二年春荒，巩固了新政权。⑥

此外，南下干部还配合解放军部队进行了零匪清剿工作，广泛发动群众进行了收缴枪支等工作。当时湘中、湘北地区匪乱仍时常发生，一些政治土匪、地方顽固势力潜伏乡间，他们不敢直接袭击解放军，却专门伏击征粮的南下干部、区乡政府、农村积极分子等。如"1950年2月8日，敌人袭击了安化县东平区政府，有从武

---

① 赵畅：《怀念杨新一同志》，中共冠县县委党史资料征集研究委员会编：《血火春秋：冠县革命史料选编》，山东省出版总社聊城分社1988年版，第625页。

② 同上。

③ 石金铭、史钊、张怀轩主编：《冠县志》，齐鲁书社2001年版，第657页。

④ 中共湖南省委党史研究室征编：《刘夫生口述史》，中共党史出版社2013年版，第59页。

⑤ 同上。

⑥ 王志林：《忆南下到汉寿接管建政》，政协湖南省常德市委员会文史资料研究委员会编印：《常德文史》第1辑，1989年，第222页。

训县（原堂邑县）南下的区委书记韩侯等 10 多位同志遇难"①。针对
这一情况，冀南区南下干部配合当地驻军，组织地方武装，广泛发
动群众，通过政治、军事攻势双管齐下，"由益阳行政委员公署和
益阳军分区联合颁发剿匪布告，晓谕全区军民"，在军事打击的配
合下，"采取强大的政治攻势，分化、瓦解、孤立匪众，坚决贯彻
'首恶必办，胁从不问，立功者受奖'的宽大政策，对个别为首纠集
土匪武装作乱、残害人民、罪大恶极、群众痛恨的罪魁，召开审判大
会，公布罪行，坚决镇压。对外逃者，我们依靠和发动人民群众，追
剿通缉，归案法办。对率众自动投降或携械投诚的匪首，按其立功大
小，分别给予奖励。对在战场上自动投降者，准予立功自赎，从宽处
理"②，在较短时间内平息了匪乱。

三 实施土地改革

"新中国成立后，中国共产党始终把改善民生、惠及农村、强化
农业的发展理念、贯穿于马克思主义中国化的伟大实践中，完成了近
代以来最广泛而深刻的农村社会变革。"③ 1950 年 3 月，中南军政委
员会即提出在所辖河南、湖南、湖北、江西、广东、广西等省准备土
改的任务，接着各省市相继开展了清匪反霸、减租退押运动和生产救
灾运动。同年 6 月，《中华人民共和国土地改革法》颁布后，各省市
又先后根据各自实际情况，开展了整训干部、教育群众、部署土改典
型试验等工作。④ 益阳专区的土改是在中南军政委员会和湖南省委统
一部署下，由鲁西北南下干部具体领导开展的，大体分为下面三个
阶段。

---

① 赵建中：《随军南下》，湖南省党史联络组联合办公室编印：《回忆录》第 2 辑，
1990 年，第 82 页。

② 郭清文：《南下湘北 接管益阳》，中国人民政治协商会议湖南省委员会文史资料
研究委员会编：《湖南文史资料选辑》第 19 辑，湖南人民出版社 1985 年版，第 84—85 页。

③ 魏宪朝、刘焕申：《中国共产党强农惠农富农政策发展的三次飞跃——纪念中国农
村改革 40 周年》，《中州学刊》2018 年第 6 期。

④ 《中国的土地改革》编辑委员会编：《中国的土地改革》，当代中国出版社 2009 年
版，第 289—290 页。

（一）土改准备阶段

湘北地区的土改准备工作，在1950年上半年就已开始。作为已经完成土改的鲁西北南下干部，在华北老区土改中积累了较为丰富的经验，许多南下干部还是从老区土改中涌现、提拔起来的新干部，但他们毕竟到新区时间不久，"由于领导这场运动的干部基本上来自北方。他们有丰富的工作经验，但对情况不太熟悉"①，且人数较少。而本地新培养的干部对地方情况熟悉，对土改认识又不深，因此面临着不小的困难。党的政权在新区相对稳固后，1949年底，益阳地区开始了"清匪反霸"运动，通过充分的宣传教育，发动群众揭露、揭发匪霸的恶行，广大群众充分认识到了"匪霸一日不消除，地方一日不安宁"的道理。这就为随后的土改工作减轻了一定阻力。1950年3月起，益阳地区开展了减租退押运动。当地农民长期受到地主剥削，租额、押金过重，农民辛劳一年，最终却所剩无几。通过减租退押，对开明地主实行了和平减租，对隐瞒财产抗拒减租的顽固地主进行了斗争，使不少地区农民群众发动起来，建立了各级农会组织，涌现出一批积极分子，党和政府得到人民的衷心拥护。这些活动进一步为土地改革创造了条件。

此外，各县在土改开始前还做了其他数项准备工作。以县委书记李哲、县长侯鸿业带领临清、永智（清平）县140多名南下干部接管的沅江县为例，该县土改正式开始前还进行了以下四项工作：一是"土改前的农村社会调查"。为了弄清基层具体情况，掌握运动主动权，1950年7月13日，县委、县政府抽调大批干部和中小学教师分赴全县乡村，就农村的阶级关系、土地占有情况，农民生活现状、租佃关系、各阶层群众思想动态等情况，进行了全面、周密、细致的调查，收集了大量翔实可信的资料，为县委、县政府部署、指导全县开展土改工作提供了决策依据。二是宣传贯彻《中华人民共和国土地改革法》。11月10日益阳地委布置贯彻《土地改革法》工作后，沅江县委立即召开了为期20天的全县扩干大会，传达贯彻地区会议精神，

① 唐德祥：《益阳县的土地改革运动》，政协益阳县文史资料委员会编印：《益阳县文史资料》第10辑，1994年，第10页。

总结秋征工作；布置和动员全县开展土地改革工作。县委书记李哲在专题报告中号召全县人民紧急行动起来，落实党的七届三中全会精神，支援抗美援朝，投入和打好"土改"这场歼灭战。会议决定1950年和1951年全县的工作中心是土改，还就全县84个乡的土改方式和步骤确立了"波浪式前进""分期分批进行"的指导思想。会议结束以后，全县城乡迅速掀起了一个以抗美援朝和土地改革为内容的宣传高潮，宣传形式广泛多样，有集会游行、文艺演唱、土广播讲座、黑板报、门板报、墙报、标语等，把党的方针政策贯彻到每一户。在即将开展土地改革的沅江大地上，《志愿军战歌》《没有共产党就没有新中国》《土改歌》《谁养活谁》等歌声激昂荡漾。三是成立土改领导班子。为了加强对全县土改工作的组织领导，1950年8月1日成立了"沅江县土改委员会"，县土改委员会由县长侯鸿业、县委书记李哲、县农会主任颜琦等同志组成。下设秘书处、办公室、编宣科和调查巡视科，分别负责土改各项工作。四是培训土改干部。土改需要大批政治素质高、思想品德好、懂政策、熟业务的干部。南下干部人数不多，且对地方情况不太熟悉，单凭一个县百余名南下干部，远不能完成全县的土改工作，他们需要作为骨干发挥作用，同时引导本地积极分子和新提拔干部去进行土改工作。县委从城乡吸收了一批"立场坚定、阶级观点明确、勇于牺牲个人利益、忠心为人民服务、作风正派、联系群众、大公无私、出身历史纯洁"的上进知识青年、失业工人和在实践斗争中成长起来的农会干部，将其送到县土改训练班进行短期培训。这些本地青年普遍情绪高涨，具有为人民服务的热情，但是没有经过革命实践锻炼，缺乏工作经验，因此对其进行系统的培训极为重要。第一期土改训练班于8月22日开学，有来自七个区的150名土改学员。接着开办了第二期，两期共培训土改干部315人。学员在培训班中学习国际国内形势、刘少奇同志在中国人民政治协商会议一届二次会议上作的《关于土地改革问题的报告》及土改的有关政策规定。① 通过听报告、开展讨论、召开诉苦大会等方式，学员深刻认

---

① 曾鸣：《沅江土改》，中国人民政治协商会议沅江市委员会文史资料委员会编印：《沅江文史资料》第7辑，1990年，第17—19页。

识到土地改革的必然性和必要性，熟悉了如何划分阶级成分，遵守土改各项纪律，树立了为完成土改任务而奋斗的决心。

（二）土改试点

11月初，益阳地、县两级分别在山区和湖区 12 个乡进行土改试点。[①] 11 月 10 日，中共湖南省益阳地委暨益阳地区行政专员公署召开全区第一届农民代表大会，贯彻《土地改革法》，部署全区的土地改革工作。[②] 11 月下旬，各县县委建立了由县长、县委书记分别担任主任和政委的县土改委员会，还建立了财经委员会和人民法庭。与此同时，县委召开以布置土改为中心内容的扩大干部会议，明确了完成土改的时间表。然而，土改的实际过程却远没有南下干部想象中顺利。

益阳专区地处湘中北，距离省会长沙不算太远。当地土地集中，经济剥削严重，农民生活困难，有进行土地改革的必要性，但地方封建势力很大。一方面，这些封建土顽由于有宗族势力和宗教、帮会势力撑腰，在乡村有一定影响力。另一方面，南方地区的宗族势力比华北老区强大，湘北地区土改的阻力，有地富阶级的阻挠破坏，也有农民数千年来受各种宗法礼教、传统思想的影响。一些地主和农民有"本家"关系，农民的思想远未解放，群众不如北方老区那样容易发动起来，相反却对土改干部敬而远之。因此，土改一兴起，地主的"破坏活动甚为猖獗"。"有的地主暗地里威胁贫农积极分子说：'还记得民国十六年么？凡事留一线，日后好相见呀！'有的地主利用金钱、美女，收买个别立场不稳的人，为他们做探听风声、通风报信的'包打听'和疏散财物的'防空洞'"；"还有的地主利用宗族、宗教和青、红帮会等关系，暗中大搞反革命串连，妄图进行武装暴乱，杀害我土改干部和贫雇农积极分子"，有的煽动群众公开打骂、围攻我土改干部。"在这种情况下，有些苦大仇深的老实贫雇农，他们顾虑重重，有苦不敢倾吐，有的甚至不敢跟土改干部接近，只要望着土改

① 唐德祥：《益阳县的土地改革运动》，政协益阳县文史资料委员会编印：《益阳县文史资料》第 10 辑，1994 年，第 8 页。

② 曾鸣：《沅江土改》，中国人民政治协商会议沅江市委员会文史资料委员会编印：《沅江文史资料》第 7 辑，1990 年，第 17—18 页。

干部一走来就远远地躲开。土改运动的阻力比预料的还要大。"①

面对局面一时难以打开的状况，土改工作组以贫苦农民为突破口，抓住重点对象进行工作。如在沅江县新沙、长塘、犁头三个村的试点工作中，工作组抓住当地贫农蔡汉香一家，这一户人"家里苦得不能再苦了，一家几代人都是为地主当牛做马靠当雇工维生，家里穷得连菜地都没有一块，住的是牯牛棚，吃的是猪狗食，贫病交迫，挣扎在死亡线上，他妻子由于得了顽固的疟疾病，已是经年卧床不起，病得骨瘦如柴，面如黄蜡，酷似一个从棺材里拖出来的人"。原本土改工作组认为，像他家这样的受苦人，必然会真心实意地拥护土地改革的，"可是，他当时对土改干部却是采取回避的态度"，土改组"几次登门访问，他都从后门溜走了。从本片的其他几位工作队员反映，也都发现了类似情况"②。土改干部下定决心在此一点突破，找到问题的症结所在。于是仍旧选择了蔡汉香一家作为突破口，他本人回避，就先找他的老母和病得不能起床的妻子做工作，首先从生活上关心他们，把干部们换洗的衣裳送给他们穿，并设法为病人弄来了医治疟疾的特效药——金鸡纳霜丸，使他妻子的病情日见好转，不久就能起床做一些家务事了。这样，逐渐使其一家与土改干部建立起了阶级感情，再也不把土改干部当作外人看待了。在此基础上，给他们宣讲农民同地主谁养活谁的道理，启发他们的阶级觉悟，发动他们倾吐苦水，因此他们的阶级觉悟越来越高，"终于向工作组揭露了恶霸地主何楚书威胁蔡汉香不要同土改干部接近等一系列破坏罪行，也揭开了当地一些贫雇农回避土改干部之谜"。经过进一步深入调查，觉悟了的蔡汉香同土改干部交上了朋友，并成了土改中的积极分子。这个绰号"地头蛇"的恶霸地主何楚书，精通武艺，在青、红帮会中有很高的地位，是一个坐地分赃的土匪头子。新中国成立前他便勾结官府，逼租夺佃，血债累累，土改开始后又利用青、红帮会，大搞反革命串联，阴谋组织暴乱，并公开威胁当地贫雇农说："有谁跟土改干

---

① 夏胜千：《土改试点纪实》，中国人民政治协商会议沅江市委员会文史资料委员会编印：《沅江文史资料》第7辑，1990年，第35页。

② 同上书，第35—36页。

部接近的，我都看在眼里，记在心上，有朝一日我要找他算账的。"
其反革命气焰嚣张至极。工作组在经呈报上级批准后，立即采取迅雷
不及掩耳的果断措施逮捕了他，并很快召开群众公审大会，在组织蔡
汉香等苦主上台诉苦，控诉他的种种恶行后，当场枪决了这个十恶不
赦的反动地主分子。从此搬掉了压在当地广大贫雇农心上的大石头，
"顿时民气大伸，群情振奋，各村贫雇农纷纷起来倾吐苦水，斗争地
主，积极分子成批涌现"①。

（三）全面推开阶段

1950年12月，在土改试点乡取得经验后，益阳专区各县的土地
改革分批展开。在群众业已广泛发动起来，并已树立了贫雇农的阶级
优势的基础上，各村都通过民主选举，建立了村一级的政权组织和民
兵组织，并依靠他们，开展了划分阶级成分和没收地主封建财产，以
及给农民（主要是向无地、少地的贫雇农和佃中农）分配田土、浮
财等工作，其做法均按《土改法》实行，在分配田土的时候，也照
例按人口多少分一份田给地主，并给他们留下了必要的生产和生活资
料，以便将他们改造成为自食其力的劳动者。②

土改期间，党在农村的阶级政策是依靠贫雇农，团结中农，中立
富农，打倒地主阶级。因此，土改中对中农的财产予以了保护。而对
富农阶级，一般只征收他们超出当地人口平均线以外的那一部分田
地。因此土改得到了中农的普遍支持，富农也没有激烈反对，这就团
结了农村中大部分群众，孤立了少数地主阶级。③ 各县按照计划推进
土改。如宁乡县至1951年8月，基本完成划分阶级、没收和分配土
地等项工作任务。9月至10月，又对各乡的土改情况进行检查摸底，
其主要标准则视发动群众的广度、深度和地主阶段的威风彻底打垮与

---

① 夏胜千：《土改试点纪实》，中国人民政治协商会议沅江市委员会文史资料委员会
编印：《沅江文史资料》第7辑，1990年，第36—37页。
② 同上书，第37页。
③ 同上书，第37—38页。

否分类。①

　　在土改中，地主阶级为保住其利益，使用各种方式破坏土改，如隐匿财物，散布谣言，装傻卖呆，甚至腐蚀干部和积极分子，有的潜逃，有的企图暴动。因此，"斗倒地主"，尤其是在政治上将地主阶级的"威风"彻底打压下去，就成为土改能否打开局面的关键。土改工作队充分利用华北老区经验，首先严格掌握政策界限，划准阶级成分，使得敌我友阵线分明，访贫问苦，扎根串连，建立乡农会与村贫雇农小组，然后坚决团结与发动贫雇农向不法地主作斗争，由贫雇农诉苦揭发，对那些罪大恶极的地主分子坚决镇压，打掉其威风，基本打垮了地主势力。过去在农村民众思想上的乡村正统、宗族等观念基本被打碎，贫雇农真正当家做主扬眉吐气了。11月底开始土改复查，以发动群众回击地主阶级的反攻倒算，清查漏网地主，纠正错划阶级，加强乡村人民政权建设和促进农业生产发展为主要任务，取得很大成绩。如宁乡县在复查中，全县击退了 2927 户地主的反攻倒算行为，查出漏网地主 1075 户，纠正被错划为地主成分的 462 户。全县投入土改运动的干部 572 人，临时农民土改队员 529 人，教师组成的土改工作团团员 295 人。卷入运动的群众共 219596 人，其中男 136697 人，女 82899 人，占总人口的 32.1%。经常参加斗争的群众共 121988 人，其中男 82806 人，女 39182 人，占总人口的 17.8%。②益阳县全县斗倒地主 11419 人，在复查中又查出漏网地主 284 户，抓回逃亡地主 130 人，处决了一部分罪大恶极和反攻破坏严重者，同时纠正了个别错划成分者。对在乡地主一律实行群众管制，令其劳动改造。从此，地主再也不敢轻举妄动。③ 至 1952 年 4 月，益阳地区下辖各县土改复查工作基本完成。此后又进行了颁发土地证的工作。当然，土改本质上是为了消灭封建地主阶级土地所有制，使农民真正得以翻身做主人，而不是消灭地主的肉体。部分地区土改中出现过华北

---

　　① 孙亮谋：《宁乡土地改革概况》，政协湖南省宁乡县委员会文教卫体委员会编印：《宁乡文史》第 10 辑，2000 年，第 147—148 页。

　　② 同上书，第 148 页。

　　③ 唐德祥：《益阳县的土地改革运动》，政协益阳县文史资料委员会编印：《益阳县文史资料》第 10 辑，1994 年，第 9 页。

老区土改时曾有的一些暴力、"过火"行为,有的地方对地主"喊打喊杀",比较激烈。① 但瑕不掩瑜,湘北地区的土改总体来说是成功的,也是及时的。正如有学者所说:"从苏区,到抗战根据地,再到解放区,中共政权不同于其他政权的一个极其重要的特征,就是它前所未有地将政权建立到了村子",消灭了"自古以来就存在于国家和农民之间的各种'保护型经济'和'营利型经济',并将村里的贫苦农民骨干培养成自己的代理人。"② 这使党赢得了广大民众的支持,在基层拥有了强大号召力和影响力。

土改的胜利完成,在中国历史上第一次较为彻底地摧毁了乡村原有封建势力,建立了全新的生产关系,解放了农村生产力,也打破了数千年来中国传统乡村社会结构,为此后广大南方地区的社会主义改造开辟了道路。实现了广大农民几千年来的梦想,使农民翻身成为新社会的主人,相当多贫雇农出身的农民被选为乡村干部,很多人后来成为地方党和政府主要领导者,农会组织进一步纯洁壮大。农民分得土地后,生产积极性空前高涨,广大农民学习文化、科学知识的积极性也空前高涨起来。1951 年 2 月的《湖南日报》报道湘北地区土改成果时称,"长沙、益阳等专区的农民,分得土地以后,就像母亲抱回了失去的心爱的孩子一样,衷心充满了无限的兴奋和喜悦……汉寿 6 区玉丰村在 1 月 24 日分配完土地以后,全村一夜没有睡,农民打着灯笼火把忙着在新分得的田地上看水路,插标志,第二天一清早起来又到处贺喜,最后又到乡政府道喜。不少乡、村,兴奋的农民在分田以后,都纷纷召开群众庆祝大会,红旗招展,锣鼓喧天,庆祝自己翻身的胜利……几千年压在农民头上的统治推翻了。正如雇农奥平仔说:'以前我做过 8 年长工,看了 26 年牛,流落半生。现在分了田,分了房,又分了果实,这都是有毛主席啊!'"有的贫农"兴奋得流出泪来说:'要不是毛主席,我们早晚是一条死路!'……农民对自己领袖表现了热烈的敬爱,同时,也充分发挥了劳动生产的无比热

---

① 唐德祥:《益阳县的土地改革运动》,政协益阳县文史资料委员会编印:《益阳县文史资料》第 10 辑,1994 年,第 12—13 页。

② 邓广:《山东解放区的农村财粮征收（1946—1949）》,《近代史研究》2017 年第 1 期。

情。宁乡 10 区黄材乡 5 村雇农刘菊初两父子，分得 13 石谷田后，第二天早晨就肩着新分的犁和牵着新分得的牛，把田犁转来了。田塍上的杂草也锄得干干净净，每丘田里，沤上一大堆草，第三天早上，就种了生芽……"① 土改使南方新区的乡村社会结构发生了重大变化，而这也是中国历史上翻天覆地的巨大变化。

此后鲁西北南下干部又领导湘北民众进行"三反""五反"，实施第一个五年计划，推行社会主义改造。"1952 年 9 月，毛泽东提出'10 年到 15 年基本上完成社会主义'的目标。为了实现这一目标，计划经济体制进一步健全并得到法律确认。"② 1953 年 6 月，中央提出党在过渡时期的总路线，湘北地区开始了新民主主义向社会主义的全面过渡，有计划、有系统地开展社会经济建设，逐渐改变了当地贫穷落后的面貌。鲁西北南下干部在益阳地区工作期间，始终保持艰苦朴素、克己奉公的传统。他们对民众和蔼可亲，"南下干部多是北方人，身材魁梧，样子很怕人，但一与接触，便觉得他们是同志，是朋友，是忠厚长者，没有半点官气"。③ 他们"人人一身灰制服，个个一双粗皮鞋"，要求自己格外严格，生活作风极为简朴，吃的是粗茶淡饭，住的是木房茅屋。干部下乡工作的要求是：（1）住户要是最苦的贫雇农，要有盐同咸、无盐同淡，不能让住户把自己当作客人看待。（2）不买群众的斗争果实。（3）不准截留、占用缴获物资，罚没物资一律上缴财政。（4）干部不得从事经商和购买粮食等物资。④ 他们以实际行动赢得了湘北地区广大群众的认可与支持，树立了中国共产党在新区群众中的良好形象。

---

① 《全省 620 个乡完成土改 260 余万农民庆祝翻身》，《湖南日报》1951 年 2 月 1 日。参见湖南日报社编委会编：《半个世纪的足音：湖南日报新闻作品选 上》，湖南人民出版社 1999 年版，第 13—14 页。

② 徐艳梅、于国丽：《生态社会主义与中国社会发展模式构建》，中国社会科学出版社 2016 年版，第 206 页。

③ 程士祥、丁作之、龚维：《南下干部在桃江》，政协湖南省桃江县委员会文史资料研究委员会编印：《桃江文史资料》第 7 辑，1992 年，第 10 页。

④ 同上书，第 9 页。

第六章　接管政权：冀鲁豫南下干部在南下地区的初步工作

冀鲁豫南下干部支队从冀鲁豫边区首府菏泽整训出发，到达合肥后，由聊城地区南下干部组成的原六、九地委干部接受了不同的南下工作地点。九地委南下干部被编入金陵支队，开赴原国民政府的首都南京接管，后来部分干部又随段君毅、万里同志西进川东重庆开展工作。而六地委南下干部则跟随冀鲁豫南下干部支队前往赣东北，接管贵溪专区，开始了在赣东北地区四个月的艰苦开创工作，直至1949年9月奉命再次踏上西征历程。

一　从南京到重庆——冀鲁豫九地委南下干部的接管工作

1949年4月6日，冀鲁豫南下干部支队到达合肥后，由于革命形势的转变，国民政府首都南京解放在即，原冀鲁豫七地委、九地委干部与来自豫皖苏、冀中等解放区干部共计2400余人合编为金陵支队，打乱了原来按地区编队的界限，改按财经、政法、教卫、新闻、农业等编成专业大队，由原豫皖苏中央分局书记宋任穷担任金陵支队队长，开赴南京接管。其中，冀鲁豫九地委南下干部395人，勤杂人员200多人，主要来自今地级聊城市范围。

金陵支队编组后进行了"清理思想"工作。针对当时进城接管队伍中存在的"享乐观念""考虑个人发展"等"进城的思想障碍"，支队以数日时间对上述思想进行了分析与批判，明确南下是做工作员，为人民服务，而不是进城享福，要继续艰苦奋斗，要增强组织观念，服从分配，服从需要。①

国民党拒绝在《国内和平协定》上签字后，1949 年 4 月 21 日，人民解放军百万雄师分三路强渡长江。金陵支队于 4 月 20 日动员，当天下午 2 时出发，随军前进。按当时计划，在接管南京以前，先接管南京城近郊的浦口、浦镇（现南京市浦口区）。鉴于两浦地处交通要道和重工业区，需要重点配备干部，金陵支队就调原冀鲁豫区党委秘书长万里和地委级干部高黎光任两浦区委正副书记，率 60 名干部组成较强的班子，由原南京地下党撤往皖西的干部周群带路，连夜急行军，至 23 日晚到达浦镇工厂小山上住下，次日抵浦口。随即对浦口、浦镇包括卸甲甸永利铔厂进行接管。②

4 月 24 日晚，万里率领奉命接管两浦的金陵支队一部抵达两浦地区，进行接管工作，并张贴接管两浦地区的安民告示。24 日金陵支队与中共两浦地下区委会合，并宣布成立南京市两浦军事管制委员分会，市军管会成立后改称南京市军管会浦口分会，同时成立中共两浦区委员会，办公地点分别设在浦口津浦路 25 号和铁路乘务员公寓二楼。区委委员有万里（原冀鲁豫区党委秘书长）、高黎光（原冀鲁豫九地委政策研究室主任）、袁林（原冀鲁豫九地委南峰县委副书记）、陈明、何进（原九地委寿张县县长）、郭忠任、夏峰、蔡园、刘国华（原冀鲁豫九地委社会部长）9 人，万里任区军管分会主任兼区委书记，高黎光任区军管分会副主任、区委副书记。③

区军管分会成立后，向浦口、浦镇各界人士广泛宣传中国人民解放军命令、"三大纪律八项注意"和军事接管原国民党南京市第八区公所的决定，并派郭忠任率码头工作组进驻浦口中兴、新炭场、淮南 3 个煤炭场码头进行接管，整顿秩序，确保煤炭运输畅通无阻，支援解放战争。同时，区军管分会着手接管原国民党南京市第八区区公所和辖区内军、警、宪、特及经济、文化等组织和设施；收缴国民党军

---

① 中共南京市委办公厅等编：《风雨同舟 南京探索前进三十年 1949—1978》，中共党史出版社 2002 年版，第 24 页。

② 同上书，第 24—25 页。

③ 中共浦口区委党史工作办公室编：《中共南京市浦口区地方史》第 2 卷，中共党史出版社 2007 年版，第 8 页。

队丢弃的大量武器弹药，将之移交给第二野战军驻军。① 此外，冀鲁豫干部还组织力量及时恢复了两浦地区被国民党破坏的水电等基础设施，恢复了供电、供水和交通运输事业，收容学生、铁路职工、国民党溃兵近6000人，给予了及时安置或遣散。

在两浦接管期间，冀鲁豫南下干部继续进行政治学习。据南下干部、原九地委阳谷县长时进回忆，"这时党的七届二中全会文件已到达，我们进行了学习讨论"，"4月底，我们进入南京城，驻考试院一带。集训了一个月后分配了工作"②。冀鲁豫干部进入南京城区后，万里同志向南下干部们讲解了"南京的地位、当前的形势和赋予我们新的任务"，之后，在南京市军管会经济部和万里同志领导下，原冀鲁豫九地委各县南下干部，多数"被分配去接管国民党官僚企业和他们留在南京的厂子"③。他们分头了解具体情况，同职工座谈，充分发动工人群众，在此基础上进行清点移交。时进等同志被分配"到九区（后改为八区）任工委书记兼区长，后任区委书记"④。冀鲁豫南下干部按照中共七届二中全会关于党的工作重心由农村向城市转移的要求及党关于接管城市的具体政策，同豫皖苏、冀中解放区干部一道，为接管、建设南京作出了贡献。

在南京接管时间不久，由于形势继续发展，中共中央命令人民解放军向西南进军，解放大西南。1949年9月，人民解放军向西南进军前夕，接管南京的冀鲁豫九地委大部分干部"又随二野后勤部，在段君毅、万里同志的率领下，组成了西南工业部的机构，并吸收了近百名京、沪地区的大专毕业生和技术人员，组成技术大队，进军西南

① 中共浦口区委党史工作办公室编：《中共南京市浦口区地方史》第2卷，中共党史出版社2007年版，第9页。
② 时进：《奔腾在全国解放的洪流：回忆阳谷县干部南下队伍》，冀鲁豫边区党史工作组上海市联络组编印：《冀鲁豫边区党史资料选编》，1991年，第136—137页。
③ 冯之琨：《我参加的阳谷县干部南下》，中共阳谷县委党史资料征集研究委员会办公室编印：《谷山烽火》，1990年，第575页。
④ 时进：《奔腾在全国解放的洪流：回忆阳谷县干部南下队伍》，冀鲁豫边区党史工作组上海市联络组编印：《冀鲁豫边区党史资料选编》，1991年，第137页。

的重庆"。① 由段君毅担任西南军政委员会工业部部长，万里担任西南军政委员会工业部副部长，辅助邓小平同志（时任中共西南局第一书记，主持整个大西南的工作）开展工作。冀鲁豫南下干部自南京西进四川后，一部分干部跟随段君毅、万里同志留在西南工业部工作，并了参加重庆的接管工作。九地委另一部分同志参加了川东重庆周边地区的接管工作。②

二　接管赣东北——冀鲁豫六地委南下干部的开创工作

冀鲁豫南下干部支队，除由原豫皖苏中央分局书记宋任穷及万里带领原七地委、九地委500余名干部接管南京外，其他干部的南下目的地是江西省。南下支队停驻合肥期间，根据总前委指示，赣东北区党委于4月中旬在合肥成立，原冀鲁豫区党委副书记徐运北（山东聊城人）担任赣东北区党委书记，原冀鲁豫区党委组织部副部长兼党校校长郭超（河南范县人）任组织部长，原冀鲁豫区党委宣传部长申云浦（山东聊城阳谷县人）任宣传部长。③ 4月18日，南下干部支队在安徽桐城宣布了赣东北区党委所辖上饶、贵溪、浮梁、鄱阳四个地委和专署领导机构的组成。④ 以自鲁西北抽调的900多名干部及战勤人员为主组成的南下支队第六大队（原冀鲁豫六地委，今属聊城地区），负责组建赣东北的贵溪地委、专署，原冀鲁豫六地委书记谢鑫鹤担任贵溪地委书记，吴肃任副书记，原六地委组织部长王富海担任贵溪地委组织部长，原六地委范县县委副书记、工作团团长郭绍汤担任贵溪行政督察专员公署专员，原六地委社会部长赵尧（又名姚修文）担任贵溪行署副专员，原冀鲁豫六分区司令员曾宪辉担任贵溪军

---

① 冯之琨：《我参加的阳谷县干部南下》，中共阳谷县委党史资料征集研究委员会办公室编印：《谷山烽火》，1990年，第575页。

② 同上。

③ 中共江西省委党史研究室：《中共江西地方史》第1卷，江西人民出版社2002年版，第574页。

④ 同上。

分区司令，谢鑫鹤兼任政委。[①] 地委委员由谢鑫鹤、吴肃、王富海、曾宪辉、郭绍汤、赵尧组成。

在谢鑫鹤、王富海、赵尧等带领下，冀鲁豫六地委南下干部于1949年5月初到达江西鹰潭，组织了贵溪地委、贵溪专员公署和贵溪军分区[②]，地委驻地鹰潭，故又称"鹰潭地委"。贵溪专区下辖贵溪、资溪、金溪、余江、弋阳、东乡、进贤、临川八县及临川市。冀鲁豫六地委南下干部到达赣东北后，主要以县为单位，分别接管贵溪地委下辖各县市。弋阳县主要由原冀鲁豫六地委茌平县干部接管，县委书记崔方亭，县长孙紫芳；贵溪县主要由六地委博平县干部接管，县委书记张玉环，县长刘影；余江县主要由筑先（聊城）县南下干部接管，县委书记段缄三，县长张佃一；东乡县主要由聊阳、河西县南下干部接管，县委书记姚传德，县长于振东；进贤县主要由齐禹县南下干部接管，县委书记刘学民，县长彭怀德；金溪县主要由徐翼县南下干部接管，县委书记房建平，县长武大觉；资溪县主要由东阿县南下干部接管，县委书记傅秀峰，县长王子奎。[③] 临川市主要由河西县南下干部接管，市委书记张金屏，市长吴新斋，组织部长孔焕章。[④] 临川县主要由聊阳县南下干部接管，县委书记沈廷梅，县长张武云。[⑤]

贵溪地委组织部长、冀鲁豫南下六地委组织部长王富海"对即将分赴各县接管的干部反复指出：既要坚定地依靠工人阶级、农民、知识分子，又要做好团结上层人物的工作。他反复嘱咐干部千万注意防

---

① 中共鹰潭市委党史资料征集办公室编著：《中共鹰潭地方史 第1卷 1926—1949》，中共党史出版社2009年版，第346页。

② 吴肃、张玉环、张金屏：《高尚品质优良作风：回忆王富海同志》，中共黔东南州委党史资料征集办公室编印：《回顾黔东南解放》第2辑，1987年，第70页。

③ 中共鹰潭市委党史资料征集办公室编著：《中共鹰潭地方史 第1卷 1926—1949》，中共党史出版社2009年版，第346页。

④ 孔焕章、高兴中：《随军南下、西进的战斗历程》，中共贵州省委党史研究室冀鲁豫组编印：《冀鲁豫党史资料选编》第19集，1994年，第35页。

⑤ 张武云、杜竹林等《临川县解放后第一届县委、县政府的建立及工作情况》（《临川文史资料》第4辑，1990年，第133—134页）记载临川县第一任县委书记"沈建梅"。根据《江西党史资料》第36辑（中共江西省委党史资料征集委员会1996年编印）第77页，及《烽火岁月 临清抗战史料汇编》（二）（政协临清市委员会编，中国文史出版社2015年版）第104页等记载，均为"沈廷梅"。"沈建梅"，应为"沈廷梅"之误。

止急躁情绪，要有计划有步骤地进行接收；认真抓好粮食、财政和武装工作；对干部的使用要有重点，采取逐步'接收到区乡'的办法"①。

贵溪专区所在的赣东北地区在土地革命时期曾是中国共产党的重要根据地，是党的著名领导人方志敏同志的家乡，也是方志敏和红十军长期坚持革命斗争的地方。土地革命时期，赣东北绝大多数县份都曾建立过苏维埃政府，聊城干部接管的贵溪地委所辖八个县中，"除进贤县外，其余均建立过苏区，时间或长或短，地区或大或小"②。"群众基础比较好，党的地下组织一直坚持斗争"，此后虽然长期沦为国民党统治区，但当地群众对苏区时期和红军仍有较多感情。苏区时期党在赣东北地区遗留下了很多烈军属，及不少在苏区被占领后由于种种原因脱党或与党组织失去联系的同志。且赣东北地区距离已经解放的上海、杭州等中心城市不算太远。作为土地革命时期老苏区的赣东北为南下干部的接管提供了一定有利条件。据张武云、杜竹林等接管临川县的山东聊阳县南下干部回忆，他们到来后，在当地"受到了群众的热烈欢迎，他们敲锣打鼓，燃放鞭炮，又是送茶水，又是塞鸡蛋。我们非常感动，有的群众还握着我们的手说：'可把你们盼来了。'其热烈场面，使我们这些七尺男儿也禁不住热泪盈眶，大有置身于北方老区之感"③。

赣东北刚刚解放，百废待兴。南下的赣东北区党委来到接管地后，发现当地实际情况与此前大家的"许多传说，许多想象"不符，"原来传说景德镇十五万人口，上饶七、八万人口，有重工业等均非事实"。区党委根据赣东北地区的实际情况，即中小城市很少，全区以农村为主，提出"赣东北应以农村工作为重点"④。具体到鲁西北

---

① 吴肃、张玉环、张金屏：《高尚品质优良作风：回忆王富海同志》，中共黔东南州委党史资料征集办公室编印：《回顾黔东南解放》第2辑，1987年，第70页。

② 徐运北：《对赣东北四个月工作的几点意见》，中共贵州省委党史研究室冀鲁豫组编印：《从冀鲁豫到贵州：南下支队和西进支队专辑》，1991年，第170页。

③ 张武云、杜竹林等：《从聊城南下接管临川亲历记》，临川市政协文史资料委员会编印：《临川文史》第1辑，1996年，第98页。

④ 徐运北：《对赣东北四个月工作的几点意见》，中共贵州省委党史研究室冀鲁豫组编印：《从冀鲁豫到贵州：南下支队和西进支队专辑》，1991年，第170页。

南下干部接管的贵溪专区而言，全区没有人口超过五万的城市，没有重工业，此前集训中学习的城市接管经验很多难以用上，仍然以农村工作（尤其借征粮草）为中心环节。鲁西北南下干部所做的主要工作有以下几点：

（一）告示安民，建立政权，做好统战

冀鲁豫南下干部在赣东北，跟随解放军挺进的步伐，解放一地即接管一地，立即宣布人民政权的建立。[①] 六地委南下干部到达贵溪地区下辖各县后，迅速出示安民告示——毛主席、朱总司令的"约法八章"[②]，一面张贴，一面宣传，并分别召开工人、农民、商人、学生以及市民、教职员、各类技术人员等座谈会，宣传解放战争大好形势和党的政策，保护一切学校、医院、文教机关等公益设施。限期令国民党旧职员迅速到新政府报到，不得有误。全体干部都坚守渡江前学习的《入城守则》和"三大纪律八项注意"，对赣东北国民党各市、县、镇、乡政权、军事设施、工矿企业、银行等，自上而下，由我派员原封不动地进行接管。[③] 由于分配到县的南下干部人数有限，各县按照接管到区、控制到乡的原则，分别设立了3—7个区委和区人民政府。

为了迅速恢复地方生产生活秩序，顺利完成大军征粮工作，南下干部在接管县份人员严重不足的情况下，"对旧职人员，除政权部门

---

① 徐运北：《回忆解放赣东北》，中共贵州省委党史研究室冀鲁豫组编印：《从冀鲁豫到贵州——南下支队和西进支队专辑》，1991年，第288页。

② 张武云、杜竹林等：《从聊城南下接管临川亲历记》，《临川文史》第1辑，1996年，第98页。《中国人民解放军布告》，又称"约法八章"，1949年4月25日由中国人民革命军事委员会主席毛泽东、中国人民解放军总司令朱德正式发布，其主要内容是：（1）保护全体人民的生命财产。（2）保护民族工商农牧业。（3）没收官僚资本。（4）保护一切公私学校、医院、文化教育机关、体育场所和其他一切公益事业。（5）除怙恶不悛的战争罪犯和罪大恶极的反革命分子外，国民党各级党政官员和警察等人员，凡不持枪抵抗、不搞阴谋破坏者，一律不加俘虏，不加逮捕，不加侮辱。（6）一切散兵游勇，均应向当地军政机关投诚报到，并交出所有武器。（7）有准备有步骤地废除封建的土地所有权制度；逐步提高农业生产水平，并供给城市人民以商品粮食。（8）保护外国侨民生命财产的安全。

③ 徐运北：《回忆解放赣东北》，中共贵州省委党史研究室冀鲁豫组编印：《从冀鲁豫到贵州——南下支队和西进支队专辑》，1991年，第288页。

的头头外，只要愿意为人民服务者，全部留用，并发给生活维持费"①。如 1949 年 5 月 8 日，由房建平、武大党带领原徐翼县南下干部到达刚刚解放的金溪县城后，在全县建成 4 个区公署，24 个乡镇公所，沿用了国民党政府旧建制，并留用了旧职人员。随后举办了 3 期学习班，吸收了社会上的知识青年、原中小学教师和国民党县政府的旧职人员共 200 余人参加，学习结束后，除少数旧职人员遣送回家外，绝大部分都分配了工作。②

赣东北地区的部分县有中共地下党组织，但由于长期受国民党白色恐怖压迫，因此力量较为有限，有一部分党的武装力量，主要活跃在浙赣、赣闽交界。不过由于是老苏区，当地民众曾为党的革命事业作出过巨大贡献，很多人对党有感情，群众基础较好。"在解放赣东北的过程中，首先遇到的是和地下党会师问题。华东局明确指示，会师工作是关系到能否搞好赣东北工作的关键问题。区党委一再提出和地下党会师一定要搞好，南下干部要学习本地同志坚持斗争、联系群众的作风，不仅作到组织上会师，还要作到政策上、思想上的会师，如果发生了问题，南下干部要负主要责任。"③ 5 月上旬，赣东北区党委先后与地下党和党领导下的游击队胜利会师，包括皖浙赣工委、闽浙赣省委和赣东工委等，共有党员 1700 多人，武装 1800 多人。对地下党同志的工作也作了安排，"这些同志在国民党统治下，坚持赣东北的革命斗争起了很大作用，在解放赣东北的各项工作中，积极配合主力部队，提供情报，协同部队追歼敌人，接管城市，恢复生产，维持治安，安定社会秩序等也发挥了很大作用"④。

贵溪地区不少县的南下干部与当地地下党积极合作，开展工作。如筑先（聊城）县南下干部去接管余江县，还没到余江，"那儿的老

① 吴浩鹏：《余江的解放和接管》，中共余江县委党史工作办公室编印：《余江春秋》，1991 年，第 70 页。

② 中共江西省委党史资料征集委员会、中共江西省委党史研究室编印：《江西党史资料》第 36 辑，1996 年，第 69 页。

③ 徐运北：《回忆解放赣东北》，中共贵州省委党史研究室冀鲁豫组编印：《从冀鲁豫到贵州——南下支队和西进支队专辑》，1991 年，第 288 页。

④ 同上。

百姓就来接我们了。他们是地下党，过去受国民党的摧残。听说解放军来了，就接关系了。我们当时安慰他们，这些年你们坚持斗争，受了多大的摧残、多大的困难，你们对党是有功的，组织关系等我们到县里后再谈"①。南下干部及时利用该县地下党的力量，熟悉地方情形，迅速稳定了余江的形势，由于大家都是为了革命走到一起来，双方工作不分彼此，团结合作开展工作。很多县份还充分利用老苏区时的骨干分子及此前因种种原因脱党的一些乡村积极分子进行接管、征粮工作，大大减少了工作的阻力。当然由于赣东北地区是土地革命时期的老苏区，又被国民党占领较长时间（十四五年），因此，南下干部到来后，当地来找到他们的"老革命"呈现出"真假难辨"的情况。赣东北区党委书记徐运北同志说："开始来找我们的'老革命'，有真正好的，也有个别投机分子。由于我们不了解，真假难分，形成有的用对了，对工作有很大帮助；有的用错了，排斥了真正的积极分子，形成群众对我有意见。"② 一些"投机""假冒"分子在此后的工作实践中逐步被淘汰了。

鲁西北南下干部从开始接管就非常重视统一战线的工作。地委和县委还在行军中就掌握了一些民主人士的名单和他们在本地的影响，到达贵溪专区所属各县后，高度重视与地方民主人士的合作，做好统战工作。如"东乡县是舒同同志的家乡，他在华东局给东乡县委写信托人带来，信中介绍了东乡的一些有影响人物。临川是饶漱石、李井泉的家乡，我们到达后，他们的亲朋就主动接近我们，向我们介绍很多情况。这个县的青年党头子李星桥、国民党保安大队长张之楚，都是利用关系把他们找回来的"③。在进贤县，原县长"林锡光是个老中医，人很老实，没有什么罪恶，可以信得过"，当地地下党组织一

---

① 段缄三：《回忆接管余江》，中共余江县委党史工作办公室编印：《余江春秋》，1991年，第224—225页。

② 徐运北：《对赣东北四个月工作的几点意见》，中共贵州省委党史研究室冀鲁豫组编印：《从冀鲁豫到贵州：南下支队和西进支队专辑》，1991年，第190页。

③ 吴肃、曾宪辉、姚修文、张玉环等：《风风雨雨千里行：记冀鲁豫六地委干部南下西进的历程》，中共贵州省委党史研究室冀鲁豫组编印：《从冀鲁豫到贵州：南下支队和西进支队专辑》，1991年，第378页。

直积极争取做林的工作，使其戴罪立功，保护好县政府和县保警总队武装力量，向人民政府和平移交，林全部接受。县府军事科长段元勋是中国农工民主党员，他表示"受南昌中国农工民主党的领导，上级有文件指示，要他们接受当地共产党地下组织的领导，现在进贤县保警总队已掌握在他们手里，绝对听从我党指挥"。在民主党派、地方士绅的积极合作下，县委书记刘学民率领冀鲁豫六地委齐禹县南下干部来到进贤后，实现了对该县的和平接管。由于得到地方民主人士的积极拥护，进贤县的接管与各项事业开展均较为顺利。①

接管开始后，全区还高度重视武装建设，"军分区办干校，县办训练班，经过一个多月努力，实现了县有连、区有队的地方武装建设计划。全区县、区地方武装达 1663 人，归军分区指挥的武装亦由原来的 783 人扩大到 983 人"②。

（二）集中力量，征粮支前

由于战争形势发展，所需粮食数量巨大。当时的赣东北地区不仅要为二野、三野提供大量粮食，还需要解决大批接收的国民党旧职员的吃饭问题，并要承担向中心城市上海运送大批粮食的任务。"二野仍需留在赣东北待命，以对付美帝国主义可能发动的军事干涉。二野、三野百万大军远离后方，吃粮问题需要江南新区解决。上海、杭州解放了，几百万市民的粮食也需要新区提供。大批俘虏人员也要吃粮。而近 500 万人口的大上海，仅有半个月的存粮。这时的粮食问题，已经成为严重的政治问题。"③ 各专区对粮食问题首先是清仓，将全区仓库粮食进行清查，然后全部运出。"清仓的粮食不够急需，即于 6 月初布置借粮工作。当时华东财办给的任务上调一亿斤米，地方开支需要五千万斤"，而赣东北区党委下辖四个地委（上饶、贵

---

① 余子渊：《解放进贤回忆录》，中共南昌市委党史工作办公室编印：《中共南昌城工部纪念文集》，1999 年，第 100—103 页。

② 中共鹰潭市委党史资料征集办公室编著：《中共鹰潭地方史 第 1 卷 1926—1949》，中共党史出版社 2009 年版，第 351 页。

③ 李道燮：《解放初期的中共贵溪地委》，中国人民政治协商会议鹰潭市委员会文史资料研究委员会编印：《鹰潭文史资料》第 2 辑，1989 年，第 6 页。

溪、浮梁、鄱阳）的全部县市人口合计仅有 300 万人，区党委书记徐运北在该年 9 月总结赣东北四个月工作时说，"以 300 万的人口在青黄不接的时候来负担一亿五千万斤粮食这是根本不可能的事"①。由此，当时聊城地区南下干部接管的贵溪地区征借粮食工作是极为艰巨的。

南下贵溪地委对征借粮食工作高度重视。时任贵溪县委书记张玉环（原冀鲁豫六地委博平县委书记）回忆，"当时解放军第四兵团驻鹰潭，十七军军部驻贵溪县城，保证军队给养是我们的主要任务之一。同时，区党委还给我们一个支援上海大米的任务"②。贵溪地委将征借粮食作为接管政权后的中心任务，发布了《关于做好粮食征借工作的通知》，及时将区党委下达的征借粮食任务分配各县。地委特别强调，首先，"各级党委要集中全力，抓住粮食不放。因为这是确保解放战争目前的必需，是巩固京沪杭战役胜利的必需。如果粮食抓不住，其他一切工作将无从谈起"。其次，要执行"合理负担"的征借政策，按年收获量限额征借。地主征借 40%—50%，富农征借 25%—35%，佃富农征借 20%，中农征借 10%—15%，贫农一般不征借。马草则视情况随粮附加。第三，"要依靠群众，组织评议会，把政策交给群众，由群众评议谁该征借多少。同时，在评议活动中注意培养积极分子，作为依靠对象"③。

贵溪专区各县由南下干部接管后，首先"借调船只，在接管的国库粮中"，将粮食运送到二野五兵团。④ 随后召开征借粮草会议，按地委下达的各县征借粮任务下达至区。县领导要求各区干部要认真执行"合理负担"政策，依靠群众，成立评议会，由群众评议谁该借多少。同时号召各界人士带头报征借粮草数，协助政府做好这项工

---

① 徐运北：《对赣东北四个月工作的几点意见》，中共贵州省委党史研究室冀鲁豫组编印：《从冀鲁豫到贵州：南下支队和西进支队专辑》，1991 年，第 175 页。

② 张玉环：《在接管贵溪的日子里》，中国人民政治协商会议贵溪县委员会文史资料研究委员会编印：《贵溪县文史资料》第 3 辑，1987 年，第 6 页。

③ 中共鹰潭市委党史资料征集办公室编著：《中共鹰潭地方史 第 1 卷 1926—1949》，中共党史出版社 2009 年版，第 349—350 页。

④ 吴浩鹏：《余江的解放和接管》，中共余江县委党史工作办公室编印：《余江春秋》，1991 年，第 71 页。

作，为支援人民解放军解放全国立功。① "当时提出完成征借的关键是发动群众，相信群众，依靠群众。在老苏区的地方通过'老革命'——他们实际上起了很大作用，提出了组织评议会，在评议会中团结教育积极分子，作为下一阶段群众运动的骨干。在借粮后期，有些地区成立了农协。"② 对"旧田赋人员和保甲长，动员他们投入清仓查库工作，成绩突出的给予记功，作为今后是否录用的依据"③。但是，"在征借工作开始时，由于任务重，时间紧，南下干部刚到情况不熟悉，一些地区没有发展群众，片面依靠和迁就保甲长，使评议会被保甲长和地主把持，出现了扩大征借面，把负担加重到中贫农身上，而地主、保甲长则很少征借的违背政策的事件"④。地方干部及时纠正问题。如余江县出现此类问题后，"县领导及时进行了检查，并召开群众大会揭发了保甲长的罪行，向群众表明政府对保甲长的态度，解除了群众的疑虑，使征借粮草逐步按党的政策进行"⑤。经过努力，各县基本完成了上级征粮任务，不仅有力保障了驻军给养，支援了前线作战，还为上海等大城市提供了大量粮食。如贵溪县在支援上海的工作中，"通过水运，经鄱阳，入长江向上海调运大米。六月，鹰潭至上海铁路全线通车，我们水陆并举，仅三个多月，就向上海调运了大米五百万斤，受到了区党委的表扬"⑥。

（三）发展生产，救济贫困

赣东北在当时经济相当落后。整个赣东北地区，除景德镇、上饶

---

① 吴浩鹏：《余江的解放和接管》，中共余江县委党史工作办公室编印：《余江春秋》，1991年，第72页。

② 徐运北：《对赣东北四个月工作的几点意见》，中共贵州省委党史研究室冀鲁豫组编印：《从冀鲁豫到贵州：南下支队和西进支队专辑》，1991年，第175页。

③ 中共鹰潭市委党史资料征集办公室编著：《中共鹰潭地方史 第1卷 1926—1949》，中共党史出版社2009年版，第350页。

④ 吴浩鹏：《余江的解放和接管》，中共余江县委党史工作办公室编：《余江春秋》，1991年，第72页。

⑤ 同上。

⑥ 张玉环：《在接管贵溪的日子里》，中国人民政治协商会议贵溪县委员会文史资料研究委员会编印：《贵溪县文史资料》第3辑，1987年，第6页。

属于中小城市外，"其余地区基本上是农村"①。而聊城南下干部接管的贵溪专区所辖各县（市）的城区人口均不足五万，全都不具备成立"军管会"的条件②，全区没有重工业，亦足见当时经济之落后。因此，发展生产、救济贫困成为当时南下干部的重要工作。南下干部进入各县后，在千头万绪的接管工作中，把积极恢复和发展生产摆在重要位置。除发出响亮号召外，还积极召开各界座谈会，消除工商业界的思想障碍，努力推动工厂开工，商店开业，并高度重视救贫扶困工作，尽快恢复生产，以保障老百姓基本生活。如在临川"有一个发电厂，小工商业也不少，就发动工人和职员尽快把生产恢复发展起来"。学校也恢复上课，"临川市的中学有好几所，有的学校还有外国人，为了抓好学校工作，市委书记张金屏还开大会给学校师生作报告，上政治课"③。在余江县，南下干部"还注意发动群众恢复和发展生产，帮助困难户解决粮食问题；宣传党的工商政策，鼓励私营工商业户开业；调解劳资纠纷；推行使用人民币，禁止银圆流通，稳定市场物价"。因此，人民生活基本安定，未出现物价哄涨和抢劫等事情。④"7月中旬，结合上海、南京、杭州整个反银斗争，我区亦掀起了群众性的反白银运动"，"坚决打垮白银之后，物价便逐渐稳定下来"⑤。在贵溪县，县委书记张玉环（原冀鲁豫六地委博平县委书记）带领一百多名博平县南下干部进入该县后，迅速组织生产自救。"贵溪是革命老根据地，老区面大，烈军属多，他们的生产、生活都极为困难。为了帮助老区群众解决生产、生活困难，立即开展了组织生产、救济贫困的工作。我们发放了大批救济粮、救济款，并且安排了

① 徐运北：《对赣东北四个月工作的几点意见》，中共贵州省委党史研究室冀鲁豫组编印：《从冀鲁豫到贵州：南下支队和西进支队专辑》，1991年，第170页。

② 中共鹰潭市委党史资料征集办公室编著：《中共鹰潭地方史 第1卷 1926—1949》，中共党史出版社2009年版，第348页。

③ 孔焕章、高兴中：《随军南下、西进的战斗历程》，中共贵州省委党史研究室冀鲁豫组编印：《冀鲁豫党史资料选编》第19集，1994年，第36页。

④ 吴浩鹏：《余江的解放和接管》，中共余江县委党史工作办公室编印：《余江春秋》，1991年，第73页。

⑤ 徐运北：《对赣东北四个月工作的几点意见》，中共贵州省委党史研究室冀鲁豫组编印：《从冀鲁豫到贵州：南下支队和西进支队专辑》，1991年，第176页。

一些老区人民的适当工作。对于广大面上生产、生活困难的群众，也做了大量的救贫扶困工作，从而受到了人民群众的欢迎，使全县工作迅速打开了新局面。当时党中央提出：发动群众，准备土改。我们根据中央的指示，又深入各乡进行调查研究，县委张登文和尹绪亭、白肖凯等同志到了三个乡具体解剖麻雀，为以后开展土改积累了第一手材料。"①

　　赣东北地区作为老苏区，土地革命时期曾受到国民党反复围剿和破坏，民众生活困苦。南下干部到来之后，当时很多老区群众希望这些北方来的干部能像当年的苏区时期一样"实行打土豪分田地"，"要求政治翻身，要求共产党给他们饭吃"，有的要求报仇。但冀鲁豫南下干部刚到新区，按照上级要求，并出于接管、征粮大局的考虑，执行了一些"暂时稳定社会秩序的政策，未能给群众直接的经济利益，尤其是我们利用旧保甲长，因而引起对我们的不满和失望"。为此，南下党组织及时采取措施，以积极扶植农民的态度，组织群众、发动群众，提出了减租、合理负担、反恶霸等，救济了民众生活，减轻了农民负担，广大群众便逐渐"把我们当成一家人"②。

（四）收缴枪支，剿灭土匪

　　南下干部在各县开始工作后，要求一切散兵游勇均应向新政府报到，交出所有武器。当时执行的政策是，除怙恶不悛的战犯及罪大恶极的反革命分子外，国民党各级党政机关人员，凡不持枪抵抗，不搞阴谋破坏者，一律不俘虏，不逮捕，不侮辱。③ 同时广泛发动群众，用群众的力量监督、帮助收缴武器弹药，干部也深入乡村基层，利用部分知情群众和乡村士绅等上层人物，进行收缴枪支工作。通过政策宣传，瓦解了敌人，争取了群众和广大爱国人士，枪支收缴工作进行

---

　　①　张玉环：《在接管贵溪的日子里》，中国人民政治协商会议贵溪县委员会文史资料研究委员会编印：《贵溪县文史资料》第3辑，1987年，第6页。

　　②　徐运北：《对赣东北四个月工作的几点意见》，中共贵州省委党史研究室冀鲁豫组编印：《从冀鲁豫到贵州：南下支队和西进支队专辑》，1991年，第171页。

　　③　李道燮：《解放初期的中共贵溪地委》，中国人民政治协商会议鹰潭市委员会文史资料研究委员会编印：《鹰潭文史资料》第2辑，1989年，第5页。

的较为顺利。

进入 1949 年 6 月以来，贵溪地区起初潜伏、等待时机的土匪活动逐渐猖獗，尤其资溪、贵溪、金溪一带，国民党旧保警队和土匪、溃兵勾结，接连发生了数起袭击南下干部，公然破坏新政权的事件。6 月 21 日晚，土匪聚众袭击资溪县高阜区政府，杀害了区长王月廷、民运委员田万芝、武装委员李法兴、社会委员胥继尧、宣传干事李玉斌、通讯员王培森等六名干部（均为山东东阿县南下干部）和部分群众，制造了"高阜事件"①。"23 日，南下干部、县工商局会计杜吉庆从邓埠乘船回县城。途中接连遭到三股匪徒拦击，终因弹尽英勇牺牲。"② 6 月 26 日，原国民党乌石区区长袁星枢勾结土匪袭击乌石乡，烧死了南下干部、资溪县第一区（泸阳区）区长王庆良，打死了民运委员毕仰之、组织干事闵明月、通讯员冯云平（一共四位山东省东阿县南下干部和战勤人员被害牺牲），制造了"乌石事件"③。

解放初期赣东北地区情况复杂，敌中有我，我中有敌。土匪的活动又异常狡猾，如流窜于资溪、金溪、东乡等县的土匪向理安，在苏区时期曾经是"杀害我工农红军 16 名战士向敌人屈膝投降的可耻叛徒"，在金溪解放前夕，他带领县保警队 190 多人上山为匪，被伪"豫章山区绥靖司令部"委任为"第六总队"队长，成为祸乱赣东地区的匪首。他们"神出鬼没，白天潜入深山，夜晚下山，分别到联络据点，佩戴人民解放军的布徽，乔装打扮，欺骗群众，敲诈勒索；时而集零为整，以游击方式，四处抢劫，偷袭我区、乡政权机关"。据东乡、余江、金溪、资溪四县不完全统计，被其杀害的我党政干部和农民积极分子达 240 多人。这伙土匪多次化装成人民解放军，谎称

① 资溪县党史办：《难忘的 115 天》，中国人民政治协商会议江西省委员会学习、文史委员会编印：《江西文史资料》第 49 辑，1993 年，第 223—225 页。
② 吴浩鹏：《余江的解放和接管》，中共余江县委党史工作办公室编印：《余江春秋》，1991 年，第 71 页。
③ 资溪县党史办：《难忘的 115 天》，中国人民政治协商会议江西省委员会学习、文史委员会编印：《江西文史资料》第 49 辑，1993 年，第 225—226 页；游锦生主编：《资溪县志》，方志出版社 1997 年版，第 509 页。

"解放军借粮"，欺骗群众，"要群众支援部队"。① 有的旧乡保长表面上服从新政权，但是暗中通匪，甚至帮助其袭击新政权。

为迅速肃清残匪，保卫新生的人民政权，各县大力发展地方武装力量。如在余江县，在该县唯一一个营的正规军调到前线，县里"没队伍"的情况下，县委书记段缄三（原冀鲁豫六地委聊城县委书记）抓紧建立自己的武装。当地一些地主认为"过去国民党找兵、买兵，一个兵要多少钱，看你们共产党买兵买齐了吧"，等着看这些北方来的干部的笑话。然而南下干部"不是买兵，而是建立自己的军队。通过老党员，十几天就拉起来了一百多人，那时组织他们训练都是些穿着破便衣的贫下中农、地下党员。地主很奇怪，共产党不简单，过去买兵都买不到，现在他这么一嘀咕很多群众不要钱就来当兵了。以后慢慢的就建立了县大队"②。

7 月中旬，地委决定在全区范围内依靠群众，动员群众，全面清剿土匪。贵溪军分区司令员曾宪辉（原冀鲁豫六分区司令员、冀鲁豫南下支队第六大队大队长）率先带领独立营，进入匪情严重的"三溪"地区，主动出击并彻底消灭了藏匿在深山老林里的国民党残匪——资溪、金溪两县的保警队 300 余人枪，充分显示了人民武装的力量。③

各县对各种土匪采取了政治瓦解和军事消灭相结合的方针。一方面积极宣传"首恶必办，胁从不问，立功受奖"的政策，进行策反、瓦解，如余江县先后争取了罗宿、宋东虎、宋靖、许胡子、吴有厚等5 股土匪自首，对这些人生活上给予出路，表现突出的还适当安排工作。凡拒不投诚、顽固与人民为敌的匪霸和残匪武装，则坚决用军事力量消灭之。"县内最大的恶霸、土匪头子、'锦南王'吴家骏，虽然政府多次争取教育，仍不悔改，继续暗地指挥匪徒进行破坏，唆使自首匪首宋靖逃跑，阻止匪首许胡子投诚缴枪。县委书记段缄三亲自

---

① 王珍：《剿匪记——解放初在王桥区清剿向理安股匪的回忆》，政协东乡县文史资料委员会编印：《东乡县文史资料》第 4 辑，1990 年，第 83—86 页。

② 段缄三：《回忆接管余江》，中共余江县委党史工作办公室编印：《余江春秋》，1991 年，第 225—226 页。

③ 李道燮：《解放初期的中共贵溪地委》，中国人民政治协商会议鹰潭市委员会文史资料研究委员会编印：《鹰潭文史资料》第 2 辑，1989 年，第 7 页。

带领武装力量赴邓埠将他捉拿归案，并召开群众大会斗争。"在进行军事清剿中，还采取了武装清剿和发动群众自卫相结合的办法，"每到一村，就召开群众会，讲明新区政策、约法八章，使群众掌握党的政策，自动组织起来，用土枪、土炮，夜间打更放哨，保卫村庄"①。

在赣东北军区的统一指挥下，调动了3个主力团和各军分区直属部队、县大队、区中队和游击队，采取政治瓦解和军事打击相结合，发动群众和发展我地方武装相结合的政策，在全区展开清剿。据不完全统计，"到8月15日止，全区作战174次，毙伤敌327人，俘敌1264人，收编1555人，受降2050人，合计5176人。缴获各种炮29门、重机枪12挺、轻机枪347挺、步枪9980支、短枪708支、各种子弹320950发"②。"剿匪斗争，使我各级地方武装得到不断发展，在3个多月的时间里，由原来的1646人，发展到9973人。"③ 经过两三个月的斗争，到8月底，股匪基本肃清。

正当冀鲁豫南下干部在赣东北的各项工作全面展开之时，1949年7月，党中央、中央军委发出了向西南进军的指示。二野各兵团开始进行西进大西南的准备工作。8月中旬，赣东北区党委向冀鲁豫南下干部传达了党中央指示：原组建赣东北区党委的冀鲁豫南下干部支队全体成员，随二野五兵团西进，成立贵州省委，解放和接管贵州。这次西进任务，事关大西南的彻底解放。贵州的省情复杂，亟需大批有接管经验的优秀干部。因此上级"决定南下来的干部一个不留、地方干部一个不带，可以吸收一部分知识分子干部随军西进"④。由四野随军南下干部接替冀鲁豫南下干部在赣东北的工作。已在赣东北地区工作了近四个月，各项工作已步入正轨的鲁西北南下干部又要放下手头工作，西进贵州，"大家对这一决定是既感到突然又有留恋之情。

---

① 吴浩鹏：《余江的解放和接管》，中共余江县委党史工作办公室编印：《余江春秋》，1991年，第71页。

② 徐运北：《回忆解放赣东北》，中共贵州省委党史研究室冀鲁豫组编印：《从冀鲁豫到贵州——南下支队和西进支队专辑》，1991年，第290页。

③ 同上。

④ 郝昌德、付明余：《回忆王富海同志率冀鲁豫六地委干部南下和西进的事迹》，中共黄平县委党史办编印：《光照千秋资料专辑》，1985年，第90页。

认为从华北到江南，风风雨雨，艰苦行军三个月，刚安下又要走，实在有个思想弯子马上转不过来"，但共产党员有铁的纪律，"绝对服从，没有价钱可讲"①。于是，接管赣东北的冀鲁豫南下干部全部调出，他们交代了手头的工作，打好背包，告别了赣东北人民，跟随二野五兵团挺进贵州，开始了更加艰苦卓绝的挺进、接管西南新区的历程。

从 1949 年 5 月至 8 月底，虽然冀鲁豫南下干部仅在赣东北工作了约四个月时间（一百余天），却顺利完成了接管、建政、征粮、剿匪、恢复生产等各项事业，全面开创了赣东北地区的工作局面，为四野南下江西工作团的后续工作打下了良好基础，也为赣东北地区日后的土改与社会主义改造事业奠定了重要基础。当然，冀鲁豫南下干部在赣东北的工作也留下了一些宝贵经验。由于"时间短、任务急"，有些工作要求得过急过快。1949 年 9 月，冀鲁豫南下支队政委、赣东北区党委书记徐运北同志在总结赣东北四个月工作时说：我们要努力克服"有功思想""吃亏思想""宗派山头主义"，有决心改正不足，绝不能将问题"带到贵州去"。通过"加强阶级教育，加强组织生活，加深党性锻炼，拿起批评自我批评的武器，不断的提高干部觉悟……从积极方面提高干部，解决干部问题"②。

---

① 张武云、杜竹林等：《从聊城南下接管临川亲历记》，临川市政协文史资料委员会编印：《临川文史》第 1 辑，1996 年，第 101 页。

② 徐运北：《对赣东北四个月工作的几点意见》，中共贵州省委党史研究室冀鲁豫组编印：《从冀鲁豫到贵州：南下支队和西进支队专辑》，1991 年，第 192—193 页。

第七章　披荆西南：冀鲁豫南下干部
在黔东南的浴血奋斗

1949 年下半年起，党中央根据战局和国内外形势的发展，加快了解放全国的进程。8 月底，为了配合人民解放军解放西南，原在赣东北接管的冀鲁豫南下支队全体干部同志放下了手头的工作，编组为"西进支队"，再次踏上征程，跟随二野五兵团西进贵州，开展西南新区的接管与建设工作。其中，鲁西北（今聊城地区）南下干部主要负责接管黔东南地区。冀鲁豫干部西进贵州后遭遇了很多艰难险阻，但他们没有辜负党和人民的重托，艰苦奋斗，无私奉献，扎根西南，很多同志在剿匪等事业中献出了宝贵的生命。南下干部完成了党和人民交付的任务，改变了当地的面貌。

一　挺进大西南

（一）中央向西南进军的指令与贵州省新政权的设立

随着中国人民解放战争的发展，1949 年下半年，国民党在长江中下游的统治已土崩瓦解，残余势力败退西南。8 月 29 日，蒋介石在重庆主持了其在大陆的最后一次重要军事会议，国民党川、黔、康等省主席到会，部署了以四川为中心，死守西南各省的战略方针。①此时，国民党在西南各省的军队仍有百万以上，其中以新桂系白崇禧部和中央军胡宗南部、宋希濂部仍具有一定战斗力。10 月，因人民解放军逼近广州，国民党政府又将首都从广州迁往重庆。

① 朱宗震、陶文钊：《中华民国史》第 3 编第 6 卷，中华书局 2000 年版，第 690 页。

为彻底打破国民党妄图凭借西南各省顽抗到底的计划，迅速解放全国，中共中央于1949年7月17日决定设立西南局，以邓小平为第一书记，准备向西南进军。7月18日，二野前委发布《关于进军西南的指示》，指出，"中央军委已命令我第二野战军继续进军的目标为西南"，号召"全党全军正确认识解放西南的重要意义，而积极向着西南进军"。并特别强调，"进军西南是一光荣任务，同时也是一艰巨任务；大军在蒋灾、兵灾、水灾之时，横贯赣、湘两省，组织全军胜利的进入目的地，这是极繁重的任务。这里包括走路、吃饭、穿衣、宿营、运输，保持部队健康，巩固部队情绪，争取沿途居民，团结兄弟野战军及山地河川作战、习惯西南生活等工作。因此，各部队除了在全党全军普遍进行艰苦奋斗、克服困难的教育以外，必须以极负责认真的态度，重新检讨过去进军江南的经验，实行科学分工和各级干部应随时了解部队情形，严格督促检查工作，上级军政干部深入下层进行教育"①。1949年8月19日，二野正式下达了《向川黔进军作战的基本命令》，要求部队"以大迂回之动作"，在11月20日前攻占贵阳、黔西、遵义、彭水、黔江等地，而后留置一个军（十七军）于贵阳地区"捕剿散匪，维护交通"，兵团主力经毕节入川，进击宜宾至纳谿地区，"以使宋希濂、孙震及重庆等地之敌，完全孤立于川东地区"，彻底粉碎国民党建都重庆、割据西南的"美梦"。②

9月初，赣东北区党委书记、冀鲁豫南下干部支队负责人徐运北正式传达了党中央指示："原组建赣东北区党委的冀鲁豫南下干部支队，随二野五兵团西进，成立贵州省委，解放和接管贵州。"③由杨勇任贵州省人民政府主席，苏振华任中共贵州省委书记，原冀鲁豫区党委副书记、赣东北区党委书记徐运北任贵州省委副书记。鲁西北南

---

① 《第二野战军前委关于进军西南的指示》（1949年7月18日），《中国人民解放军历史资料丛书》编委会编：《解放战争战略追击 西南地区》，解放军出版社2006年版，第121—122页。

② 《刘伯承、邓小平等关于向川黔进军的基本命令向军委的报告》（1949年8月19日），中央档案馆编：《中共中央文件选集》第18册（1949年1月至9月），中共中央党校出版社1992年版，第426页。

③ 中共贵州省委党史办公室冀鲁豫小组编印：《冀鲁豫党史资料选编》第12集，1989年，第73页。

下干部全体调出，离开赣东北，准备随军西进，奔赴贵州。

（二）办理交接与上饶动员

早在 1949 年 8 月中旬，赣东北区党委便已向各地、县南下干部下达了办好移交手续，到区党委所在地上饶报到的通知。[①] 接管贵溪地区的原冀鲁豫六地委南下干部全体放下手头工作，办理交接事宜，并于 8 月底赴赣东北区党委驻地上饶集中。为做好冀鲁豫干部南下后赣东北工作的交接，1949 年 8 月，江西省委决定：赣东北区党委撤销后，原贵溪地委所辖的进贤县划入南昌地委，资溪、金溪 2 县划归抚州地委。其余赣东北 16 县划分为上饶、乐平 2 个地委。江西省委于 8 月 13 日组织了以江西省人民政府副主席方志纯为首的代表团，来上饶与赣东北区党委、行署、军区办理交接手续。[②] 8 月 18 日，赣东北区党委发出《关于交接工作的通知》，指出："区党委对全体干部的去留，已有明确决定。兹为了贯彻这一决议，特再提出以下问题"："凡我各级同志，在当前调干工作中应本为工作为群众负责精神，互相照顾，互相鼓励，被调者要作详细交待，留此者应多方帮助，不得互相牵扯，互相攀援。这样才能顺利的完成任务，更好的照顾工作。为进一步使工作少受损失，除各方准备移交外，均应照常工作，不得发生等待停顿等现象。希接此通知后，马上讨论执行。如有发生互相牵扯等不良现象，即切实纠正为盼。"[③]

8 月 25 日，冀鲁豫干部与新到赣东北同志进行了交接，"召开新来的干部会议，由赣东北区党委书记徐运北、行政公署主任黄先，介绍赣东北的工作情况。江西省人民政府副主席方志纯代表中共江西省委作了详细指示。26 日，分派到各县工作的干部即开始到各县交

---

① 林金玉：《难忘的西进动员》，中共贵州省委党史研究室冀鲁豫小组编印：《冀鲁豫党史资料选编》第 20 集，1996 年，第 157 页。

② 姜济元、郭殿英：《光荣的任务 艰辛的历程——赣东北区党委始末》，中共贵州省委党史办公室冀鲁豫小组编印：《冀鲁豫党史资料选编》第 12 集，1989 年，第 13—14 页。

③ 《赣东北区党委关于交接工作的通知》（1949 年 8 月 18 日），中共贵州省委党史研究室冀鲁豫组编印：《从冀鲁豫到贵州——南下支队和西进支队专辑》，1991 年，第 199 页。

接"①。9 月 10 日，交接工作结束，赣东北区党委、赣东北行政公署宣布撤销。② 接替冀鲁豫干部接管赣东北工作的主要是四野南下工作团的同志。冀鲁豫六地委干部在顺利完成交接后，赶赴上饶集中，准备踏上新的征程。

在刚刚听到去接管贵州的消息后，对于当时在赣东北才工作三个多月的鲁西北干部的思想造成了一定冲击。冀鲁豫六地委不少南下干部一时在思想上难以接受。很多同志对贵州完全没有了解。有的说："开始听说的到四川，怎么又改到贵州呢？"四川乃"天府之国"，再远干部大都还愿去。谈到贵州，到底是个什么样子？大家都没有多少认识，于是便看地图，查资料，找到过贵州的人了解情况，一时贵州成了谈论的热门话题。可一谈大都会紧皱眉头，听到的都是一些不好的传闻，什么"少数民族多，说话不懂"，"昔日有山国之称，古名鬼地也"，什么"素以'天无三日晴，地无三里平，人无三分银'之称的穷地方"，"山高路小，老蛇多，走路要拿棒棒打"，什么"贵州的蚊子比马蜂还要大"，"贵州有麻风病，不能吃鸡蛋"等，使干部们顾虑重重。不少南下同志觉得："赣东北的工作条件虽艰苦，但毕竟把'家'安下来了，工作摊子摆开了。尤其是干部背井离乡，水土不适，身体较虚弱，打起背包还要到离家乡更远条件更艰苦的地方去。许多干部产生了畏难情绪，思想波动大，少数干部甚至开了小差。"接管东乡县的冀鲁豫六地委南下干部中就有一名区长、一名组织干事跑回了家乡，还有一名区长在跑回乡的途中，到武汉时思想进行了激烈的斗争，两天后才回到队里。③

针对干部思想情绪的变化，赣东北区党委做了广泛、深刻而耐心的思想政治工作。9 月初，赣东北区党委所辖原冀鲁豫南下干部，相继到达上饶集中，一面学习，一面做西进准备。为扫除向西南进军的思想障碍，9 月 10 日，区党委在上饶广场召开全体西进同志的"西

---

① 姜济元、郭殿英：《光荣的任务 艰辛的历程——赣东北区党委始末》，中共贵州省委党史办公室冀鲁豫小组编印：《冀鲁豫党史资料选编》第 12 集，1989 年，第 14 页。

② 同上。

③ 林金玉：《难忘的西进动员》，中共贵州省委党史研究室冀鲁豫组编印：《冀鲁豫党史资料选编》第 20 集，1996 年，第 157—158 页。

进动员大会"。区党委宣传部长申云浦同志在会上作动员报告，开诚布公地说道：

> 同志们，告诉你们一个不好的消息，我们要到贵州。贵州是什么样的呢？是"天无三日晴，地无三里平，人无三分银"的穷地方，不但你们不想去，我也不想去。你们思想不通我是理解的，我到南京向首长汇报我们干部思想情况，到贵州大家思想不通。刘、邓首长讲：你们是不是共产党，共产党要为世界大同而奋斗，贵州是不是中国的地方，贵州的贫下中农该不该解放，你们该不该到贵州去？他们讲到这里我就没敢再说了。我向首长提出了一个请求，要求三年后，帮助贵州贫下中农翻身、土改后带我们冀鲁豫全体干部回到老家。刘、邓首长答应了……我决心把你们带到贵州去，三年后又将你们带回冀鲁豫。①

申云浦在动员报告中传达了中央精神和邓小平同志的意见，分析了当时形势和面临的任务，解放大西南的问题，其中具体讲了贵州的概况，当时干部的思想情况和西进途中可能遇到的困难，还谈了团结大多数的问题。② 他的讲话对提振南下干部的士气起到了重要作用。虽然此后冀鲁豫南下干部在贵州战斗、工作，扎根大西南，多数人并没有回到华北家乡，但在当时还是坚定了南下干部们"将革命进行到底"的决心和信心。会后，以中队为单位，召开了积极分子会议，进行了分级分班的小组讨论和个别交谈，使干部们扭转了思想弯子。如四大队五中队（聊阳、河西县南下接管东乡县的干部组成）某班班长王洪范同志，西进动员大会前思想有些不通，"并且还说：'我晓得，申政委会讲，花言巧语，说得再好也不听他的，他有些骗人。'在听了申云浦同志的动员报告和进行分班讨论后，思想问题得到了解决。他积极组织了班里干部的学习讨论，并率先发言表明到贵州的决

① 林金玉：《难忘的西进动员》，中共贵州省委党史研究室冀鲁豫组编印：《冀鲁豫党史资料选编》第20集，1996年，第158—159页。
② 同上书，第159页。

心。讨论中，认真细致地做了全班干部的思想工作，使他们班每个干部都表态：坚决服从中央的命令，到贵州去"[①]。"范来义同志平时是喜言谈的人，听到要去贵州，他变得沉默寡言了。组织上分析他的情况，家中父母年老，妻子刚生产，经常想家，认为他思想可能在开小差，就派当时思想坚定，与范来义同志关系甚好的房居广同志做他的思想工作。在谈话时，房居广说：'来义哥，这次到贵州你的想法怎么样？'范来义同志意识到可能是组织上派他来做自己的思想工作，便说：'房居广，你有没有良心，你的母亲70多岁了，你弟兄七八个，数你有点文化，你母亲靠你，你不想你母亲吗？'房居广当场流泪了，范来义却安慰说我已经认真听了申政委的报告，并参加了学习讨论，来赣东北时说三年半回到老家，现在到贵州，虽远一点，还是三年半回到家乡嘛。"在党的组织生活会上，房居广同志说"我作了范来义同志的思想工作"，范来义同志却说"我作了房居广同志的思想工作"，"到底谁作了谁的工作，看来是两人相互作了思想工作"[②]。因此，正如聊阳县南下干部林金玉回忆道：从鲁西北南下的干部"文化素质虽说不高，但有丰富的实践经验，既会打仗又会做群众工作，在长期的战争生活中养成了许多良好的作风，性格直爽，有啥说啥，有了思想问题，就和盘托出，一旦思想问题解决了，就是上刀山，下火海都无所畏惧"[③]。

冀鲁豫六地委南下干部队伍认真分析了接管贵州的有利条件和存在的困难、应注意的事项：贵州是红军长征路过的地方，群众对共产党印象好，贫下中农是拥护共产党的；虽然少数民族多，但少数民族很讲义气，同时他们也是受压迫的对象，对要求解放更为迫切；党的地下组织虽较薄弱，但也能做一些工作。这些都有利于我们的接管。我们面临的困难是：贵州穷，解决吃饭是大问题，反动力量比较强大，封建势力比较集中，无土地、少土地的农民占70%左右，与山

---

① 林金玉：《难忘的西进动员》，中共贵州省委党史研究室冀鲁豫组编印：《冀鲁豫党史资料选编》第20集，1996年，第159页。

② 同上书，第159—160页。

③ 同上书，第160页。

东不同，山东中农多；国民党反动势力集中在西南地区，土匪猖獗，并且贵州山高路小，自然条件恶劣，雨天多，难下乡。通过讨论分析使干部思想有了充分准备。大家认为到新区要吸取在江西的教训，扬长避短，在征粮中不能搞强迫命令，要做细致的群众工作；改变麻痹思想，注重枪支收缴和统战工作。[①]

这次整训虽然只有短短半个月时间，但是广大干部经过反复学习、讨论，领会了精神，武装了头脑，坚定了西进贵州的信心。干部们打起背包，准备踏上西进征程。

1949年9月中旬，由原冀鲁豫解放区随军南下接管赣东北的3000余名干部，和新吸收的2600多名青年知识分子干部，正式组建中国人民解放军第二野战军第五兵团西进支队，[②] 总计5771名干部，此外还有战勤人员3560人，合计9331人。支队司令员傅家选（河南光山人，原冀鲁豫军区参谋长，南下后任赣东北军区副司令员），政治委员徐运北（山东聊城人，原冀鲁豫区党委副书记，南下后任赣东北区党委书记），副政委兼政治部主任申云浦（山东聊城阳谷县人，原冀鲁豫区党委宣传部长，南下后任赣东北区党委宣传部长），支队下辖5个大队、54个中队。[③]

根据赣东北区党委指示，自聊城地区南下接管赣东北贵溪专区的原冀鲁豫六地委干部，改编为中国人民解放军第五兵团西进支队第四大队，县改为中队。冀鲁豫六地委干部队伍，由于新加入了赣东北本地知识青年和大量新提拔干部，比从鲁西北向江南进军时大大扩充了。他们属西进支队第四大队，总数1883人，其中干部1213人，其他为战士、勤杂人员、文工队等。"在这1213名干部中有地师级12名，县团级53名，区营级260名，连排级492名，学员395名（在

————————————

① 林金玉：《难忘的西进动员》，中共贵州省委党史研究室冀鲁豫组编印：《冀鲁豫党史资料选编》第20集，1996年，第160页。

② 姜济元、郭殿英：《光荣的任务 艰辛的历程——赣东北区党委始末》，《冀鲁豫党史资料选编》第12集，第14页。

③ 中共贵州省委党史研究室冀鲁豫组编印：《从冀鲁豫到贵州：南下支队和西进支队专辑》，1991年，第18—19页。

江西招收的青年知识分子）。"① 大队的领导是：大队长曾宪辉，大队政委和副政委分别由谢鑫鹤、吴肃同志担任。② 四大队下设 10 个中队，各中队领导如表 7-1 所列：

表 7-1　　　　　　　　西进支队四大队各中队领导

一中队	队长刘影	政委张玉环
二中队	队长孙紫芳	政委崔方亭
三中队	队长张佃一	政委段缄三
四中队	队长房建平	政委傅秀峰
五中队	队长于振东	政委姚传德
六中队	队长彭怀德	政委刘学民
七中队	队长李英	政委张金屏
八中队	队长谢吉魁	政委张武云
九中队	队长付明余	政委吴志远

资料来源：刘月卿：《鲁西北南下干部的战斗历程》，中共聊城地委党史资料征集研究委员会编印：《一切为了前线（上）聊城地区党史资料第 15 辑》，1988 年版，第 139 页。

　　一中队由原接管贵溪县干部组成，二中队由原接管弋阳县干部组成，三中队为余江县接管干部，四中队为原金溪、资溪两县接管干部，五中队为原接管东乡县干部，六中队为原接管进贤县干部，七中队为地委干校干部，八中队人员都是革命干校的学员；③ 九中队为政治部（地直）干部组成；十中队为军分区机关。④

---

　　① 吴肃、曾宪辉、姚修文、张玉环等：《风风雨雨千里行：记冀鲁豫六地委干部南下西进的历程》，中共贵州省委党史研究室冀鲁豫组编印：《从冀鲁豫到贵州：南下支队和西进支队专辑》，1991 年，第 382 页。
　　② 刘月卿：《鲁西北南下干部的战斗历程》，中共聊城地委党史资料征集研究委员会编印：《一切为了前线（上）》，1988 年，第 139 页。
　　③ 吴肃、曾宪辉、姚修文、张玉环等：《风风雨雨千里行：记冀鲁豫六地委干部南下西进的历程》，中共贵州省委党史研究室冀鲁豫组编印：《从冀鲁豫到贵州：南下支队和西进支队专辑》，1991 年，第 382 页。
　　④ 刘月卿：《鲁西北南下干部的战斗历程》，中共聊城地委党史资料征集研究委员会编印：《一切为了前线（上）》，1988 年，第 139 页。

冀鲁豫西进支队从 9 月 24 日起，分批从上饶出发。9 月 24 日，四大队离开上饶后，分前后梯队行军，其路线是：前梯队乘火车到达南昌后转乘汽车，经上高、慈化、长沙至湘潭。后梯队乘火车到南昌后，北转九江，从九江乘船经蕲州、武昌、岳阳、长沙到达湘潭。① 西进支队大队途经南昌时，中共江西省委、江西省人民政府、江西省军区联合举行了欢送晚会，省委书记陈正人同志，军区司令员陈奇涵同志给西进支队以鼓励和支持。晚会上演了京剧，省委组织部长刘俊秀同志风趣地宣布："今天演的是孔雀东南飞，欢送干部西南去。"②

9 月底，西进支队到达湖南省会长沙，在长沙庆祝了中华人民共和国的成立，接受了湖南省委的热情接待，省委书记王首道同志介绍了南下干部接管长沙的经验。③ 在长沙停留数日后，西进支队继续西进、南下。

（三）湘潭停驻与"湘潭留守处"

10 月 9 日左右，西进支队抵达湖南湘潭，与二野五兵团会合。④ 贵州地域辽阔，冀鲁豫区南下干部在江西省时仅仅接管赣东北地区，到贵州后则要承担整整一个省的接管工作。仅依靠从赣东北西进的干部接管贵州全省，还远远不够，贵州省委领导苏振华、杨勇决定从军队抽调干部和地方干部共同接管贵州。同时向中央要求，贵州籍的干部调回贵州，得到中央的大力支持，陈曾固、徐健生、秦天真等先后来贵州。中央和二野前委为了加强接管贵州的力量，抽调了大批军队干部充实到西进支队，其中有十六军、十七军转业来的，军大分校分来的，也有从东北和华北调来的。西进支队四大队（原冀鲁豫六地委

---

① 吴肃、曾宪辉、姚修文、张玉环等：《风风雨雨千里行：记冀鲁豫六地委干部南下西进的历程》，中共贵州省委党史研究室冀鲁豫组编印：《从冀鲁豫到贵州：南下支队和西进支队专辑》，1991 年，第 382—383 页。
② 徐运北：《回忆解放赣东北》，中共贵州省委党史研究室冀鲁豫组编印：《从冀鲁豫到贵州——南下支队和西进支队专辑》，1991 年，第 292 页。
③ 徐运北：《回顾中共贵州省委成立与贵州解放初期的工作》，中共贵州省委党史研究室冀鲁豫组编印：《冀鲁豫党史资料选编》第 19 集，1994 年，第 4—5 页。
④ 同上书，第 5 页。

干部组成）增加了近 200 人，总人数达 2100 多人了。[①]

二野五兵团西进支队到达湖南湘潭后，在此成立了留守处，将随军的绝大多数女干部、生病同志和其他不适宜或无法坚持去贵州的干部，及干部南下后部分从北方接来的干部家属，约 1000 余人，以及大量不便携带的物资留在了湘潭，由留守处统一负责。此后在行军途中因身体或各种原因掉队同志，也由湘潭留守处暂时收留。待到贵州接管顺利完成，情况安定后，留守处的千余名同志再向贵州进军，与西进支队会合。留守处处长张克球，政委刘钊。各地委西进时原是一个大队，留在湘潭的都改成一个中队，各县由中队改为一个分队。"湖南湘潭是毛主席的故乡，是革命发源地，又是革命老根据地。由于革命斗争形势的变化，这里重新解放不久。中共湘潭地方委员会、行署已经建立，社会秩序较好，群众觉悟较高，前后联系交通也比较方便，在湘潭留守是很理想的地方。"[②] 根据亲历者的回忆，西进支队湘潭留守处的工作主要有以下几项：

1. 做好前后联系和收留工作

在前进途中和到贵州以后有什么情况和需要留守处做的，都及时通知留守处，如个别掉队同志由留守处收留。到达贵州以后的情况和省委、省政府发的指示及命令等都及时转发给留守处，留守处有什么情况和问题也及时地向贵州省委作汇报和请示。北方（尤其冀鲁豫）来的干部、干部家属和其他人员，留守处都及时地接收，还要做好和当地的联系工作等。[③]

2. 做好保卫及物资保管工作

湘潭的社会秩序虽较稳定，但毕竟解放不久，情况仍较复杂。留守人员多为北方人，在当地语言不通，住的又较分散，除少数留下工作的以外，有的生病住院，"有的要住院生孩子（100 多），还有带孩

---

① 吴肃、曾宪辉、姚修文、张玉环等：《风风雨雨千里行：记冀鲁豫六地委干部南下西进的历程》，中共贵州省委党史研究室冀鲁豫组编印：《从冀鲁豫到贵州：南下支队和西进支队专辑》，1991 年，第 383 页。

② 孙永锡：《忆冀鲁豫南下西进支队湘潭留守处》，中共安顺地委党史研究室编印：《南下西进到黔中》，1995 年，第 36 页。

③ 同上书，第 36—37 页。

子的妇女以及暂不能随军前进的，别说战斗力，就是一般行动也不方便"。因此留守处要求大家晚上不外出，严格遵守纪律，搞好群众关系，进行学习，凡是能动的轮流值班，尽量做好自我保卫工作等。保管的各种留下的物资，大体有两类，即公家留下的和个人留下的。支队的由留守处保管，大队的由中队保管，各县的由分队保管。①

3. 进行思想学习，并帮助地方工作

湘潭留守处本身体弱的女同志小孩较多，工作经历各异，文化水平参差不齐，加之对前方挂念，对家乡思念等，思想情况颇为复杂。因此留守处组织了政治学习，学习的文件主要有《论人民民主专政》、毛泽东同志《新年献词》，后来又学习《共同纲领》，为了加强纪律性，还学习"三大纪律八项注意"，及前方来的通报和有关文件，由文化较高的同志宣读、讲解、讨论、测验和答分，学习好的表扬，适当鼓励，相应地结合学习文化知识。经过紧张的学习，留守同志思想和文化水平普遍有提高。团结友爱，互相帮助，蔚然成风。有经验的女同志帮助产妇、小孩，接送医院；党员都以身作则，带头积极主动地开展互帮互学等。此外，留守同志有的还专门走访群众，调查民情乡俗，做到入乡随俗，严格遵守群众纪律，帮助地方政府做好了解群众、发动群众、维持社会秩序等工作。② 直至1950年3月中旬，开始动员准备去贵州，大家情绪很高，4月抵达贵阳后，将人员、物资全面交接，分配全省各地。③

原冀鲁豫六地委干部编组的西进支队四大队在湘潭留守处留下了体弱者、妇女同志及其他无法西进人员200人左右。此时四大队主要领导谢鑫鹤、郭绍汤同志相继调支队部，由曾宪辉、吴肃、王富海同志率领四大队继续西进。④

① 孙永锡：《忆冀鲁豫南下西进支队湘潭留守处》，中共安顺地委党史研究室编印：《南下西进到黔中》，1995年，第37页。
② 同上书，第38—39页。
③ 同上书，第40—41页。
④ 吴肃、曾宪辉、姚修文、张玉环等：《风风雨雨千里行：记冀鲁豫六地委干部南下西进的历程》，中共贵州省委党史研究室冀鲁豫组编印：《从冀鲁豫到贵州：南下支队和西进支队专辑》，1991年，第383页。

（四）继续南下

西进支队四大队离开湘潭后，挺进黔东南，一千五百里行程中无车可坐，全靠步行。进入湘西后，人烟稀少，山峦起伏，土匪时常出没，敌情严重。西进支队每日行军在百里以上。11月初，他们翻过了山势陡峻、云雾缥缈、上下80里，海拔1900多米的湘西名山雪峰山[1]，在艰难行军的同时，也亲身感受到祖国山河的壮丽。11月4日，二野五兵团同贵州省委在湖南芷江召开会议，研究解放贵州的军事部署，具体布置进入贵州的接管工作：部队到地方的干部和地方干部，混合搭配，组成地县领导班子，并按军队解放的路线随军行动，解放一个县接管一个县，解放一个地区安置一个地区。[2] 进一步研究、讨论先接管中心县，后接管边沿县，由点向面发展的指导思想和原则。[3]

经过几次会议，冀鲁豫西进支队领导研究了进入贵州后的工作安排，认为国民党中央嫡系反动军阀长期统治贵州，对他们不能存有幻想。徐运北、申云浦等支队领导同志于11月6日向二野前委作了对贵州工作初步意见的报告，很快得到批复。"二野前委一方面肯定我们在策略上正确的意见，如团结多数，打击少数，不可树敌过多，但也明确指出我们的错误，即笼统的提出集中力量打击中央系。因为贵州多年来就在中央系统治之下，这样的口号可能形成打击面过大，显然是错误的。"二野前委还明确指出："你们应三番五次地告诉各级干部，在进入新区后一开始就要注意团结一切可能团结的人，中立一切可能中立的人，分化敌人营垒中一切可能分化的人。这个策略应包

---

① 吴肃、曾宪辉、姚修文、张玉环等：《风风雨雨千里行：记冀鲁豫六地委干部南下西进的历程》，中共贵州省委党史研究室冀鲁豫组编印：《从冀鲁豫到贵州：南下支队和西进支队专辑》，1991年，第384页。

② 徐运北：《回顾中共贵州省委成立与贵州解放初期的工作》，中共贵州省委党史研究室冀鲁豫组编印：《冀鲁豫党史资料选编》第19集，1994年，第6页。

③ 吴肃、曾宪辉、姚修文、张玉环等：《风风雨雨千里行：记冀鲁豫六地委干部南下西进的历程》，中共贵州省委党史研究室冀鲁豫组编印：《从冀鲁豫到贵州：南下支队和西进支队专辑》，1991年，第384页。

括中央系在内。"① 西进支队领导收到电报后感到思想开窍，很受启发，并决心按此执行，进入贵州后努力团结大多数。

在行军途中，鲁西北南下干部（西进支队四大队）抓住一切时间和机会尽可能了解新接管地区的情况。一是参考二野政治部发的、根据国民党档案在南京编印的《贵州情况》，二是利用行军、停驻时向沿途群众、商人了解有关镇远地区的风俗民情，使广大同志对贵州有了粗略的认识，消除了此前种种传闻中的神秘感。②

为了尽快解放贵州，对西南之敌实行大迂回战略，二野部队于11月3日进入贵州，兵分三路，一路直趋省会贵阳，11月15日解放了贵州省会贵阳市，随后，黔北重镇、历史名城遵义，以及铜仁、镇远、安顺、都匀等重要城市相继解放。随着二野向贵州之敌发起进攻，黔东南各县逐次解放，"四大队人员在芷江稍微停顿后，便立即经晃县于11月9日沿湘黔线进入贵州第一个县玉屏，10日到达镇远县的羊坪，11日经镇远县的青溪到达了镇远"③。"至此，实现了跨越鲁、豫、苏、皖、赣、鄂、湘、黔8省，行程8000里，从华北到江西，又从江西到贵州的两次大进军。"④ 镇远，从唐代开始就是州、府所在地，是黔东地区政治、经济、文化中心，1949年时是国民党贵州省第四行政督察专员公署驻地，也是鲁西北南下干部接管后的镇远地委、专署所在地。镇远地委（专署）下辖12个县，区域面积辽阔。自此，鲁西北干部开始了全面接管黔东南地区的工作。

从9月24日起自江西上饶出发，经过近五十天的行军，至11月11日，鲁西北南下干部（原冀鲁豫六地委南下干部，西进支队四大队）到达了南下后的第二个工作区——贵州镇远。从赣东北到黔东南

---

① 徐运北：《回顾中共贵州省委成立与贵州解放初期的工作》，中共贵州省委党史研究室冀鲁豫组编印：《冀鲁豫党史资料选编》第19集，1994年，第6页。

② 郝昌德：《回忆镇远地区的解放和接管》，中共黔东南州委党史资料征集办公室编：《回顾黔东南解放》第1辑，1986年，第42—43页。

③ 吴肃、曾宪辉、姚修文、张玉环等：《风风雨雨千里行：记冀鲁豫六地委干部南下西进的历程》，中共贵州省委党史研究室冀鲁豫组编印：《从冀鲁豫到贵州：南下支队和西进支队专辑》，1991年，第384页。

④ 山东东阿县1949年南下干部贾永荣同志为笔者寄送的其南下回忆资料（手写稿）："南下干部心向党"，第34页。

的三千里行程中，西进支队多数时候全靠"11 路"电车（即两条腿行军），加之西南地区雨天不断，道路泥泞，行军困难重重，但是在数段行军中，西进支队没有出现一个"逃跑""开小差"者。尤其在湘潭将妇女干部、体弱生病同志和一些物资暂留在"湘潭留守处"后，西进支队轻装上阵，一路急行军，日行百里以上，体现了坚强、乐观的革命斗志。

二　接管黔东南

（一）接管方案与工作重点

1949 年 10 月西进、南下途中，二野五兵团党委和贵州省委在邵阳召开联席会议，决定了到贵州后的战略部署。提出接管贵州后的主要任务是：（1）地方配合部队解放全贵州，摧毁反动统治，肃清残余反动力量，维持社会秩序，支援解放大西南。（2）决定了各地区负责人，其中决定四大队接管镇远地区，地委由副书记吴肃、专员王耀华、司令曾宪辉、组织部长王富海、政委袁子清五位同志组成。（3）会议要求地方干部随部队前进，每到一处迅速摆摊子，进行接管，宣传新区政策，使政策和群众见面。并特别指出，"征借粮草应成为一切工作之中心环节"，强调贵州将有数十万大军过境，"供应是第一等任务，进入一个县，即应根据情况，有魄力地完成征粮任务。各地要节约粮食开支、掌握税收，解决财政困难。此外，对政权建设，恢复生产，统战工作，民族工作等提出了具体的政策"①。同时，会议确定了接管的三种形式。②

按照 1949 年 10 月"邵阳会议"安排，南下干部进入贵州后的接管分三种顺序和形式："一是城市交通要道及其附近的县，干部要多而强，先控制起来；由于支前任务重，对旧乡政权可以利用，改为支前委员会。二是距交通线较远的县，可派二三十个干部以县人民政府

---

① 吴肃、曾宪辉、姚修文、张玉环等：《风风雨雨千里行：记冀鲁豫六地委干部南下西进的历程》，中共贵州省委党史研究室冀鲁豫组编印：《从冀鲁豫到贵州：南下支队和西进支队专辑》，1991 年，第 383—384 页。

② 同上书，第 383 页。

名义出现，实际以武工队形式活动。三是对偏僻的县份，待部队解放后，由部队组成支前委员会，筹措粮草，代为保管案卷，维持社会秩序，等待接收。"①

（二）接管困难

鲁西北干部接管镇远专区之初，面对国民党旧政府留下的破烂摊子，百废待兴，百业待举，诸多困难摆在面前。首先，由于国民党在黔东南地区长期造谣、威胁和利诱，当地老百姓对党缺乏真正了解，不敢接近留守部队和接管干部。鲁西北干部到达镇远后，当地老百姓"由于受国民党的反动宣传和欺骗，很多人不敢回家，商号也没有开业"，街上除了三五成群的国民党伤兵外，几乎没有行人。② "国家粮库无粮，地主和粮商囤积居奇，抬高粮价，人民群众吃粮非常困难，而过境人民解放大军又急需粮食补充，这更增添了接管干部的工作压力；严重缺盐，闹盐荒；人民币在市场上流不通，财政困难；地主恶霸和各种反动势力暗中割据一方，政令难以通行"③ 等。黔东南地区被国民党统治时间较长，尤其国民党中央系自1935年进入贵州后，自上而下建立了较为严密的党政组织（包括各级党部、三青团、复兴社）。而当地很多县份基本没有中共地下党组织，党在当地的影响力较小。因此，南下干部进入黔东南接管时，无法像此前在赣东北老苏区那样得到地下党支持，并利用苏区时期打下的较深厚的群众基础。

其次，由于敌特、土匪势力强大，部分县城解放不久即得而复失，一些接管人员还面临着生命危险。如11月4日，二野由湖南进入黔东，解放了贵州省第一个县城——天柱县后，由吴绍文等人成立了天柱县支前委员会（后改为自治委员会），维持地方秩序，筹备粮

---

① 吴肃、曾宪辉、姚修文、张玉环等：《风风雨雨千里行：记冀鲁豫六地委干部南下西进的历程》，中共贵州省委党史研究室冀鲁豫组编印：《从冀鲁豫到贵州：南下支队和西进支队专辑》，1991年，第383页。

② 张武云：《任盛濂弃暗投明经过》，黄克雷主编：《施秉解放史迹》，贵州省新闻出版局1989年版，第90页。

③ 中共黔东南州委党史研究室：《中国共产党黔东南州简史》，中共党史出版社2013年版，第60—61页。

食支援部队解放大西南。"当时，解放军正规部队急于解放省城贵阳，前往四川堵住胡宗南部队西逃，没有留下部队驻守天柱，县城仅由吴绍文领导的 100 多人枪镇守。"① 11 月 30 日，此前逃走的国民党天柱县末任县长陈樵荪纠集了 1000 多人的队伍，在匪首陈开明指挥下，直扑天柱县城，我自治委员会被迫撤离县城。土匪在城内胡作非为了 34 天时间，178 名大小头领"一起同吃鸡血，盟誓反共到底"。② 1950 年 1 月 2 日，匪首谭永锡、姜弼等人在邦洞摆下"假欢迎场面"的"鸿门宴"，阴谋杀害前来接管的我天柱县长、冀鲁豫六地委聊阳县南下干部张武云。张武云在被敌人堵在屋里的情况下，机智与敌周旋，跳窗脱险，土匪将张县长的四名随从人员绑到县城，残忍杀害，此即"邦洞事件"。张武云同志回忆，国民党反动势力和土匪们"阴谋策划假投降"，他们的反动策略是："一方面，以利用王天锡赴镇远谈判投降，欢迎我人民政府接管为幌子，收罗民心；另一方面，则策划当王天锡陪我去天柱的路上"，埋伏在邦洞，"企图一举杀害我们"。张武云县长逃脱后，匪首还公开悬赏一千大洋捉拿他。③ 直至 1950 年 1 月 3 日，镇远军分区司令员曾宪辉率一五三团再次攻下天柱县，随后奔袭高酿，活捉匪首罗永忠及匪众 600 余人。④

第三，南下干部还面临着接管人员严重不足的困难。黔东南地区面积辽阔，"从领导干部的基本情况来看，与接管赣东北时比较，却大大削弱了。在江西接管的只 7 个县（临川市和临川县很快就交给了四野），而来贵州后要接管 12 个县"⑤。不仅如此，12 月根据省委的指示，又将房建平、武大觉、张佃一三位领导及其带领的四大队三中

---

① 姚敦屏：《国民党天柱县末任县长陈樵荪的覆灭》，梁承祥主编：《黔东南人物（1912—1949）》，云南民族出版社 2011 年版，第 320—321 页。

② 同上书，第 321 页。

③ 张武云：《邦洞脱险记》，中共黔东南州委党史资料征集办公室编印：《回顾黔东南解放》第 1 辑，1986 年，第 450—454 页。

④ 姚敦屏：《国民党天柱县末任县长陈樵荪的覆灭》，梁承祥主编：《黔东南人物（1912—1949）》，云南民族出版社 2011 年版，第 322 页。

⑤ 刘月卿：《鲁西北南下干部的战斗历程》，中共聊城地委党史资料征集研究委员会编印：《一切为了前线（上）》，1988 年，第 141 页。

队、四中队很多人员调到贵州铜仁地区工作。① "当时接管县只有北方来的20多个干部,有的接管区只有一个区长或区委书记,或只有一个乡长,由此可见,工作是多么艰苦。"②

此外,南下干部到达黔东南地区后,人地不熟,语言不通。而且当地交通闭塞,经济凋敝,物价飞涨。地委、专署驻地——镇远县城,"只是一个人口不足一万人的小镇,没有工业,只有几十户小手工业和日用百货商店,就连发电厂也仅有一台用木柴作燃料的几十千瓦的发电机",人民生活十分贫困。③ 民间"种烟"现象普遍,日常贸易使用铜元、银元,民众拒收人民币。国民党残余势力和地方封建旧势力在乡村影响力仍然很大,各种反动势力潜伏其中,伺机而动,南下干部的任务繁重,尤其征粮与接管事业迫在眉睫。他们面临着异常艰巨的考验。

(三) 接管部署

1949年11月11日四大队干部到达镇远后,当天便成立了中共镇远地委和镇远专署、镇远军分区。地委书记由二野五兵团十七军五十师师长兼政委胡华居兼任,具体工作由地委副书记吴肃同志负责,吴肃、王耀华、曾宪辉、王富海、袁子清任委员,均为冀鲁豫南下同志。王耀华任镇远行政区专员公署专员。同日,镇远军分区成立,曾宪辉任军分区司令员,张绍武任副司令员。

镇远地委、专署下辖12个县,分别是镇远县、施秉县、炉山县(现为凯里市)、岑巩县、三穗县、天柱县、锦屏县、雷山县、台江县、剑河县、余庆县、黄平县。④ 由于黔东南地区地势崎岖,民情复

---

① 吴肃、曾宪辉、姚修文、张玉环等:《风风雨雨千里行:记冀鲁豫六地委干部南下西进的历程》,中共贵州省委党史研究室冀鲁豫组编印:《从冀鲁豫到贵州:南下支队和西进支队专辑》,1991年,第385页。

② 刘月卿:《鲁西北南下干部的战斗历程》,中共聊城地委党史资料征集研究委员会编印:《一切为了前线(上)》,1988年,第141页。

③ 郝昌德:《回忆镇远地区的解放和接管》,中共黔东南州委党史资料征集办公室编印:《回顾黔东南解放》第1辑,1986年,第43页。

④ 刘月卿:《鲁西北南下干部的战斗历程》,中共聊城地委党史资料征集研究委员会编印:《一切为了前线(上)》,1988年,第140页。

杂，党的基础较为薄弱，敌人力量较强，国民党中央系在此经营多年，统治基础较为稳固，而四大队南下干部人数较少，对黔东南情况了解不足，因此，虽然黔东南多数县份于 1949 年 11 月已次第解放①，但四大队南下干部的接管工作还是较为谨慎的。地委在部署接管工作时，按照"先接管交通沿线及附近的县，后接管离交通线较远的县，由点到面发展"的原则进行。② 先期分配了 7 个县的接管任务：第一中队接管黄平县，县委书记张玉环，县长刘影；第二中队接管炉山县，县委书记崔方亭，县长孙紫芳；第四中队接管剑河县，县委书记房建平，县长武大觉；第五中队接管余庆县，县委书记姚传德，县长于振东；第六中队接管镇远县，县委书记刘学民，县长王佐光；第七中队绝大部分是干校学员，没有单独分配接管一个县的任务。该队到达镇远后，原干校干部留镇远筹办镇远革命干校，少数学员分到地、专工作，大部分分配到县参加接管建政。③ 此外，天柱县初定由县委书记张金屏、县长张武云带领六、七中队部分干部接管，由县委书记傅秀峰、县长王子奎带领四中队部分干部接管台江县。

　　以上 7 个县，"有的属于中心县，有的属于交通要道的县，有的虽然不属于中心和交通要道县，但战略地位比较重要，所以地委决定先接管这 7 个县"④。至于其他 5 个县，"有的暂时由部队派人接管，有的尚未解放，其政权还在国民党手中"⑤。

---

　　① "第五兵团十六军于 11 月 3 日率先进入镇远地区的天柱县瓮洞乡，4 日天柱解放。接着，7 日解放三穗，8 日解放镇远、岑巩，9 日解放施秉，黄平于 10 日解放，炉山（今属凯里）于 11 日解放，余庆于 12 日解放，不久台江、剑河、锦屏、雷山也相继解放。"参见吴肃、曾宪辉、姚修文、张玉环：《风风雨雨千里行：记冀鲁豫六地委干部南下西进的历程》，中共贵州省党史研究室冀鲁豫组编印：《从冀鲁豫到贵州：南下支队和西进支队专辑》，1991 年，第 384 页。

　　② 中共黔东南州委党史研究室：《中国共产党黔东南州简史》，中共党史出版社 2013 年版，第 59 页。

　　③ 中共黔东南州委党史研究室：《尖锐的斗争 光辉的业绩——黔东南的解放和剿匪斗争》，中共黔东南州委党史研究室编印：《黔东南的解放和剿匪斗争》，1993 年，第 6 页。

　　④ 刘月卿：《鲁西北南下干部的战斗历程》，中共聊城地委党史资料征集研究委员会编印：《一切为了前线（上）》，1988 年，第 140 页。

　　⑤ 同上。

（四）各项工作初步开展

1.“约法八章”，接管旧政权

1949 年 11 月 15 日，王耀华发布了专员就职布告。经多方派人做工作争取，原国民党镇远专署专员兼保安司令任盛濂，于 12 月 15 日率部在施秉县望江村投诚，并将旧专署的印信、文书、枪支等资财移交给人民政府。国民党镇远地区最高行政官员任盛濂的“弃暗投明”给接管工作提供了一定便利。11 月 11 日，由西进支队四大队六中队接管镇远；14 日由一中队接管了黄平；15 日二中队接管了炉山；21 日四中队接管台江；30 日五中队接管余庆。① 以上五县是西进支队四大队南下干部较早接管的县份。

至于其他七县则接管变动较为复杂：三穗、岑巩两县，首先由西进支队六大队接管的。随后，原按省委要求准备从镇远地委（西进支队四大队）调往铜仁地委所属印江县接管的干部因暂时进不去印江，即参加接管三穗，由沈廷梅任县委书记，张佃一为县长（均为聊城县南下干部）。② 工作一个月后，沈廷梅、张佃一等南下接管干部离开镇远，调往贵州铜仁地区。12 月底，镇远地委派刘秀峰担任三穗县长，一四九团团长张景华兼任三穗县委书记；③ 岑巩县原由六大队接管，戴洪斌任县委书记、黄锐任县长。12 月底，戴洪斌带岑巩接管干部的半数——80 名干部调往铜仁地区，由镇远地委调刘影担任县委书记，带 44 名干部到岑巩接任工作；施秉县在部队接管后的第 5 天（11 月 15 日），地委派王占英同志带 16 人参加接管，曹国俊任县

---

① 吴肃、曾宪辉、姚修文、张玉环等：《风风雨雨千里行：记冀鲁豫六地委干部南下西进的历程》，中共贵州省委党史研究室冀鲁豫组编印：《从冀鲁豫到贵州：南下支队和西进支队专辑》，1991 年，第 385 页。
② 沈廷梅：《回忆接管三穗》，中共三穗县委党史资料征集办公室编印：《回顾三穗解放》，1989 年，第 16—17 页。
③ 刘秀峰：《回忆三穗县解放初期的接管工作》，中共三穗县委党史资料征集办公室编印：《回顾三穗解放》，1989 年，第 21 页。

委书记，丁连方任县长。① 锦屏县是 1950 年 1 月 14 日，由张武云、彭怀德带领五中队 3 个区（架子）的干部接管的，张武云任县委副书记兼县长。天柱县由于敌情复杂，起初未能顺利接管，1950 年 1 月 16 日，由张金屏、孔焕章带领六、七中队的部分干部接管该县，张金屏任县委书记兼县长；剑河县原定由四中队负责接管，但由于敌情严峻，接管干部暂时留驻镇远。后将该队按原接管赣东北的资溪、金溪两县干部一分为二，分担接管台江、剑河任务。12 月 3 日，傅秀峰、王子奎率原资溪县接管干部 50 余人进驻台江，接管该县；② 剑河县仍未解放，原金溪县接管干部房建平、武大觉等同志调离镇远专区，调往贵州铜仁地区工作。1950 年 2 月 28 日，地委调二中队的孙紫芳带领部分干部接管了剑河县，孙紫芳任县委书记兼县长。至此，镇远地区 12 个县，除雷山县暂不具备接管条件没有建政外，都建立了人民政权。③

雷山县情况较为特殊。据雷山首任县委书记兼县长王春智回忆，1950 年 1 月 25 日，他被镇远地委组织部任命为雷山县委书记，地委将他和其他几位去雷山县工作的负责同志召在一起，向他们讲了四点：“一是明确了县领导人员的分工。由我任县工委书记兼县长，李新三同志任县府秘书，杜志轩同志任县公安局局长。并由我们三人组成中共雷山县工作委员会；二是简单地介绍了雷山县的基本情况；三是这个县远离地委，交通不便，要我们团结一致，独立作战；四是作好现有工作的交接，准备行动。”④ 然而“几天后，情况发生了变化”，原国民党贵州省第七区专员佘辉庭同意起义，但本来接受改编的国民党保安十团团长谢世钦率部逃回雷山县城，雷山县和平解放失

---

① 吴肃、曾宪辉、姚修文、张玉环等：《风风雨雨千里行：记冀鲁豫六地委干部南下西进的历程》，中共贵州省委党史研究室冀鲁豫组编印：《从冀鲁豫到贵州：南下支队和西进支队专辑》，1991 年，第 385 页。

② 中共黔东南州委党史研究室：《尖锐的斗争　光辉的业绩——黔东南的解放和剿匪斗争》，中共黔东南州委党史研究室编印：《黔东南的解放和剿匪斗争》，1993 年，第 6 页。

③ 吴肃、曾宪辉、姚修文、张玉环等：《风风雨雨千里行：记冀鲁豫六地委干部南下西进的历程》，中共贵州省委党史研究室冀鲁豫组编印：《从冀鲁豫到贵州：南下支队和西进支队专辑》，1991 年，第 385 页。

④ 王春智：《在雷山县工作的前前后后》，中共黔东南州委党史资料征集办公室编印：《回顾黔东南解放》第 2 辑，1987 年，第 469 页。

败,"在此情况下,我们暂时停止了集中,等待上级的指示。并把已抽调来的部分干部由我带着去岑巩县协助工作。大约在岑巩县工作了两个多月的时间"①。随后,接管雷山县的干部又被从岑巩县召回,暂在镇远县工作,待命接管雷山县。但"因土匪猖獗,环境恶化,接管干部未能进入雷山"②。直至八个月后的1950年9月26日,人民解放军剿匪部队收复雷山,王春智才率领南下接管干部进入雷山县城接管。

南下干部进入镇远地区各县后,首先"约法八章",安定民众,将党对新区的各项政策尤其对国民党旧政权旧职员的政策讲明。接着,对地县所属机构的接管,按照新解放区接管工作"按各系统,自上而下,原封不动,先接后分"的原则,重点放在企业、财政部门和军事部门。一些部门(如邮电、交通)暂时没有适当的干部接管,便派代表进驻。接管后,地、县党委机构设办公室、组织部、宣传部、社会工作部;政府设公安、民政、财政、粮食、税务、工商等部门。对于原国民党旧职人员,采取"教育团结、区别对待、量才录用、妥善安排""包下来,给工作,给出路,给饭吃"的政策,尽量利用旧职员做事,这些政策对顺利进行接管起到了很大作用。③ 在接管区乡工作时,由于西进干部缺额,重点是保证交通沿线区乡的接管工作。对边远乡镇,一般是采取"接管到区,控制到乡"的办法,只派出乡长和公安助理员进驻。④ 各县按照以上政策,迅速完成了接管工作,打开了当地工作的局面。如在岑巩县,解放军和西进支队入城时,国民党军队及政府人员早已溃逃,"店铺关门,行人稀少,城内冷冷清清,空空荡荡"⑤。西进支队六大队二中队119人,在县委

---

① 王春智:《在雷山县工作的前前后后》,中共黔东南州委党史资料征集办公室编印:《回顾黔东南解放》第2辑,1987年,第469页。

② 中共黔东南州委组织部、中共黔东南州委党史研究室编印:《中国共产党贵州省黔东南苗族侗族自治州组织史资料(1930—1987)》,1992年,第403页。

③ 中共黔东南州委党史研究室:《中国共产党黔东南州简史》,中共党史出版社2013年版,第60页。

④ 同上。

⑤ 余南荣、李大德:《岑巩解放与接管》,政协贵州省岑巩县委员会文史资料研究委员会编印:《岑巩文史资料》第1辑,1987年,第80页。

书记戴洪彬、县长黄锐率领下展开旧政权接管工作。紧接着积极开展以《约法八章》为中心的宣传活动，张贴标语、街头演讲、跳秧歌。随着政治宣传的开展和深入，群众奔走相告、议论纷纷，为解放军"纪律严明、革命热情"而感动。"街上的行人多了，店铺门开了，老老少少、男男女女涌上街头，或听，或看，或问，或议，对新生的人民政权由怀疑到信任，对革命道理由不懂到知其宗旨。人们欢呼了，山城沸腾了！"① 在黄平县，四大队一中队 186 名干部（鲁西北南下干部 118 人，解放军 10 人，江西干部 58 人）在县委书记张玉环、县长刘影（均为山东博平县南下干部）率领下于 11 月 14 日进入县城时，地主豪绅、国民党卫队及县府公职人员逃跑一空，只有零星的商贩居民在街两旁设摊摆点，瞪着疑惧的目光看着，敌特也在窥伺着。县委马上动手洗刷国民党各种反动标语，写上中华人民共和国成立后新的革命标语，同时广泛张贴西南局统一印刷的《约法八章》和盖有"黄平县人民政府"红印的安民告示。按照"保住重点、照顾一般"的指导思想，首先派出干部接管新州、重安、旧州三地，以保住湘黔公路的唯一通道。留县干部立即行动起来，分成若干小组找人接触，广交朋友，号召原国民党旧职员主动向人民政府靠拢，积极到政府报到。只要愿意做事，一律"给事做，给饭吃"。对原国民党区乡保甲人员，要求他们无条件听从人民政府领导，主动为新政权办事。在党的政策感召下，逃到乡间的绅士和旧职人员陆续回县工作，乡保甲人员也相继露面，并与南下干部接触。随后县委召开上层人士座谈会，县委书记张玉环交代了党的各项政策，声明：只要弃恶从善，接受人民政府的领导，积极为人民办事，可以既往不咎。② 由此打开了工作局面。

2. 借征粮草，供应军需

为解放西南各省，数十万解放军从镇远地区路过。而国民党旧政府留下的粮库多已空，借征粮草供给军需，便成为各级党委和人民政

---

① 余南荣、李大德：《岑巩解放与接管》，政协贵州省岑巩县委员会文史资料研究委员会编印：《岑巩文史资料》第 1 辑，1987 年，第 82 页。

② 中共黄平县委党史办编印：《黄平党史资料》（二），1987 年，第 4—7 页。

府各项工作中的"第一要务"。各级党委和人民政府一安顿下来，立即查封粮库，召开会议布置任务，成立有地方绅士、旧政府人员参加的支前委员会，紧张地开展粮草借征工作。[①] 1949年新政权借征粮草前，镇远地区多数民众在国民党统治时已经完成了数量较大的公粮缴纳，因此此次借征粮草工作面临不小的难度。然而，借征粮草是接管镇远地区的干部同志从大局出发，为保障全国革命的最后胜利而必须完成的首要任务。为统筹安排全地区的借征任务，明确借征办法和政策，专署于11月中旬专门召开了各县财政科长会议。会议确定公路沿线的县多借，距公路远的县少借，田土多的户多借，少的少借，很少的不借。所借粮、草待正式开征公粮、草后，抵交公粮、草。并明确过境部队借群众的粮、草，以部队开给的收据为据，一律作为政府所借粮、草。[②] 各县将专署分配的任务迅速做了研究布置，派出干部并利用旧职人员、中学师生、城乡知识分子投入借征工作。[③]

为了促进借征粮草任务的完成，12月中旬，先接管的7个县先后召开县、区、乡干部和旧保长、旧职员及地方开明人士会议，宣传征粮的意义和政策，动员征粮。同时，成立征粮委员会，下设若干粮组下乡征粮。[④] 在借征中认真执行政策，把借征重点放在"大户"上。如黄平县确定借征对象23761户，其中"大户"占52.5%。平溪"大户"邓彩臣占有大量田土，向他借征了稻谷20万斤。由于借征政策既做到合理负担，又对贫苦农民给予了照顾，任务完成较好。12月中旬，黄平县每天入库六七万斤粮食，超额完成了专署分配的任务。同时炉山县借征大米102万斤，也提前超额完成借征100万斤的任务。镇远地区借征任务的完成，不仅保证了过境部队和被俘、投诚国民党军队人员的需要，解决了大批包下来的旧职人员的工资和党政

① 中共黔东南州党史研究室：《尖锐的斗争 光辉的业绩——黔东南的解放和剿匪斗争》，中共黔东南州党史研究室编印：《黔东南的解放和剿匪斗争》，1993年，第10页。

② 同上。

③ 同上。

④ 黔东南州地方志编纂委员会编：《黔东南州志 粮食志》，方志出版社1995年版，第55页。

机关的开支，而且大批运粮到贵阳，缓解了省会缺粮的紧张状况。[①]"一些原在国民党的催逼下完成赋粮任务的农民"，高高兴兴地为新政权"再交一次'翻身粮'"[②]。

12月底，西南军政委员会发出正式开征公粮、草的指示。对已完全控制、交通便利的炉山、黄平、施秉、镇远、三穗、天柱、锦屏7个县，要求在春节前完成任务，其他未完全控制和交通不便地区，要求在1950年3月底前完成任务。交通便利的炉山、黄平等7县共分配稻谷征收任务2354.5万公斤，其中按3%折征一部分经济作物。岑巩分配稻谷任务501万公斤，其中按40%折征经济作物；台江、剑河、雷山等县按任务的80%折征经济作物。对因公致残或死亡的解放军和地方工作人员家属，每户免征2元赋额的公粮任务。对孤寡无劳力者，每户赋额不足2元者，免征1元。对因自然灾害减产的，按收成情况酌减。对检举"黑田"有功者，以追缴公粮的二分之一给予奖励。各县共征收公粮4552万公斤，完成任务的80.15%。按农业人口计算，人均负担28.6公斤。[③] 各县在征粮中进行了广泛动员，"层层下达任务，成立征粮委员会，组织征粮队伍下乡征粮"。但由于遭遇大规模土匪暴乱，"不少征粮同志献出了生命"[④]。

3. 开办干校，培养新干部

由于南下干部人数严重不足，而黔东南当地原有党的组织力量又很薄弱，因此，尽快在本地发现并加紧培养积极分子，便成为解决干部不足问题的重要举措。1949年底地委即办起了"镇远地委干部学校"，由专员王耀华亲自兼任校长，南下干部张金屏、段缄三先后担任副校长，培养了大批干部。通过报考，"第一期录取400名各族知

---

① 中共黔东南州党史研究室：《尖锐的斗争 光辉的业绩——黔东南的解放和剿匪斗争》，中共黔东南州党史研究室编印：《黔东南的解放和剿匪斗争》，1993年，第10—11页。

② 黔东南州地方志编纂委员会编：《黔东南州志 粮食志》，方志出版社1995年版，第55页。

③ 同上书，第56页。

④ 中共黔东南州委党史研究室：《尖锐的斗争 光辉的业绩——黔东南的解放和剿匪斗争》，中共黔东南州委党史研究室编印：《黔东南的解放和剿匪斗争》，1993年，第10—11页。

识青年。12月底干校开学，学员学习期间即参加了建政、土改、剿匪等工作锻炼"①。入学后，学员首先用10多天时间学习《中国人民解放军布告》、"三大纪律八项注意"和统战政策、征粮政策，然后下乡协助征粮，在实际工作中经受锻炼。征粮工作结束后，学员回校学习《社会发展史》《新民主主义论》《论人民民主专政》及《中国革命和中国共产党》等，以树立唯物辩证史观，了解共产党和中国革命的性质，树立为人民服务的思想。② 此外，各县通过举办短期训练班培养吸收干部。如黄平县特别注意培养少数民族干部，专门举办了"边胞训练班"。大批新干部参加革命工作，不仅初步缓解了政权建设中的干部紧缺状况，且为此后黔东南各项事业的发展打下了干部基础。③

4. 解决群众困难，稳定金融，禁绝烟毒

黔东南地区地瘠民贫，山多田少，民众生活普遍较为艰苦。当时最突出的问题是食盐昂贵、粮价上涨。"斗米斤盐"的高价，使得城乡基本群众普遍吃不上盐巴，贵州广大人民饱受淡食之苦。中华人民共和国成立前，要用六七十斤米或一百多斤苞谷才能换到一斤盐巴。人民解放军指战员和接管干部进入贵州时，每个人尽量多带盐巴，一是解决自身的吃盐问题，二是将多余的送给群众。各级政府成立后，即将解决群众的吃盐问题放在突出位置，想方设法从外地运进盐巴，为保不虞还派武装护运，部分解决了群众吃盐难的问题，盐价几次下降。"掌握盐价是件大事，省委明确由省财委直接掌握盐价，规定很严格，任何单位和个人都不得擅自调整盐价。"④ 为了平抑粮价，人民政府将借征的粮食拿出部分投入市场。为解决日用物品匮乏，人民政府成立贸易机构，积极购进各种物品，并组织工商户尽快恢复发展

① 李月成、李飞跃主编：《黔东南苗族侗族自治州概况》，民族出版社2008年版，第73页。
② 中共黔东南州委党史研究室：《尖锐的斗争 光辉的业绩——黔东南的解放和剿匪斗争》，中共黔东南州委党史研究室编印：《黔东南的解放和剿匪斗争》，1993年，第13页。
③ 同上。
④ 何仁仲、史铭林、张开生：《回忆贵州解放初期的经济工作》，贵州省政协文史资料研究委员会编：《贵州文史资料选辑》第14辑，贵州人民出版社1983年版，第113页。

生产，畅通城乡贸易。人民政府为群众排难解忧，赢得了群众的拥护，他们赞扬说："只有共产党关心人民，爱护人民。"①

黔东南长期受国民党反动统治，加之民众长期受到旧政权纸币贬值之苦，对人民币的使用顾虑很大，人民币在当地流通困难，影响了新政权金融体系的建立和财政收入，也难以稳定物价。南下干部通过各种方式促进人民币流通、稳定市场。如在天柱县，接管干部对"财政金融工作，一开始就抓市场稳定，维护人民币的威信。开始，我们建立贸易站经营盐巴，狠抓盐巴推销，解决贫苦农民吃盐困难。用人民币买盐巴，当时群众还是第一次，说明人民币很有用处，提高人民币在群众中的威信。后来又经营百货，发展成为民贸公司，然后建立商业局，下设公司。土改后建立供销社，积极开展贷款，工业、农业贷款较多"②。同时，针对当地使用银元、铜元等金属货币较多，有的以鸦片、盐巴等作为交易媒介，黑市银元猖獗，民众拒收人民币等情况，各县加强对银元贩子的管理和限制，打击投机商人和银元贩子操纵银元价格导致的物价上涨，广泛进行人民币的宣传工作，并通过公权力引导民众普遍使用人民币，逐渐取消民间银元、铜元等的使用和以物易物。通过种种措施，有力支援了黔东南地区的工农业恢复，稳定了市场秩序。在天柱县，"有段时间，群众最喜欢穿兰（同'蓝'——引者）衣服，因为银行干部穿的是兰衣服，这说明群众对党的金融政策是拥护的"③。1950 年 1 月中旬，"西南财委发出禁用银元的指示和公布西南区金银管理暂行办法后"，2 月下旬，在贵州许多地区"开始禁用银元。当时采取硬性禁用的方针，不准在市场流通"④。在黄平县，1949 年底，县委书记、南下干部张玉环为了增加税收，稳定市场，召开了工商界人士座谈会，解释党的"发展经济，

---

① 中共黔东南州委党史研究室：《尖锐的斗争 光辉的业绩——黔东南的解放和剿匪斗争》，中共黔东南州委党史研究室编印：《黔东南的解放和剿匪斗争》，1993 年，第 13—14 页。

② 孔建亭：《忆天柱县解放初期的财政工作》，中共天柱县委党史办编印：《回顾天柱解放》，1989 年，第 132—133 页。

③ 同上。

④ 何仁仲、史铭林、张开生：《回忆贵州解放初期的经济工作》，贵州省政协文史资料研究委员会编：《贵州文史资料选辑》第 14 辑，贵州人民出版社 1983 年版，第 113 页。

活跃市场，增加税收，支持人民政府"的政策，使得全县大小十六个交换贸易市场活跃起来。在我党保护工商业者政策的感召下，1218户工商业者积极做生意，使县政府的财政状况得到很大改善。①

新政权进入贵州以来，对横行黔省已久的民间种烟、贩烟现象给予了坚决打击。在黔东南，南下干部不仅要求民间不能种烟，对已种烟苗也要求即行铲除。1950年4月，贵州省政府在总结此前工作的经验教训中指出，"关于禁烟，在烟毒如此深重的贵州，省政府出布告禁烟，表示共产党与人民政府的态度是完全必要的，而且我们禁烟的直接目的主要是为了今年不种。"但是鉴于1950年大规模匪乱的爆发，当时"收烟时期已届"，当地种烟现象普遍，"强迫铲除烟苗"的政策遭到一部分种烟群众反对，人民政府适时调整了禁烟的政策和步骤，"目前不再提产②烟苗，而着重于禁运，使其无利可图，求得在征粮完成之后大力宣传今年得以全部禁种"③。

总体来说，鲁西北干部接管黔东南地区后，各项工作千头万绪，而"筹粮"和恢复稳定社会秩序是适应当时形势发展必须完成的核心任务。

三　艰难时期

1950年春起，贵州全省爆发大规模土匪、敌特和地方封建势力的反革命变乱，很多冀鲁豫南下干部在这场席卷全省的土匪暴乱中不幸牺牲。在鲁西北南下干部（西进支队四大队）接管的镇远地区12个县中，有的县城被土匪和反动分子占领，接管干部被迫撤离县城，暂时隐蔽乡村；有的县政府、区政府被土匪重重包围与攻打，南下干部被围困于县、区政府中。这场匪乱对四大队接管的镇远地区造成了重大影响与损失，多数地区正常行政工作无法开展，征粮等各项事业停顿，包括镇远地委组织部长王富海（山东临清人）在内的很多聊

---

① 中共黄平县委党史办编印：《黄平党史资料》（二），1987年，第7页。
② 原文如此。应为"铲"。
③ 《贵州省委关于剿匪及目前工作的指示》（1950年4月1日），中共黔东南委党史研究室编印：《黔东南的解放和剿匪斗争》，1993年，第303页。

城地区南下干部在镇远地区的匪乱中牺牲。经过广大南下干部浴血坚持，在人民解放军的有力反击下，贵州的匪乱被平息。鲁西北南下干部渡过了新中国成立初期的艰难时期，迎来了贵州改革与建设的新时期。

（一）黔东南匪患的发生及其表现

1950 年春，贵州土匪暴乱极为猖獗，达到顶峰。"当时，在贵阳市郊区白云区，省委工作团都遭到袭击；贵州省军区的一个排，到重庆运送物资，走出贵阳 20—30 里被土匪突袭，全排损失。最严重时，省委机关驻地都听到土匪骚扰的枪声。全省有武装的土匪达十数万人。"[①] 省会、省委已然如此，鲁西北南下干部所接管的黔东南地区，土匪敌特势力更是活动猖獗。不少地区包括县城都被土匪和复叛的旧乡镇长、保甲长公然占领，南下干部组成的县委县政府不得不隐藏在乡村，各项工作更遭到敌人全面反扑。当时煽动叛乱的，其中既有国民党残兵、特务、土匪、地主士绅，也有大量起义投诚的国民党军队，及被新政府留用的乡镇长、保甲长煽动一些不明真相的群众。该年 3、4 份，全省性的匪乱达到高潮。除各地反动封建势力纷纷自树旗帜，"占山为王外，原起义的一部分蒋军（约十五个团）和各地的乡保武装亦相继叛变为匪。当时全省较大的股匪计约 460 余股，武装土匪达十二三万人，机枪在千挺以上。他们到处抢劫、破坏、杀人、暴动、劫行商、打军车、围攻我区乡人民政府和县城，残害我人民政府工作人员及进步群众"[②]。"据不完全统计，在那土匪四起的一两个月时间内，仅我军政工作人员，为保护人民生命财产安全，坚持地区工作，组织领导群众向匪特封建势力作坚决斗争而英勇牺牲者即达两千余人。当时，全省被土匪控制了 31 个县，我们占领的 48 个县，也多只是县城和少数乡镇。""翻开当时全省的剿匪形势图，整个贵州就像一张被虫蛀得千疮百孔的桑叶，我们控制的几条主要公路

[①] 徐运北：《回顾中共贵州省委成立与贵州解放初期的工作》，中共贵州省委党史研究室冀鲁豫组编印：《冀鲁豫党史资料选编》第 19 集，1994 年，第 9 页。

[②] 潘焱：《回忆贵州剿匪斗争》，贵州省政协文史与学习委员会编：《贵州文史资料选粹 政治军事篇 下》，贵州人民出版社 2011 年版，第 803 页。

沿线好比几根残存的叶茎。在那一两个月中，全省大部地区，交通被阻，城乡隔绝，生产停滞，商业萧条，一时人心惶惶，秩序混乱，形势相当严重。"①

1950年春匪乱发生后，黔东南地区的雷山、剑河、锦屏、台江、榕江、黎平、从江等县城，相继被土匪占据。西进支队四大队接管干部主动或被迫撤出县城，在乡村坚持工作。此外，"还有天柱、锦屏、岑巩、黄平、施秉等地的土匪，占据了这些县的大部分农村地区"②。在三穗、施秉、黄平、炉山等县，土匪和各种反动组织声势浩大，公然大举围攻县城。"人民政府所控制的仅湘黔公路线上的三穗、镇远、施秉、黄平、炉山，黔桂公路上的麻江和天柱、岑巩、丹寨、施洞等城镇及其附近的农村。当时人民政权面临的形势十分险恶。"③

在1950年的土匪暴乱中，很多原冀鲁豫六地委（聊城地区）南下干部不幸牺牲：

1950年1月6日，二三百名土匪包围了镇远县羊场区政府，"妄图颠覆刚建立50天的人民政权，实现国民党溃败前所策划的'应变计划'"。土匪精心策划，匪首熊玉清以借"盐巴"为名，夜入区政府了解干部人数和火力情况，又派匪首杨学顺带一百人把守羊场到镇远的重要路口流沙关，以阻截镇远的增援部队。然后配备四挺机枪，兵分三路围攻羊场区政府。区长马成龙（山东齐禹县南下干部）不幸被机枪击中，当场遇难。区委书记周剑侠（齐禹县南下干部）、吕希新（江西贵溪人，1949年南下干部接管赣东北时参加革命）、姜尔元（齐禹县南下干部）等四人壮烈牺牲。④

1950年2月21日，余庆县惯匪钟志达（曾向人民政府投诚，被

---

① 潘焱：《回忆贵州剿匪斗争》，贵州省政协文史与学习委员会编：《贵州文史资料选粹 政治军事篇 下》，贵州人民出版社2011年版，第804页。

② 中共黔东南州委党史研究室：《中共黔东南州简史》，中共党史出版社2013年版，第63页。

③ 中共黔东南州委党史研究室：《尖锐的斗争 光辉的业绩——黔东南的解放和剿匪斗争》，中共黔东南州委党史研究室编印：《黔东南的解放和剿匪斗争》，1993年，第14页。

④ 周炳林：《血洒羊场——纪念马成龙、周剑侠、吕希新、姜尔元四烈士》，中国人民政治协商会议镇远县委员会文史资料研究委员会编印：《镇远文史资料》第3辑，1989年，第5—9页。

委任为太平区剿匪大队长）与陈英、田兴云（国民党余庆县保警中队长）等勾结叛变，包围太平区人民政府和区支前委员会，杀害支前委员冉锡光、郑雪峰。钟志达自称"黔东反共救国游击队"副司令，陈英为司令。一些被人民政府留用的反动分子"采取两面派的险恶手段，一面公开应付人民政府"，一面制造叛乱。2 月 28 日，石阡匪首"冲天炮"冯国清、施秉县匪首刘国臣等勾结起来，经过策划，在满溪乡第五保（白泥镇新寨村）杀害了征粮干部黄转龙、饶东海；3 月 12 日包围攻打小腮乡政府，乡长颜承贵（齐禹县南下干部）被害；14 日，土匪公然攻打县城，被我县大队及在余庆驻防的国民党起义部队八十九军三二八师九八二团击败。然而，国民党起义部队八十九军三二八师九八二团 7 个连千余官兵 1950 年 4 月 3 日深夜于县城叛变。当时，县委书记姚传德在镇远地委开会，县长于振东率部分干部突围到黄平县平溪区请求解放军支援。"因联络中断的县人民政府其他在家全体干部战士，在文庙严阵以待，组成战斗队突围。"在突围中，税务局长、南下干部朱生不幸中弹牺牲。最终，县城沦陷。撤退行军中，南下干部胡新民、张屏东、胡青山（茌平县）又被匪徒杀害。①

1950 年 3 月 13 日，龙俊生、杨之鹏、王止善等匪首拉拢已接受人民政府改编的锦屏县基干大队（被改编为镇远军分区锦屏独立营，留用龙俊生等原有指挥官）全体叛变。14 日拂晓，匪徒集中 1300 多兵力，10 挺轻机枪，分三路进攻县人民政府。当时县城只有县长张武云（山东聊阳县南下干部）和 13 名南下干部，及两个班解放军战士，张武云布置一个班据守县城原警察所碉堡，坚持抵抗，由于敌我力量悬殊，最终决定撤退，全部人员于 14 日晚撤至天柱县高酿。② 县城失陷。

在锦屏县被土匪占据的日子，很多鲁西北南下干部英勇牺牲。3 月 13 日，敦寨区区长刘书善（聊阳县南下干部）、李荣亭（东阿县

---

① 《中国共产党余庆县历史》编纂委员会：《中国共产党余庆县历史》第 1 卷（1931—1978），贵州人民出版社 2007 年版，第 28—29 页。

② 中共锦屏县委党史研究室：《锦屏的解放及剿匪斗争》，中共黔东南州委党史研究室编印：《黔东南的解放和剿匪斗争》，1993 年，第 223 页。

南下干部，三江区委副组织委员）被土匪抓住，关在县府监狱里（该县已完全被土匪占领，我暂时撤出）达7天之久。敌人召开"光复会"，"庆祝""捉住了共产党的大官"，对他们用尽酷刑、威逼利诱。当地青年知识分子杨世显，"积极报名参加了我们的征粮工作队，在土匪叛乱时也被捉到。当匪徒们问刘书善同志认不认识杨世显时，为了保护杨世显，刘书善同志一口否定，不认识他"。土匪于3月20日将刘书善、李荣亭用刺刀杀害；① "3月13日，军代表花定才、金邦武在大同被匪侯学松捆绑，交给龙俊生、张安明，后不知下落；县委办公室主任孙瑞民、民政科长康阜、财粮科助理员尚存养、炊事员王月亮四人，在亮司遭匪杀害"；② 此外，1950年3月13日，敦寨区区委书记周金庆（东阿县人）、经济助理员刘云之（茌平县人）在新化乡公所被土匪诱绑、关押，15日夜在黄家山麓被害。就义前，周金庆高诵"杀了夏明翰，还有后来人"的烈士诗句，正告匪徒："你们的末日就要到来！"③ "3月14日，干部王登岭、孙景寅（均为聊阳县干部）在乡下征粮时被土匪包围，他们与土匪进行了英勇战斗，直到把子弹打完英勇牺牲"④ ……

4月1日，黄平县匪首孙少国等突袭浪洞乡人民政府，抓住乡长王省三等同志。敌人对王采取软硬兼施，捆着他游街示众。当土匪的劝降遭到王痛斥后，动用了酷刑。"但王始终大义凛然，蔑视敌人，到深夜土匪将王省三同志惨杀于距离平溪不远的漩水湾。据当时目睹王就义时的人说，王高呼口号：'中国共产党万岁！毛主席万岁！朱总司令万岁！'"⑤

4月7日，天柱县匪首罗义忠、杨松涛勾结杨永清、杨锦标匪部

① 刘月卿：《难忘的岁月——忆革命烈士刘书善》，中共黔东南州委党史资料征集办公室编印：《回顾黔东南解放》第1辑，1986年，第384—389页。

② 中共锦屏县委党史研究室：《锦屏的解放及剿匪斗争》，中共黔东南州委党史研究室编印：《黔东南的解放和剿匪斗争》，1993年，第224页。

③ 新化乡人民政府编印：《新化乡志》，2010年，第335—336页。

④ 刘月卿：《鲁西北南下干部的战斗历程》，中共聊城地委党史资料征集研究委员会编印：《一切都为了前线（上）》，1988年，第142页。

⑤ 石有恒：《王省三同志遇害经过》，中共黄平县委党史办编印：《光照千秋资料专辑》，1985年，第104—105页。

共 4000 余人围攻天柱县城。驻军解放军一四九团二营四连和县党政机关干部坚决抵抗，守住县城。天柱县运粮队伍多次遭到伏击，县大队先后有 64 人叛变。土匪大肆制造谣言，并提出"打倒北方人和江西人，天柱才安宁"，公开重金悬赏谋杀县区领导干部，张贴布告："谁能把张金屏（天柱县委书记，山东河西县南下干部——引者）的头提来偿 3000 块大洋"，"杀一个区长偿 1000 块大洋"①。

4 月 24 日，匪首张光宗、杨胜武、杨士明等聚匪数百人围攻炉山县旁海区，焚烧旁海镇。次日，该区中队和干部在突围中，冀鲁豫六地委南下干部张廷训、熊步常、杨昌贤等 6 人牺牲。②

1950 年 4 月 14 日，镇远地委组织部长王富海（山东临清人，原冀鲁豫六地委组织部长、江西省贵溪地委组织部长）离开镇远县，由黄平县转道去旧州工作途中，在梨树拗附近陷入四五百土匪的包围圈，王富海同志及随行护卫的战士十六人壮烈牺牲。③ 从冀鲁豫到赣东北，再到组织西进支队四大队到达黔东南，数千里辗转工作中，王富海同志作为冀鲁豫六地委、江西贵溪地委、西进支队四大队及镇远地委主要领导者之一，为冀鲁豫南下事业，为新区的解放与建设事业作出了卓越贡献，最终长眠在黔东南这片新区热土。他也是黔东南匪乱时期牺牲的职务最高的南下干部。

据不完全统计，在土匪猖獗期间，黔东南地区仅被土匪袭击杀害和为保卫新生人民政权而英勇献身的共产党员、革命干部、解放军同志就有上百名。土匪还残杀当地农会会员、农村工作积极分子。仅天柱一县不完全统计，被土匪杀害的积极分子和群众就有 300 多人。④

---

①　中共天柱县委党史研究室：《天柱建政初期的剿匪斗争综述》，中共黔东南委党史研究室编印：《黔东南的解放和剿匪斗争》，1993 年，第 68—72 页。

②　黔东南苗族侗族自治州地方志编纂委员会编：《黔东南苗族侗族自治州志 总述·大事记》，贵州人民出版社 2000 年版，第 90 页。

③　参见潘昌选：《王富海同志牺牲的经过》，中共黔东南州委党史资料征集办公室编印：《回顾黔东南解放》第 2 辑，1987 年，第 79—83 页；贾振铎：《勇于打开困难局面的人——忆王富海同志》，《光岳春秋（下）》，山东人民出版社 2014 年版，第 403—408 页；《王富海同志牺牲后黄平县委给地委的报告（摘录）》，中共黄平县委党史办编印：《光照千秋资料专辑》，1985 年，第 119—120 页。

④　中共黔东南州委党史研究室：《中国共产党黔东南州简史》，中共党史出版社 2013 年版，第 64 页。

面对敌众我寡的状况，面对敌人的屠刀和威逼利诱，很多冀鲁豫南下干部表现出大无畏的牺牲精神，高呼"中国共产党万岁""毛主席万岁"而英勇就义。

（二）贵州匪患原因

清代及民国时期，贵州即是土匪多发之地。当时所谓"匪"者，有多个含义：一是占山为寇的草莽（多为"经济土匪"）；二是国民党溃逃官兵，及投诚起义后又叛变官兵（当时称之为"政治土匪"）；此外，贵州农村封建实力强大，潜伏的国民党特务大量勾结地方上乡绅、土豪、地主等各种土著封建势力，以及地方的会道门利用封建迷信思想迷惑群众，也成为贵州匪乱的重要来源。各种不同形式和来源的土匪，有时分而行动，有时合而为一，兴风作浪，一时"声势浩大"。1950年这场匪乱发生的原因大体有以下几点：

1. 当地长期被国民党中央系统治，党的基础较为薄弱，潜伏的国民党反动势力强大。

自20世纪30年代国民党中央系借"追剿"长征的红军之机进入贵州省以来，便不断在贵州发展势力，当地长期受国民党中央系的控制和反动宣传，中共组织难以得到较大发展，地下党力量较为薄弱。南京国民政府建立初期，"贵州军阀只承认国民党中央政府，但从不准中央军进入，1935年国民党中央军进入贵州时，贵州军阀无力抗衡。从此，国民党的中央军便长期驻守贵州。蒋介石曾提出：'一定要把贵州中央化。'自此，贵州经常驻有中央军。更重要的是国民党及其中统、军统特务组织，逐级加强对贵州的控制"①。镇远专区是国民党中央系在贵州控制的核心区域之一，许多经过训练的中统、军统特务渗入当地各行各业。青年党、民社党也为国民党卖命，在镇远地区发展了各自的组织。国民党县党部，除设有组织、宣传科外，还设有工会、商会、妇女会等。到中华人民共和国成立前夕，国民党的基层组织——区党部、区分部，在很多城镇已遍布机关和中、小学；

---

① 中共镇远县党史研究室编：《中国共产党镇远县历史》，贵州人民出版社2007年版，第67页。

在农村每个乡、镇和中心完小都设有区分部，正副保长大都是国民党员。此外，"由于经济贫困，文化落后，封建迷信普遍而严重，反动会道门有其存在发展的社会基础，一贯道、同善社、归根道是当时分布最广、影响最深的反动会道门组织。蒋介石发家的青红帮，镇远县城也有"①。

红军长征时虽然经过贵州，但毕竟时过境迁，且当时红军在贵州停留时间较短，面临着国民党军围追堵截，也没有时间和条件进行大规模社会改革，因此民众对党的政策还很陌生。而国民党则在此苦心经营，尤其在其军队主力撤出贵州前，在黔省布置了一套所谓"应变计划"，试图在中国共产党接管贵州后兴风作浪，与新政权为敌。1949 年 1 月，国民党贵州省政府主席兼保安司令谷正伦（曾任中央宪兵司令、国民党中央委员）和贵州保安副司令韩文焕（原首都警察厅厅长），就应召飞往南京领受反人民的使命，妄图把蒋介石从1935 年即伸入魔掌的贵州，经营成为他最后抗拒解放的根据地。在蒋介石这一反动战略意图的指导下，谷、韩等匪帮和中统、军统等特务机关勾结一起，共同制订了一套"应变计划"。先是从上而下加强政治方面的"反共"宣传教育，灌输所谓"反共救国实施纲领"，传授"反共游击经验"等，从思想舆论上做准备，以坚定其"反共意识"；随即扩充部队，"把原来的五个地方保安团，扩编为八个保安团，继又扩充为六个师的番号，同时正规部队亦迅速招兵买马，成立第十九兵团，下辖第四十九军和第八十九军两个军，从人力上直接为开展所谓'游击战争'创造条件。"② 谷、韩等人还开办训练班，把贵州地主恶霸、军阀政客、土匪特务、帮会组织中的那些所谓"社会贤达""自然领袖"和"党团有力份子"都大量收罗组织起来，把他们培养训练为"反共中坚"，作为其发展匪特武装，破坏我经济恢复和建设的骨干，"这个极端反动的'反共游击干部训练班'，从 1949年 8 月 15 日在贵阳雪涯洞开办，三期共轮训了 1600 多人。这帮匪徒

---

① 中共镇远县党史研究室编：《中国共产党镇远县历史》，贵州人民出版社 2007 年版，第 67—68 页。

② 潘焱：《回忆贵州剿匪斗争》，贵州省政协文史与学习委员会编：《贵州文史资料选粹 政治军事篇 下》，贵州人民出版社 2011 年版，第 802 页。

遍布全省，成了后来土匪暴乱的元凶祸首"①。

当时的土匪，"不单纯是人们印象中的以抢东西为目的的毛毛匪"，而多是以国民党残余反动势力为核心的"政治土匪"。"贵州解放初期的土匪暴动，都以国民党的反动军官和地方恶霸为骨干，组织国民党的残余军队，散兵游勇，以及地主武装、惯匪等，另外，也胁迫煽动一些农民。"② 当地的国民党匪特和地方封建顽固势力制造了各种谣言："共产党来了是要富人的钱，穷人的命，把富人搞穷了，把穷人搞死了，弄得贫富都没法活。"有的还利用朝鲜战争的发生，"制造共产党要抓丁、收民枪，打第三次世界大战，提出'死在异乡不如死在本乡'的口号"③。匪特们向人民群众造谣诱惑，胡说什么"共产党要共产共妻"，"国民党要反攻大陆"，"参加土匪可以发财"等，使群众不敢与人民解放军接近，从而达到其扩大匪乱的罪恶目的，所以匪首们能纠集号称"十万甲兵"的匪众，猖獗一时。④

2. 南下接管之初较为顺利，没有触动地方原有封建势力，主观上没有做好防备敌人反扑的准备。

时任贵州省委副书记、山东聊城籍南下干部徐运北同志在回忆贵州匪乱时深刻指出，"由于接管工作顺利，省委对国民党反动派应变计划和贵州的反动势力估计不足，这是有教训的"⑤。由于人民解放军大军解放贵州主要城镇后急于入川、入滇作战，加之供应大城市粮食等，因此，南下干部入黔后的首要任务是借征粮草，对当地基层封建势力基本没有触动，对于社会改革更尚未入手。只是更多的保留与

① 潘焱：《回忆贵州剿匪斗争》，贵州省政协文史与学习委员会编：《贵州文史资料选粹 政治军事篇 下》，贵州人民出版社2011年版，第802—803页。

② 王玉生：《土匪两次打花江》，中共安顺地委党史研究室编印：《南下西进到黔中》，1995年，第101页。

③ 《邓小平关于西南情况和工作方针给刘少奇并中共中央的报告》（1950年2月18日），《中国人民解放军历史资料丛书》编委会编：《解放战争战略追击 西南地区》，解放军出版社2006年版，第416—417页。

④ 龙昭栋、梁福友：《试述解放初期黔东南匪患形成的原因》，中共黔东南州委党史办、黔东南中共党史研究室编印：《庆祝建国四十周年暨黔东南解放四十周年党史研讨会文集》，1990年，第137—138页。

⑤ 徐运北：《回顾中共贵州省委成立与贵州解放初期的工作》，中共贵州省委党史研究室冀鲁豫组编印：《冀鲁豫党史资料选编》第19集，1994年，第9页。

利用了乡村原有社会体系与结构，暂时留用了大量旧乡保甲长，及乡村士绅、土豪等地方封建势力，以协助尽快完成征借粮食，恢复正常社会秩序的任务。因此，"接管工作将旧人员全部包下来，其中隐藏了国民党特务，国民党有应变计划布置了策反，有的和台湾取得了联系，并和恶霸地主武装勾结，进行反革命活动"①。一些匪首、敌特势力曲意逢迎，在人民解放军强大攻势面前暂时"投诚"，等待时机。然而新政权给予投诚的旧势力较为宽大的条件和较高的待遇甚至职务，却没有能够换来他们对新政权的真心拥护。一些地区不加甄别地将国民党旧职员、旧势力"包下来"，也潜藏了危机。正如此后西南军区政委邓小平、西南军政委员会主席刘伯承和西南军区司令员贺龙指示杨勇、苏振华所说："西南封建势力原封未动，剿匪已成为西南全面的中心任务，不剿灭土匪，一切无从着手。"② 随后指挥剿匪工作的二野五兵团参谋长、贵州省军区副司令员潘焱同志回忆："党中央曾指出'大西南解放后，各部队要用相当时间，集中主要精力，进行一段剿匪反霸斗争'。但由于当时对土匪的力量和破坏性估计不足，部队从大兵团作战转为分散剿匪，对战士思想教育还不很深入细致，因而在一部分干（部）战（士）中存在着麻痹松懈思想，不少人反映：'大江大海都过了，还在乎这几个毛毛匪？'经过一系列血的教训，使大家的头脑才更清醒一些。"③

而对大量的、成建制的国民党起义部队，在当时未能进行很好的思想动员（忆苦教育和民主教育尚没有进行）和管制工作。以致在二野五兵团主力部队入川作战后，国民党起义部队正规军第八十九军在 1950 年春成建制叛乱，我军派去该军的一部分军代表被杀害。"这次叛乱除反映了八十九军一部分军官政治上极端反动以外，我们对贵州当时的形势缺乏清醒的认识，思想上麻痹大意也是一个重要原因。当时，五兵团主力部队两个军入川作战，贵州兵力薄弱，敌人有可能

---

① 徐运北：《回顾中共贵州省委成立与贵州解放初期的工作》，中共贵州省委党史研究室冀鲁豫组编印：《冀鲁豫党史资料选编》第 19 集，1994 年，第 10 页。

② 田更新编著：《杨勇兵团战事报告》，黄河出版社 2013 年版，第 190 页。

③ 潘焱：《回忆贵州剿匪斗争》，贵州省政协文史与学习委员会编：《贵州文史资料选粹 政治军事篇 下》，贵州人民出版社 2011 年版，第 804 页。

趁机作乱，而我们却没有预先加以防范。其次，我军派到起义部队工作的一部分军代表没有认真地去做中下级军官的政治思想工作，帮助他们认清形势，明辨是非，使他们对起义的意义和前途有一个正确的认识和态度。起义部队的士兵，虽然大多数是劳苦人民出身，本质是好的，但是还没有用革命思想把他们真正发动起来，当中下级军官策动叛变时，还是不得不跟着跑。"① 八十九军三四三师一零二八、一零二七团相继叛变，三二八师九八三团全部、九八二团大部叛变。贵州全省"原起义的一部分蒋军（约十五个团）和各地的乡保武装亦相继叛变为匪"②。

3. 大军西进，黔省空虚。

解放之初，潜伏的匪特慑于我军声威，未敢轻举妄动，农村的封建势力不了解我党的具体政策，亦在窥探之中。因此，当时社会治安表面上较为理想，到处是一片欢庆解放的热烈景象，"但为时不久，当我军主力继续进军，一部入川作战，一部进滇歼敌，只少数部队留黔参加城市接管和维护治安，广大乡村尚未占领，群众尚未发动，匪特以为有机可乘，便纷纷蠢动起来"③。人民解放军二野部队迅速攻占省会贵阳及省内部分重点城市后，按照大迂回的战略意图迅即入川、入滇，贵州全境只有一个师兵力驻守。新政权主要掌握了连接贵州重要城市与四川、湖南公路沿途的各城镇，省内很多山区地带并未完全掌握。起初，在人民解放军强大攻势下，很多国民党旧政权的顽固分子、匪首等暂时假意"投诚"甚至"起义"。而由于征粮与建政工作的巨大压力，加之南下接管人员过少，县以下的区一般只有数人，甚至只有区长、区书二人，区以下的乡（镇）尚无力控制，因此不得不大量启用、留用这些在政治上并不坚定的投机分子甚至反动分子来完成当时的紧要任务。这既在广大乡村为敌匪势力的活动留下了大量空间，也为解放军主力离黔以后，这些怀抱各种动机暂时潜伏

---

① 王化棠：《起义部队八十九军四个团的叛变及其覆灭》，中国人民政治协商会议贵州省委员会文史资料研究委员会编印：《贵州文史资料选辑》第21辑，1985年，第130页。

② 潘焱：《回忆贵州剿匪斗争》，贵州省政协文史与学习委员会编：《贵州文史资料选粹 政治军事篇 下》，贵州人民出版社2011年版，第803页。

③ 同上。

或"投诚"的反动势力再次"兴风作浪"埋下了隐患。

4．征粮任务艰巨，被国民党特务的反动宣传所利用。

就当时形势而言，由于大军西进，解放四川、云南等地，所需粮食甚巨。而为了稳定人心，在西进中接收的数十万国民党旧政权、旧军队也需要数量巨大的粮食以维持其生计。此外，中央政府的粮食紧缺，西南区所担负的调粮任务亦很繁重。然而当时贵州民众在新政权建立之前，已经被国民党政权足额甚至超额征借过数次粮食，民间余粮已很有限。这在当时刚解放不久的新区是较为普遍的情况，"新区连年遭受蒋匪残酷剥削与掠夺，某些地区灾情严重，农村生产普遍下降，群众迫切要求解决缺粮缺种问题"①。对于南下干部来说，征粮任务极为艰巨，民众负担一时相对较重。1950 年 2 月 18 日，中共西南局第一书记邓小平向中央汇报西南工作时说，目前西南匪患猖獗，"各地土匪起来之快，固由于国民党在西南作了较其他各地更为周密的部署，同时也由于我们征粮的直接影响……我们的同志往往对于地主的叫嚣，是采取不问不理的态度，对于地主特别是小地主的真实困难，也不予考虑和照顾，如过去对国民党缴纳的负担，不予扣除，结果使负担超过了百分之五十以上"②。"而公粮又是必须完成，否则要产生严重的财政混乱。"③ 贵州省政府主席杨勇同志说："1950 年，是全国财政困难的一年，也是西南财政最困难的一年，是全贵州财政经济极其艰难的一年。"④

1950 年以来，贵州各地有组织、无组织的抢粮暴动不断发生。该年贵州大大小小的匪乱、暴动中，几乎都涉及征粮的问题。诸如所谓"打倒解放军、三年不完粮"，"交粮不如买枪，饿死不如拼死"，

---

① 中国社会科学院、中央档案馆编：《中华人民共和国经济档案资料选编 1949—1952 综合卷》，中国城市经济社会出版社 1990 年版，第 340 页。

② 《邓小平关于西南情况和工作方针给刘少奇并中共中央的报告》（1950 年 2 月 18 日），《中国人民解放军历史资料丛书》编委会编：《解放战争战略追击 西南地区》，解放军出版社 2006 年版，第 417 页。

③ 同上书，第 417—418 页。

④ 杨勇：《战胜财政困难，渡过 1950 年的难关（节录）》（1950 年 2 月 27 日），中共贵州省毕节地委统战部党史研究室编印：《深刻变革 毕节地区对资本主义工商业的社会主义改造》，1988 年，第 94 页。

"抗缴公粮"，"开仓济贫"等"煽动性口号"在当时屡见不鲜。二野五兵团司令员兼贵州省人民政府主席、指挥贵州剿匪作战的杨勇将军回忆道："他们在'反共救国'的反动旗号下，提出'抗粮''饿死不如战死''开仓济贫''保枪保命'等政治颠覆性口号，利用反动封建势力和残酷屠杀的手段，欺骗、蒙蔽、强行裹挟了部分群众"，挑拨了一些地方上层人物与我为敌，"疯狂地抢劫公粮和物资，破坏工矿企业，残害我工作人员和农民中的积极分子……使我征粮工作和其他各项工作受到严重影响，并给广大人民群众的生命、财产带来极大危害"①。国民党残余势力，地方的宗族、封建势力，以及假意"投诚"的旧官员、旧军队利用解放之初我党由于情势需要在贵州的大规模征粮而"大做文章"，裹挟煽动不明真相的群众起来反对新政权。正如西南局第一书记邓小平指出，这次"土匪蜂起"，"一开始就带着剧烈的武装斗争的性质"，"他们的口号，主要是抗缴公粮，提出'饿死不如战死'的口号"②。

5. 本地封建势力强大，与国民党潜伏势力相结合，挑动"地域矛盾"。

"黔东南山高谷深，森林密布，地形复杂，给土匪骚扰活动提供了有利条件。匪首大都是本地人"，熟悉地势，"而山隔河阻，交通闭塞，加之各族劳动人民备受国民党反动政府和当地封建势力的剥削和压迫，生活贫困，文化落后，又使外地的进步文化和思想很难传播进来"③。贵州独特的地理环境及乡土习俗，使得当地地方各种封建势力异常强大，且在长期的宗族化社会结构中，对普通民众有相当的控制力。贵州接管之初，冀鲁豫南下干部运用此前在江西接管的经验，并执行中央政策，对地方豪强势力基本是采取团结、稳定的态

---

① 杨勇：《回顾贵州解放》，贵州省政协文史与学习委员会编：《贵州文史资料选粹 政治军事篇 下》，贵州人民出版社2011年版，第773—774页。

② 《邓小平关于西南情况和工作方针给刘少奇并中共中央的报告》（1950年2月18日），《中国人民解放军历史资料丛书》编委会编：《解放战争战略追击 西南地区》，解放军出版社2006年版，第416页。

③ 龙昭栋、梁福友：《试述解放初期黔东南匪患形成的原因》，中共黔东南州委党史办、黔东南中共党史研究室编印：《庆祝建国四十周年暨黔东南解放四十周年党史研讨会文集》，1990年，第137页。

度，几乎没有触动本地地方势力的统治根基及其影响力。

此外，谷正伦、韩文焕等原国民党贵州省政府首脑，充分"利用封建地主阶级多年来对农民群众的直接统治关系，又提出所谓'政务下乡、党务下乡'，直接派遣特务下乡加紧同封建势力的勾结，以便控制农村，组织叛乱。为麻痹欺骗群众，他们还大开烟禁，公然号召各地广种鸦片烟，妄图给我埋下定时炸弹，挑起群众对我禁烟不满，以便乘机裹挟欺骗群众为匪"①。中华人民共和国成立前我国西南很多地区鸦片横行，种"大烟"现象较为普遍，贵州自清代便为著名鸦片产地，一些农村几乎无户不种烟，民众甚至以鸦片作为货币之类一般等价物用于商品交换，卖烟换粮，习以为常。历届旧政权禁绝不力，甚至对之征税，以之发财。因此，对于南下干部接管政权后的禁烟命令，当地民众并不理解。地方豪绅等封建势力与国民党残余、潜伏势力勾结，打出所谓"抗粮、护烟、反对禁用银元"等政治和经济主张的口号，"过去国民党常委、伪县长或伪国大代表"在其中担任了骨干和领导者。②

从 1950 年贵州全省土匪暴乱中的一些口号看，如"专打山东人""杀北方老干部"③，有意突出"南、北"问题和"省籍"问题。当地的国民党反动力量及地方封建势力，将人民解放军解放贵州看成是"北方人打南方人"，抓住广大冀鲁豫南下干部的北方人身份，试图挑起地域矛盾，鼓动当地人进行所谓反对"外省人""下江人"的斗争，提出所谓"专打'下江人'"，对群众"则采取欺骗威胁利诱。如宣传反攻大陆，制造各种谣言，强迫群众入伙，不去则杀家属，有的则号召抢粮抢盐抢布以利诱"④。正如西南局第一书记邓小平 1950 年 2 月 18 日向中央汇报时指出，"国民党匪特和封建阶级（包括地

---

① 潘焱：《回忆贵州剿匪斗争》，贵州省政协文史与学习委员会编：《贵州文史资料选粹 政治军事篇 下》，贵州人民出版社 2011 年版，第 802—803 页。

② 《贵州省委关于剿匪及目前工作的指示》（1950 年 4 月 1 日），中共黔东南委党史研究室编印：《黔东南的解放和剿匪斗争》，1993 年，第 297 页。

③ 刘月卿：《鲁西北南下干部的战斗历程》，中共聊城地委党史资料征集研究委员会编印：《一切为了前线（上）》，1988 年，第 141 页。

④ 《贵州省委关于剿匪及目前工作的指示》（1950 年 4 月 1 日），中共黔东南委党史研究室编印：《黔东南的解放和剿匪斗争》，1993 年，第 297 页。

主、恶霸、帮会、土匪）……提出'专打北方人（或外乡人），不打本地人'，'打穿军衣戴帽花的，不打穿便衣和不戴帽花（指起义投诚的国民党军）的'"①，体现出当时地方反动势力鲜明的利用所谓"省籍"问题挑动民众反对新政权的意图。

（三）浴血坚持

"面对全地区 12 个县都开始了土匪叛乱的情况，我鲁西北南下的干部又处于严峻的考验之中。怎么办？"② 南下同志们没有在全地区成千上万的土匪大暴乱面前吓倒，而是拿起枪来，武装起来，正如亲历匪乱的鲁西北南下干部回忆，"他们发扬了鲁西北人民抗日战争时期开展游击战的光荣传统，与敌人进行了坚决的斗争"③。

1. 主动退出部分地区，集中力量保卫县城等重点区域

针对贵州地区形势之严峻，省委、省军区指出："根据目前大分散之情况下，由于地区大，兵力少，但又想将全部地区都要控制，结果顾头不顾尾，空子很多，到处力量薄弱，因此造成匪特有空可钻，我们到处被动，如此下去，今后全区各种工作之开展及我们今后之困难很难设想"，故作出部署调整，对鲁西北南下干部接管的"镇远分区，可将剑河、丹江、台拱放弃，天柱、锦屏视情况可采取半控制形式开展工作，集中力量搞好中心县之工作，并必须控制湘黔交通要道"④。

1950 年以来，黔东南地区一些单独活动或分散小股征粮的工作队员屡遭伏击，很多此前投诚、接受改编的国民党县、乡、保队叛变，全区各地不断有南下干部、赣东北吸收的知识青年、当地农村积极分子被杀害。为减少伤亡并汲取经验教训，多数南下县委采取了收缩战略，主动撤回在乡村分散孤立的据点，撤回一些区政府，减少干部单独、分散

① 《邓小平关于西南情况和工作方针给刘少奇并中共中央的报告》（1950 年 2 月 18 日），《中国人民解放军历史资料丛书》编委会编：《解放战争战略追击 西南地区》，解放军出版社 2006 年版，第 416—417 页。

② 刘月卿：《鲁西北南下干部的战斗历程》，中共聊城地委党史资料征集研究委员会编印：《一切都为了前线（上）》，1988 年，第 141—142 页。

③ 同上。

④ 《贵州军区关于调整部署的指示》（1950 年 3 月 22 日），中共黔东南州委党史研究室编印：《黔东南的解放和剿匪斗争》，1993 年，第 308 页。

活动，集中防守县城、交通要道等重点区域。如在天柱县匪乱起后，县委书记张金屏自 2 月 25 日开始，先后将五区、四区撤进县城，三区撤到邦洞。3 月 16 日，县委将一、四区，二、三区和五区组成 3 个支前武工队，配合驻军二营和县大队防守县城和邦洞两个中心区。从 3 月下旬开始，县委组织干部、驻军、群众修筑了县城四个碉堡和邦洞碉堡。"碉堡在当时起了重要作用，土匪多次围攻邦洞和县城，都被我坚守军民击退。"① 从 6 月下旬，直至 11 月上旬人民解放军主力部队对天柱县土匪发起全面反击起，张金屏率领军民在敌众我寡的不利情势下坚守县城长达五个月，县城始终未被敌匪攻破。

2. 不受谣言蛊惑，揭穿敌人阴谋

南下干部坚定立场，不受敌人谣言蛊惑，并认真向广大本地干部群众解释党的政策，揭穿敌人阴谋，以正视听。如在天柱县，县委书记、鲁西北南下干部张金屏在匪乱时期的日记中写道："敌人造谣说'打倒北方人和江西人'，北方人是坚定的，江西人也是坚定的，是不受谣言所动摇的。"② 张金屏尤其注重对新参加工作本地同志思想上的释惑与帮助。针对部分本地同志"存在事不关己的思想"，张金屏以当时该县发生的事实为依据，严肃指出："犹豫即会受打击，小胡的牺牲就是明显的例证。不要认为敌人不打本地人，这是敌人的策略，敌人妄图孤立外来，先打击外来人，再弄本地人，各个击破，达到溺死革命的目的。小胡的牺牲，证明他们是打击本地人的。如邦洞事件打死个姓罗的，也不是本地人吗！"以警醒一些本地同志不要"骑墙，两面不落好"。他要求新参加工作同志要认清这个问题，要求本地同志与南下干部团结起来，"一条心和衷共济，不要半条心、两条心或者蓄心假意"③。

---

① 中共天柱县委党史研究室：《天柱建政初期的剿匪斗争综述》，中共黔东南州委党史研究室编印：《黔东南的解放和剿匪斗争》，1993 年，第 74—75 页。

② 张金屏：《工作回顾日记》（1950 年），中共黔东南州委党史资料征集办公室编印：《回顾黔东南解放》第 1 辑，1986 年，第 33 页。

③ "蓄心假意"，原文如此，按照现代语法应为"虚心假意"。张金屏：《工作回顾日记》（1950 年），中共黔东南州委党史资料征集办公室编印：《回顾黔东南解放》第 1 辑，1986 年，第 33—34 页。

3. 以寡敌众，誓死抵抗

面对土匪大举进攻，肆意烧杀，加之人民解放军主力入川、入滇，黔东南敌我力量对比悬殊，鲁西北南下干部不怕牺牲，为保卫新政权和人民生命财产安全而决心以寡敌众，誓死战斗。如镇远地区的岑巩县，至 1950 年 3 月，除思阳镇外，其余各区乡全部沦为匪区，此前投诚的国民党县自卫总队和各区队几乎全部复叛，该月 18 日，杨鸿尧、杨凤池等匪首在天马区成立"湘黔边区反共救国军"。岑巩县地处湘黔公路交通要道，地理位置重要。为确保湘黔公路畅通和人民生命财产安全，岑巩县委决心"不怕流血牺牲，同土匪战斗到底，誓与岑巩县城共存亡"，派出县武工队等主动出击，打击敌人。3 月 27 日，以杨鸿尧为首的号称一个"师"的 3000 余匪众攻打县城，"有的扛着枪，有的拿着长矛，有的挑着箩筐，拿着扁担，狂喊'打进城去，挑盐巴、布匹'"，而我守城部队只有分区一个连和一四九团的一个排，加上县武工队、保卫队和县机关干部，敌我力量悬殊。岑巩县委组织军民誓死抵抗，守卫县城，击退了匪众一次又一次进攻。匪徒人数占优，却在我誓死抵抗下屡攻不下，严重动摇了匪众的攻城决心，直至 29 日镇远分区援军赶到，岑巩县城第一次保卫战取得胜利。4 月 8 日，土匪再次集结，攻打县城，县委领导全城军民抢修碉堡，加固城楼，并挖了几十丈长的战壕。我采取主动出击，夜袭战术，再次痛击土匪，打乱了土匪的部署，动摇了其意志，取得第二次县城保卫战的胜利。[①]

4. 加紧征粮，抢运粮食

面对突如其来的枪林弹雨，南下干部临危不惧，加紧完成征粮和抢运粮食的工作，不使国家财产落入匪特手中。1950 年 6 月，邓小平起草西南局给西南各地并报中共中央的电报，指出："征粮工作不可丝毫忽略，即使在已完成百分之七十五的县份，也应以足够力量抓紧清理尾欠和调整负担。在策略上，我们对于地主也要做得入情入理，但对于地主按政务院规定的负担内必须缴纳的，不能让步，以击

---

① 中共岑巩县委党史研究室：《岑巩的解放接管与剿匪斗争》，中共黔东南州委党史研究室编印：《黔东南的解放和剿匪斗争》，1993 年，第 108—111 页。

破地主的抵赖风气，而利今后各项政令之推行。"① "由于土匪暴乱，不少征粮同志献出了生命。匪乱开始后，为使国家粮食不落入匪手，各级党政组织又动员大批力量进行了粮食抢运工作"②。如在天柱县，县委组织加紧征粮，调运物资，解决军民用粮和其他生活必需品，以稳定人心。由于国民党县长陈樵荪及匪首罗义忠在撤退前夕的大肆破坏，接管建政时，全县仅有高酿粮仓存积谷 3 万公斤。为解决食粮问题，县委多次召开会议研究征粮工作。在征粮中，深入发动群众，把党的征粮政策和统战政策有机地结合起来，调动了社会各方面的积极性。到 4 月上旬，全县入库粮食已达 58 万公斤。但从 3 月下旬开始，干部、部队集中县城，耗粮量大，县城出现粮荒。从 4 月 23 日开始。县委组织干部、群众 1000 余人上商酿集运。4 月 25 日，运粮队伍受到伏击，二营和县大队在反击中，牺牲战士 13 名。第二天，群众仍继续运粮，到 29 日，运进县城 18.89 万公斤粮食。接着又从邦洞运入城 8.5 万公斤，解决了粮食问题。2 至 3 月份，县人民政府贸易组还从镇远集运大批食盐、布匹到县，解决了群众生活所需。③ "在土匪叛乱期间，坚守城里（县城——引者）就用这些粮食，没有发生粮荒，定量还比较高。到六七月间粮食比较紧时，我们就动员各个单位互相调剂一部分，由财政按价付款，这样，我们的粮食就坚持到秋收。"④ 有了粮食也就有了保证，县城也就能够在土匪围攻下坚守下去。

　　为了坚持斗争、保证征粮任务的完成，一些地区接管干部、战士如当年在冀鲁豫边区对日寇和国民党作战那样，开展游击战。如岑巩县"土匪公开暴乱后，全县征粮工作无法进行，县委通知各区干部和征粮队员，由工作队转为战斗队，采取白天征粮，晚上打游击的办

　　① 杨胜群、闫建琪主编：《邓小平年谱 1904—1974 中》，中央文献出版社 2009 年版，第 922 页。

　　② 中共黔东南州委党史研究室：《尖锐的斗争 光辉的业绩——黔东南的解放和剿匪斗争》，中共黔东南州委党史研究室编印：《黔东南的解放和剿匪斗争》，1993 年，第 11 页。

　　③ 中共天柱县委党史研究室：《天柱建政初期的剿匪斗争综述》，中共黔东南州委党史研究室编印：《黔东南的解放和剿匪斗争》，1993 年，第 74 页。

　　④ 孔建亭：《忆天柱县解放初期的财政工作》，中共天柱县委党史办编印：《回顾天柱解放》，1989 年，第 134 页。

法，力争控制各区所在地，斗争面临艰难曲折"①。在镇远县新民乡，几股土匪勾结地方反动势力，公然加官晋爵，嚣张至极，多次攻打乡政府和武工队，乡政府派队下乡借粮，"被土匪包围了两天两夜"，面对绝境，他们翻山越岭，与土匪周旋，有的同志"本来作好牺牲的打算，在全身衣裤上都写满了'共产党万岁''毛主席万岁'，以示坚贞"，最后终于脱险归队。②

5. 贯彻"军事进剿、政治攻势、发动群众"三结合方针

此时，党中央针对全国类似贵州的一些新解放区陆续发生的匪情，于1950年3月18日发出了关于剿匪与建立革命秩序的指示，并明确规定了一套"军事进剿、政治攻势、发动群众"三者相结合的正确方针和"镇压和宽大相结合""首恶必办、胁从不问、立功受奖"的具体政策，号召新解放区的军民立刻转入剿匪斗争。③中央指出"对一切手持武器、聚众暴动、向我公安机关和干部进攻、抢劫仓库物资之匪众，必须给予坚决的镇压和剿灭"，号召"新解放区的军民立即转入剿匪斗争"，"不剿灭土匪，一切无从着手"④。

1950年4月1日，贵州省委发出《关于剿匪及目前工作的指示》，要求实行"坚决打与坚决拉"的方针，一方面"对于坚决反革命分子及阴谋暴动匪特首领，必须实行镇压"。省委指示："执行宽大政策是为了少死人。但假如认为是不杀或怕杀反革命首要分子，则会造成多死人，目前的形势在镇压暴动已经是比以前要多死人了，如对匪特头子不加及时镇压则混乱更会延长下去，将来要死更多的人。"⑤另一方面，对于能够争取的进步力量、靠近我们的人士，应

① 中共岑巩县委党史资料征集办公室：《岑巩解放接管与剿匪斗争概述》，中共岑巩县委党史资料征集办公室编印：《岑巩县党史资料》第1辑，1988年，第8页。

② 王世云：《回忆解放初在羊满哨的那些日子》，中国人民政治协商会议镇远县委员会文史资料研究委员会编印：《镇远文史资料》第3辑，1989年，第10—14页。

③ 潘焱：《回忆贵州剿匪斗争》，贵州省政协文史与学习委员会编：《贵州文史资料选粹 政治军事篇 下》，贵州人民出版社2011年版，第804页。

④ 中共黔东南州委党史研究室：《中国共产党黔东南州简史》，中共党史出版社2013年版，第64页。

⑤ 《贵州省委关于剿匪及目前工作的指示》（1950年4月1日），中共黔东南州委党史研究室编印：《黔东南的解放和剿匪斗争》，1993年，第302页。

全力争取，"以便更有效的争取瓦解匪特"①。为广泛发动群众，贵州省人民政府规定："（一）凡土匪特务由其匪首率众向各地人民政府或驻军归降者，政府本宽大政策，予以自新机会，并在生活上给予可能的出路，匪众个人洗手为善，脱离土匪特务生涯，携带武器来归者免罪，能密报匪首、匪众藏匿之所，因而有所破获或格杀与捕匪首归来者有赏。（二）各地县区政府立即督促乡保人员，调查登记，土匪特务家属，并动员其家属，劝导其丈夫、儿子、兄弟、叔侄等改邪归正，向政府或驻军缴枪自首后，从事正当职业者，政府当保证其全家生命财产之安全。（三）全省各乡保甲长及人民，均不得与土匪特务暗通声息，窝藏土匪特务，隐藏赃物，或以粮食、武器等物资供应土匪特务，倘有以上不法事情发生，一经查出，定予严惩。（四）全省人民，须在人民政府与人民代表会领导下防匪自卫，积极协助政府，侦察匪情，封锁消息，知有土匪特务活动，须立即报告政府进剿，如因此获有剿匪成绩者赏。"② 6 月 13 日，邓小平在起草西南局回复贵州省委的电文中说："只能令其投诚，不能接受改编等条件。投诚后，对于土匪首领个人可给以适当安排给予工作和改过之路，罪恶重大者亦可减轻处分，但须视其表现好坏而定。在争取过程中，你们可以适当的与军事打击相配合。"③

1950 年初，镇远地区的炉山县（今凯里市）"在敌特的'应变'策划下，全县 13 个乡镇长有 8 个成了土匪暴动组织者，14 个科局长有 7 个成了土匪骨干，他们与地方封建势力，土豪劣绅和惯匪互相勾结串通，在短期内组成土匪 1 个纵队，10 个支队，60 多个大队，200 多个中队。匪众约 5000 余人"④，疯狂攻击新政权各级组织、残害干部与农村积极分子。由于"在全县众多的土匪中，绝大多数匪众是被

① 《贵州省委关于剿匪及目前工作指示》（1950 年 4 月 1 日），中共黔东南州委党史研究室编印：《黔东南的解放和剿匪斗争》，1993 年，第 302 页。

② 《贵州省人民政府、中国人民解放军贵州军区剿匪安民联合布告》，中共黔东南州委党史研究室编印：《黔东南的解放和剿匪斗争》，1993 年，第 306—307 页。

③ 杨胜群、闫建琪主编：《邓小平年谱 1904—1974 中》，中央文献出版社 2009 年版，第 920 页。

④ 中共凯里市委党史研究室：《炉山县的解放及剿匪斗争》，中共黔东南州委党史研究室编印：《黔东南的解放和剿匪斗争》，1993 年，第 137 页。

迫参加的群众，只有那些土匪中的骨干才是被打倒的反动统治阶级的代表人物"，因此，炉山县委、县政府贯彻"军事进剿、政治攻势、发动群众"三结合方针，实行"镇压与宽大"相结合政策，于1950年1月27日成立以县长孙紫芳（南下干部，原冀鲁豫六分区战勤指挥部副司令员）为指挥长的15人剿匪委员会，各区成立相应剿匪委员会，乡镇成立联防委员会，保成立联防小组，吸收大量积极分子，组建剿匪武装，一是扩大公安保卫队，二是建立县大队，三是建立武工队，实行"军民总动员剿灭匪患"。1950年1月27日成立县剿匪机构的同时，召开有800余人参加的动员大会，动员全县军民行动起来，投入剿匪、征粮工作；1950年5月2日，县委又召开了控制区内区、乡、镇、保负责人、知识分子、开明人士会议，再次表明县委坚决剿灭匪患的态度，号召全县军民团结奋战，平息匪乱。① 县公安局长谢吉魁（山东博平县南下干部）在"人数少，任务重"的情况下，不仅率领公安干部、保卫队配合人民解放军、县大队围剿各种土匪，俘匪百余人，而且通过"攻心"战术，促使很多曾与匪"通气"之人"弃暗投明，为我服务"，为剿匪行动提供了大量关键情报。②

在"军事进剿、政治攻势与群众运动"相结合的强大攻势下，炉山县南下接管干部配合当地解放军的军事行动，在人数上不占优势的情况下取得了剿匪斗争巨大胜利，对匪心理上造成了巨大震慑，使炉山匪患气焰得到有效遏制。王统基、金泽加匪首于3月中旬率匪36人、枪22枝到公安局自首；1950年2月26日，经过省军区和中共炉山县委的配合争取工作，"贵州东南绥靖区"司令佘辉亭、副司令刘开铭通电起义，率司令部及保十团（团长谢世钦）1000余人集结凯里，等候接受一五〇团3月15日改编。谢世钦、石开等抗命改编，于3月14日晚率保十团逃往雷山为匪，佘辉庭、刘开铭弃暗投明，带司令部34人投诚；1950年5月6日，驻军一五〇团一营向冠英包正中部股匪出击。7日，武工队在重安的马安河大树脚村活捉一〇二

① 中共凯里市委党史研究室：《炉山县的解放及剿匪斗争》，中共黔东南州委党史研究室编印：《黔东南的解放和剿匪斗争》，1993年，第139—141页。
② 谢吉魁：《炉山县解放初期的公安工作》，中共凯里市委党史资料征集办公室编印：《凯里市党史资料》第2辑，1987年，第11—15页。

支队长包岳松，迫匪中队长罗志远率匪 40 人、枪 10 支投诚。16 日，匪大队长包正中被擒获，顾永昌等 4 名匪大队长和包伯中等 8 名匪中队长纷纷向人民政府缴械投诚；1950 年 5 月 9 日至 6 月 4 日，县大队、武工队、保卫队与驻军配合，3 次袭击万潮吴之屏匪巢，毙匪 4 人，伤匪军械主任吴国奇等 7 人，俘匪乡长司相臣、军需主任吴国泰、匪大队长顾润华等 20 人，缴枪 27 支；1950 年 5 月 28 日至 6 月 30 日，在一五〇团一营和武工队支援下，湾水剿匪委员会率数百民兵，与匪争夺湾水，进行 6 次激烈战斗，毙匪 29 人，伤匪 46 人，俘匪百余人，匪乡长张子仲自杀，使湾水在人民政府控制下，成了全县剿匪独树一帜的典型。① 炉山县的对匪斗争取得巨大成功。

1950 年 3 月，西南军区发出命令："各地人民解放军，一致行动起来，不惜任何疲劳艰苦，以不根绝匪类决不休止之决心，坚决进行进剿。"② 川西战役结束后，二野五兵团主力回贵州，三兵团、四兵团都抽调部队支援。③ 自 1950 年 6 月起，随着人民解放军正规军主力回师贵州，席卷全省的土匪暴乱得以遏止。鲁西北南下干部接管的黔东南地区匪患也得以平息。1950 年 7 月至 1951 年 1 月，经过石（阡）岑（巩）镇（远）施（秉）合围，黔东南北部股匪被歼；雷公山合围，黔东南西部股匪（主要是谢世钦匪部）被歼；盘山合围，镇远、三穗股匪被歼；剑（河）郎（洞）合围，剑河、榕江股匪被歼；黎（平）从（江）榕（江）合围，黎平、从江股匪（主要是杨标匪部）被歼；雪（洞）凉（伞）合围，三穗股匪（主要是杨永清匪部）被歼。④ 在人民解放军强大攻势下，鲁西北南下干部带领广大干部群众大力配合，积极支援剿匪战争。一是发动群众，建立农协。"进入乡保工作"后，"在宣传调查中发现群众的积极分子，贫苦的

---

① 中共凯里市委党史研究室：《炉山县的解放及剿匪斗争》，中共黔东南州委党史研究室编印：《黔东南的解放和剿匪斗争》，1993 年，第 142 页。

② 《中华人民共和国西南军政委员会中国人民解放军西南军区布告》（1950 年 3 月），《昆明文史资料集萃》第 6 卷，云南科技出版社 2009 年版，第 4623 页。

③ 徐运北：《回顾中共贵州省委成立与贵州解放初期的工作》，中共贵州省委党史研究室冀鲁豫组编印：《冀鲁豫党史资料选编》第 19 集，1994 年，第 9 页。

④ 中共黔东南州委党史研究室：《中国共产党黔东南州简史》，中共党史出版社 2013 年版，第 64 页。

知识分子，进行访苦诉苦，提高其阶级觉悟，多方面培养教育，并从群众中三番五次调查，审查其成份历史，在群众中的威信。如考察无问题者，即可进一步教育、启发诱导，说明团结组织的重要，说明农协是干什么的，组织农协小组……在初步各甲各保发现积极分子后，乡应立即召开农民代表会议，内容主要是发动群众剿匪。在会议上诉匪苦，认识谁是仇人、亲人，以及如何剿匪，同时进行农协组织的宣传。过一个时期后，再召开二次农代会，内容除研究剿匪外，还有建立农协问题。并以农代会代表为核心，大胆发动组织农协，建立乡保农协委员会或筹委会。在发动与组织群众中要大胆放手，大胆使用积极分子进行工作，要相信群众"①。二是大力开展自新运动。进入新区工作，开始用一切办法向群众调查，了解匪的社会关系，同时用各种机会宣传剿匪政策，开群众大会，做自新典型示范。开匪属座谈会，开保甲长会议，令其赎罪立功，限期将本保为匪的报告并动员其自新。开各界人民代表会，研究剿匪办法，"展开群众性规劝运动。通过各种社会关系特别是士绅及知识分子，瓦解敌人"。"各乡设自新人员登记处，有 3 个干部负专责，登记暂不发自新证，到一定程度，以乡为单位由乡工委会负责训练匪众，以县为单位由县工委会负责训练排以上保以上匪官。匪众训练完毕后，一般好的可发自新证。其中改造不好者可延长教育时间。匪首亦要长期管制，长期训练，但匪首中表现较好、作恶不多之下层分子训练后亦可发自新证。"② 据镇远地区十二个县的统计，1950 年 7 月至 10 月，匪首、匪众投诚自首者就有 3391 人，收缴长短枪 2644 支，轻重机枪 14 挺，大小炮 5 门，炸药 17 箱。③ 三是镇压首恶。对罪大恶极的匪首和顽抗到底拒不向人民投降的反动分子则实行坚决的镇压。雷山县召开万人大会处决了匪"贵州省东南绥靖区"司令谢世钦；榕江县召开了三千人公审

---

① 《关于新区首先着手应做的几件工作》，中共雷山、麻江、丹寨、台江、凯里县（市）委党史研究室联合编印：《雷公山地区合围》，1995 年，第 408 页。

② 同上书，第 408—409 页。

③ 梁建新：《黔东南解放初期剿匪斗争的起因、经过及作用》，中共黔东南州委党史办编印：《庆祝建国四十周年暨黔东南解放四十周年党史研讨会文集》，1990 年，第 131 页。

大会处决了丹寨、雷山、台江、榕江五县总指挥杨体仁；剑河县召开人民代表大会处决了匪"贵州省东南绥靖区"副司令陈开明；黎平县召开三千多人的公审大会处决了匪黔湘桂边游击总指挥杨锦标。[①]在军事打击、政治劝降及广泛发动群众的基础上，黔东南地区的匪乱在 1950 年秋被基本控制，到 1951 年 2 月彻底胜利平定，共计歼俘匪 41886 名，缴获长、短枪 19762 支，轻重机枪百余挺，及掷弹筒、六零炮等，还有电台数部。[②]在黔东南的剿匪斗争中，以南下干部、镇远地委组织部长王富海同志（山东临清人）为代表的很多鲁西北南下干部及江西知识青年英勇牺牲，最终取得了剿匪斗争的胜利。时任贵州省人民政府主席、贵州军区司令员杨勇说："在一年多肃清残匪的斗争中，所经过的道路十分艰苦、曲折、复杂，但我们在西南局的正确领导和地方干部的积极帮助下，依靠广大人民群众，通过全体指战员英勇奋战，共同努力，终于取得了胜利。剿匪斗争的胜利，从根本上改变了几千年来被封建地主阶级统治着的贵州农村社会。"[③]

匪患的平定，也为镇远地区的全面接管建政工作开辟了道路，"至 1951 年 2 月，镇远专区所辖的 12 个县（炉山、黄平、施秉、余庆、镇远、岑巩、三穗、天柱、锦屏、台江、剑河、雷山），156 个乡（镇），1296 个保，12846 个甲的旧政权全部接管完毕。在基层旧政权的接管、改造过程中，新设 46 个县辖区，为县的派出机构。从 1950 年底起，废除保甲制度，建立行政村，每个村建立农会。全州发展农协会员 30 万余人"[④]。

1950 年下半年，匪患得到遏制后，广大冀鲁豫南下干部又投入"五大任务"的新的历史任务中。为巩固新生的人民政权，彻底摧毁

---

① 梁建新：《黔东南解放初期剿匪斗争的起因、经过及作用》，中共黔东南州委党史办编印：《庆祝建国四十周年暨黔东南解放四十周年党史研讨会文集》，1990 年，第 131 页。

② 曾宪辉：《黔东南地区解放初期的剿匪斗争》，中共黔东南州委党史资料征集办公室编印：《回顾黔东南解放》第 1 辑，1986 年，第 9 页。

③ 杨勇：《回顾贵州解放》，贵州省政协文史与学习委员会编：《贵州文史资料选粹　政治军事篇　下》，贵州人民出版社 2011 年版，第 775 页。

④ 中共黔东南州委党史研究室：《中国共产党黔东南州简史》，中共党史出版社 2013 年版，第 60 页。

农村的反动势力，解除广大农民尤其贫苦农民被地租、帮工、高利贷等压迫、盘剥的悲惨命运，中共镇远地委根据党中央和中共贵州省委指示，立即转向发动组织群众进行"清匪、反霸、减租、退押、征粮"运动（时称"五大任务"）。"五大任务"开展后，地县两级先后组织了一千多名干部，镇远军分区和当地驻军也抽出了一千九百多名指战员，分别组成工作队，下到基层进行动员工作。对地主恶霸的财产，除留给其必要的生活外，全部没收，按政策分给贫苦农民。对罪大恶极的恶霸、匪首，依法予以公审处决，民众无不拍手称快。接管干部通过实行减租、退押，大大减轻了贫苦农民负担。"清匪、反霸、减租、退押"的实施，有利促进了党和政府顺利完成征粮任务，"解决了党政干部职工和教师的吃粮困难，维持了城镇居民的基本生活，同时支援了过境人民解放军用粮，救济了一部分处于饥饿的贫困农民"①。"五大任务"的胜利完成，沉重打击了国民党残余势力和封建势力，广大农民通过向匪特和不法地主面对面斗争，提高了阶级觉悟和政治觉悟，使他们深深感到共产党和新生的人民政府确实是为他们谋利益的，在农村中涌现并发展了一大批积极分子。

随后，南下干部又投入到镇反、支援"抗美援朝"和禁绝烟毒的重要事业中。1950年10月起，镇远地委按照中央指示，开展了镇压反革命和"抗美援朝"运动，取缔封建会道门，惩处了一大批在1950年匪乱中"血债累累"、罪大恶极分子，并鼓励、动员民众参军参战，积极捐款捐物。到1951年7月下旬，黔东南报名参军人数达到3万人。②这一系列工作为黔东南地区的社会改革和社会主义改造创造了有利条件。1950年冬，镇远地委在黔东南各县开始大规模禁烟，大力宣传省政府《关于开展禁烟工作的指示》和西南军政委员会《关于禁绝鸦片烟毒治罪暂行条例》，成立各级禁烟委员会，发动群众，开展调查，严厉打击种植、贩运、销售鸦片者，封闭所有烟馆，开办禁烟集训班，强制烟民戒烟，对烟犯及保护贩烟的地方恶势

---

① 中共黔东南州委党史研究室：《中国共产党黔东南州简史》，中共党史出版社2013年版，第65—68页。

② 同上书，第69—70页。

力进行了坚决镇压。从 1950 年冬至 1952 年秋，仅镇远、天柱、麻江、黄平等十四县就封闭大烟馆 500 多家，侦破烟毒案 300 余起，收缴大烟 185748 两，帮助 2 万多人戒掉了吸食大烟的恶习。① 旧社会流害黔东南百年之久、难以禁绝的烟毒，在镇远地区南下干部雷厉风行的工作之下，数年间便基本绝迹。

从 1951 年 5 月起，黔东南地区开始进行土地改革，到 1953 年 2 月基本结束，历时 1 年多。本着实事求是的原则和缩小对立面的方针，较为稳妥地划分阶级成分，稳步进行土改。通过土地改革，全区贫农、雇农及佃中农占有的土地，由土地改革前的 16.6% 上升为 59%，废除了封建所有制，使无地少地的广大贫苦农民分得了土地，成了土地的主人，实现了"耕者有其田、有其地、有其林"和"土地还老家"的夙愿，大大解放了农村生产力。② 贫雇农也迎来了千年不遇的改变自身经济和社会地位的良机。完成土改的农民群众家家户户制订了生产计划，兴修水利，串换良种，增施肥料，精耕细作，抗御自然灾害，掀起了生产高潮。紧接着在党和政府引导下，农民通过自愿互利和换工互助，开始办起了临时性的互助组，逐渐走上互助合作的道路。③ 1953 年黔东南地区开始进行"三大改造"，在广大农村推行合作化的同时，进行手工业和私营工商业的社会主义改造，到 1956 年底，"三大改造"基本完成，社会主义制度在黔东南地区初步建立起来。

正如山东聊阳县南下干部、1950 年任镇远地区三穗县共青团县工委书记的刘月卿同志回忆："从鲁西北来贵州的这批南下干部，他们没有辜负鲁西北党和人民的重托，他们没有给鲁西北党和人民脸上抹黑。"④ 在战争年代，他们离开父母、故土与亲人，千里南下贵州，

---

① 三穗县政协宣教委员会编印：《黔东文史拾零》，2003 年，第 29—32 页。

② 中共黔东南州委党史研究室：《中国共产党黔东南州简史》，中共党史出版社 2013 年版，第 74 页。

③ 吴克裕：《原镇远专区的土地改革》，中共黔东南州委党史资料征集办公室编印：《回顾黔东南解放》第 1 辑，1986 年，第 79 页。

④ 刘月卿：《鲁西北南下干部的战斗历程》，中共聊城地委党史资料征集研究委员会编印：《一切为了前线（上）》，1988 年，第 143 页。

不怕艰苦，不怕流血牺牲。在社会主义革命和建设的年代，他们忠实地执行党的路线方针政策，克己奉公、公而忘私地工作。他们和贵州人民一道，为大西南的解放和建设事业作出了应有的贡献。"正因为如此，他们得到了贵州党和人们的信任，担负起了重要的工作和职务。据不完全统计，担任省军级的干部有 6 名，担任地师级的干部有 89 名，至于享受地师级待遇的，那就更多了。"①

---

① 刘月卿：《鲁西北南下干部的战斗历程》，中共聊城地委党史资料征集研究委员会编印：《一切为了前线（上）》，1988 年，第 143 页。

结语　"南下"的历史贡献与 "南下精神"

　　"南下",凝聚着一个英雄的群体,代表着广大南下干部为新中国奠基的崇高事业,体现着他们忠诚信仰、舍家为国的崇高品格。1949 年的聊城地区南下干部,无论在南下的组织动员过程中,在数千里风雨兼程的南下行军中,在到达南下地后面临的一系列艰难险阻中,无论面临汗水、血水甚至生死的考验,他们都无所畏惧,百折不挠,勇于奉献,革命到底。共产党员的理想信念与崇高品质在他们身上得到了充分的彰显。他们怀抱着对鲁西北家乡故土、父母、妻儿的诸多眷恋,为了"将革命进行到底",为了南方新区的解放和建设事业而毅然踏上数千里南下征程。他们以自己的实际行动将华北老区的优秀传统作风一路播撒到新区,为南方新区党和人民的事业奉献了一生。聊城地区(鲁西北)南下干部的历史贡献可以归纳为以下几点:

(一) 接管南方新区,建立政权,为新中国的成立作出了贡献

　　1949 年春,随着人民解放战争在全国范围胜利推进,接管南方新区,建立新生的人民政权已经成了刻不容缓的任务。南下干部是接管南方新区各级政权的核心与骨干。虽然鲁西北干部在其接管的很多县中,人数并不多,有的县有一百多人,有的县只有七八十人,分配到每个区只有三五名干部,但是他们艰苦工作,深入群众,发挥了骨干与核心作用。南下干部不以功臣自居,不以领导自居,不摆官架子,不搞经验主义,不自以为是,而是谦虚谨慎,平易近人,团结同志,关心同志,紧密团结当地地下党同志,甄别、留用了部分国民党旧职员,迅速开展新区各项工作,在较短的时间内建立起党和政府在

新区的各级政权机构。由于南下干部人数有限，且存在一定的语言、风俗等障碍，他们极为注意培养本地干部，及时发现、培养了大批乡村积极分子和本地知识青年干部，这些本地同志中很多人此后成为独当一面的党的重要干部，使得党的组织在南方新区真正深入到群众中。如冀鲁豫（包括今聊城地区）南下干部在赣东北不仅培养了数千名本地青年知识分子干部，这些本地知识青年干部还跟随冀鲁豫西进支队西进贵州，参加了贵州新区的接管工作。面对复杂斗争环境，南下同志不空喊，不搞命令主义，形式主义，无论做哪项工作，都能落到实处。他们博大、宽厚、务实的心态和行动体现了山东人良好的精神风貌，赢得了新区民众和本地干部的支持与认可。南下干部实现了中国共产党对南方新解放区的接管，摧毁了国民党各级旧政权，在长江以南原国民党统治区建立了各级新政权。党在南方新区新政权的建立及社会秩序的稳定，为新中国的成立提供了重要前提和保障。

（二）支前征粮，为解放战争的彻底胜利打下了基础

由于战争形势的需要，支前征粮任务成为人民解放战争取得胜利的重要因素，也成为鲁西北干部南下后的首要任务。鲁西北干部在湘北、赣东北、黔东南等地区进行接管时，都面临着巨大的借征粮草的压力。按照上级的要求，鲁西北南下干部将借征粮草作为接管后的中心任务，采用各种途径与方式，深入发动群众，进行艰苦细致的工作，供给了人民解放军大军过境的军粮所需，满足了接收的数十万国民党旧政权和起义部队的粮食需要，并大量运送到中心城市。如鲁西北干部接管的赣东北地区，向上海提供了大量粮食，维护了上海社会形势的稳定。鲁西北干部离开赣东北，开赴黔东南接管后，借征的粮食除供大军西进、数十万接收人员需要外，还大量运至省会贵阳，缓解了贵阳的粮荒问题。为了完成紧要的征粮任务，相当多的鲁西北南下干部在征粮工作中不幸牺牲。不少征粮工作队的同志被土匪反动势力杀害，献出了自己的生命。南下干部在新区的支前征粮工作，为人民解放军大军向西南地区的进军，为保障中心城市的社会稳定作出了重要贡献，也为中国人民解放战争的彻底胜利打下了基础。

（三）改善了当地民众生活，摧毁了乡村封建势力，使广大新区民众翻身做主人

由于国民党反动势力的蓄意破坏及战争带来的影响，鲁西北干部接管的很多地区，满目疮痍，工商业衰败，百废待兴。南下干部通过命令地方原有工厂开工，商店开业，推广人民币，整顿金融秩序，稳定物价，发动人民群众生产自救，大规模开垦荒地等，及时恢复与发展了生产。在黔东南，他们禁绝烟毒，净化了社会风气，改善了当地民众的生活。在接管初期，由于征粮工作的紧要及尽快恢复社会秩序，发展生产的需要，南下干部对国民党旧职员、旧乡保长进行了利用与改造，一些地区采取了"包下来"的办法。不过随着支前征粮任务的完成和党在新区统治秩序的稳定，进行社会改革便成了南下干部的重要任务。他们通过"清匪反霸""减租退押"及新区土地改革，使无地少地的贫苦农民获得了土地，实现了"耕者有其田"，打破传统封建土地关系的同时，也打破了数千年来中国乡村传统社会结构。地主阶级以及长期以来乡村各种旧势力已经"威风扫地"，使广大新区民众扬眉吐气、翻身做主人，为党赢得了群众支持的同时，也为中国共产党在乡村中进行大规模社会主义改革扫清了障碍。此后，鲁西北南下干部又带领广大干部群众投入南方新区社会主义建设的伟大事业中，改变了新区贫穷落后的面貌。

（四）勇于斗争，维护国家和人民生命财产安全

南方新区解放不久，很多地区土匪猖獗，敌特势力、土匪势力、地方封建顽固势力等互相勾结，伺机而动，妄图颠覆新生的人民政权。由于人民解放军大军继续西进、南下，而南下干部在每个县的人数较少，各种反动势力趁机蜂起，一些新区曾出现大规模暴乱。在"敌强我弱"的状况下，南下干部与敌特势力、土匪势力、地方封建顽固势力等展开了坚决的斗争。如在黔东南的大规模土匪暴乱中，广大鲁西北南下干部没有退缩，拿起武器，勇敢战斗，把保卫国家和人民的生命财产，看得比自己的生命还重要。这些同志中有的在华北亲身经历过枪林弹雨，经历过长期的残酷斗争，也有很多人是华北老区土改时涌现出的积极分子，包括南下前临时提拔的干部，他们在已经解放的华北家乡并没有经历过残酷的考验，很多人年纪较轻，南下时刚满十八岁，但是在面对新区全省大规模匪乱的威胁下，在敌人的威逼利诱下，他们英勇无畏，视死如归，没有一位同志叛变投敌、背弃信仰。最终，在人民解放军和广大群众的支持下，他们打败了土匪，保卫了新生的人民政权，维护了广大群众的生命财产安全。很多聊城地区南下干部在这场匪乱中为保护国家财产、保护新政权和人民生命财产安全，甘洒热血，牺牲了宝贵的生命。

在南下的组织动员过程中，在千里南下行程中，在南方新区各种艰苦斗争与建设环境中，广大鲁西北南下干部充分发扬与体现了"南下精神"，可归纳为以下四点：

（一）忠诚信仰，听党指挥

"许身马列安等闲，报效工农岂知艰。"[1] 正如习近平同志所说："人民有信仰，民族有希望，国家有力量。"[2] 正是怀抱着对党的忠诚信仰，在党的"南下"战略任务下达后，绝大多数鲁西北干部服从战略任务，从思想上认识到了"南下过江""解放全中国"的重要性，主动自报南下或听从组织安排，服从调动。正是由于对党的忠诚信仰，鲁西北南下干部才能无论在四千里行军的艰苦历程中，还是在新区水土不服、语言不通、环境恶劣、饮食不习惯的种种困难里，甚至面对敌匪疯狂反扑，向他们举起屠刀时，始终发扬不怕苦、不怕死的精神，发扬革命的英雄主义精神，为党的事业、为中国革命的彻底胜利而奋斗到底。在南下动员、行军及新区工作中，"干革命不分南北""听党指挥"成为当时南下干部经常挂在口头的话语。在南下的事业中，由于形势需要，鲁西北干部常常变换接管地点。如冀鲁豫六地委干部本来听说是接管京沪杭地区，大家以为要去到繁华都市，都很兴奋，而在组织要求改变行军地点，接管赣东北后，他们又义无反顾地投入江西贵溪地区的接管工作中。经过数月的工作，赣东北各项事业全面好转后，中央再次决定将接管赣东北的南下干部全部调出，

---

① 作者陈寿昌（1906—1934），原中共湘鄂赣省委书记，红十六军政委。
② 《习近平谈治国理政》第2卷，外文出版社2017年版，第323页。

西进接管贵州。虽然当时各项工作已经步入正轨,有太多的不舍,鲁西北干部千里跋涉,身心也已非常疲惫,但是他们再次交接了手中工作,打好背包,重新启程,踏上了奔赴黔东南地区的新的历史征程。又如冀南区一地委干部,在经过数千里行军到达湘北地区后,由于形势需要,被取消原有南下时建制,重新调配人员,许多领导干部被免除南下时确定的职务,降级安排使用,但是大家顾全大局,听党指挥,没有怨言,不计较个人升降得失,迅速投入到新区的工作中。

(二)故土情深,奉献他乡

"埋骨何须桑梓地,人生无处不青山。"华北干部南下前,有的在家乡已经享有较高的社会地位和较为安逸的生活工作环境;有的是刚翻身分了土地的农民;还有很多干部家里有诸多现实困难,如父母年迈,新婚燕尔,子女年幼,土地荒芜,家中缺少劳力等等。故土情深,难舍难别。但他们为了彻底葬送一个旧时代,为了全天下受苦难的民众得到彻底解放而毅然告别家乡,踏上充满未知的南下征程。他们把新乡当故乡,把对华北家乡和父老乡亲的深厚感情,无私献给了南方新区的土地与人民,为之付出了自己的青春年华,流血流汗,义无反顾。其中很多人在南下后的剿匪、反霸等事业中献出了宝贵生命。许多干部离开华北家乡时什么都没有带,只带了一捧故乡的土,一壶故乡的水。如冀鲁豫六地委各县的南下干部在地委驻地聊城(当时称"筑先县")集合出发时,"有的同志真是'一步三回头,望望聊城的大古楼'。有的同志望一眼,再望一眼,向自己的村庄方向喊着:'家乡,再见了!'有的同志抓上一把土带着上路,说:家乡土可治水土不服的病"[1]。聊城地区(冀鲁豫六地委)南下干部在交接完赣东北的工作,在上饶集结时,区党委宣传部长申云浦同志作出了"我决心把你们带到贵州去,三年后又将你们带回冀鲁豫"[2]的承诺,

---

① 张武云等:《从鲁西北到大西南——原聊阳县干部随刘、邓大军南下西进纪实》,中共贵州省委党史办公室冀鲁豫小组编印:《冀鲁豫党史资料选编》第12集,1989年,第80页。

② 林金玉:《难忘的西进动员》,中共贵州省委党史研究室冀鲁豫组编印:《冀鲁豫党史资料选编》第20集,1996年,第158—159页。

虽然这个承诺并没有实现，但是南下干部丝毫没有怨言。到达南方新区的鲁西北干部，此后除极少数确因工作需要调回华北外，绝大部分扎根南方，将一生的精力献给了祖国的东南、中南与西南，与新区民众血肉相连，建立起深厚的友谊与感情，为南方新区的革命、建设、经济发展和社会进步作出了重大的贡献。尽管离乡几十年，他们乡音未改，仍然一口山东话。他们以铸剑为犁、改天换地的气魄，为他乡人民谋福利，为南方解放与建设事业义无反顾，而不计较个人的利益与得失。他们难忘故土，奉献他乡的精神值得后人铭记。

（三）舍家为国，勇往直前

"愿得此身长报国，何须生入玉门关。"为了实现接管南方，解放全中国的重要任务，1949年的广大老区干部需要作出"舍弃家庭"、舍弃在当地事业和故土的艰难抉择。此后的历史进程也显示，1949年华北干部过江南下后，扎根东南、西南各地，为南方工作地奉献了自己的后半生，他们中不少人此生再没有回到华北家乡与父母妻儿团聚。南下干部为新中国建设作出了重大贡献，同时也作出了个人、家庭的重大牺牲。由于南下路途遥远，归期无定，一些干部怕家人阻力较大，便没有对家人说实话。如冀鲁豫九地委不少干部只笼统地给家里说去党校学习、去区里开会，然后就南下了。[1] 从家人尤其妻子的角度来说，不愿丈夫南下在当时是较为普遍的现象，亦是人之常情，如聊城东昌府区某南下干部的后人（女）讲述，她的外婆当时把外公（被调南下）锁在家中不让其出门。而她外公为其当时只有三岁的舅舅最后一次洗漱完毕后，半夜便悄悄从家里走了。[2] 临清县十区南下干部刘万祥同志回忆他在组织宣布其南下后，回家告别时，"我母亲趁机到我房子里轻手轻脚地把我的手枪拿走，并将房门关闭上锁。待我起床时，摸枪不在，拉门不开，这下可心急啦，倘若耽误时间，南下不成，怎么得了"，刘万祥急中生智，待家人中午做午饭时，

---

① 《冀鲁豫九地委五月份月终报告》（1949年6月6日），聊城市档案馆藏，案卷号：2 - 1 - 44 - 18。

② 2016年9月18日访谈聊城市东昌府区王×（女）。她的外祖父是南下干部，1949年从冀鲁豫六地委筑先（聊城）县于集镇南下至贵州镇远地区。

趁机将房门弄开就走。"母亲见我跑了，旋即派我大哥随后追赶，没追多远就赶上了我，对我说：'回去罢，家里拦不住你，让你南下'。听大哥这么一说，我喜得跳起来，回到家里，母亲含泪将手枪交给了我，叮嘱我听党的话，南下后要好好干，多给家里来信。我不住地点头，安慰母亲说：'请母亲放心吧！我一定不辜负您老的教导。只是远隔千山万水，不能在母亲身旁尽孝，惟望母亲保重身体，注意寒暖，安享天年。'"① 有的干部为完成南下战略任务，担心家人"拉腿""哭闹"，一直没有向家里辞别，甚至根本没有回家。"此种服从调动在此次南下人数中为大多数"。② 冀鲁豫六地委聊阳县"有的同志怕家庭不同意，造成不应有的麻烦，干脆不告诉家里，直到过江之后才写信回家"③。他们舍家为国，"舍小家顾大家"，义无反顾地踏上了南下征程，在"忠孝不能两全"之际做到了为国尽忠的"大孝"，体现出了坚定的组织纪律性与崇高的革命觉悟。南下干部将个人的前途命运与国家民族的前途命运紧紧地联系在一起，在实现个人事业和人生价值的同时，勇往直前地承担起了光荣的历史使命和时代责任。

（四）艰苦开创，革命到底

"历尽天华成此景，人间万事出艰辛。""中国共产党历经28年的浴血奋战，最终推翻了长期压在中国人民头上的'三座大山'，完成了新民主主义革命的任务。"④ "南下"，是中国共产党完成全国解放、实现由革命党向执政党转变的关键步骤，也是中国共产党移植与创新北方革命与制度建设的成功经验，领导广大南方民众建立新的政

---

① 刘万祥：《南下沅江之回忆》，中国人民政治协商会议沅江市委员会文史资料委员会编印：《沅江文史资料》第6辑，1989年，第9—10页。

② 冀鲁豫行署：《三专署城武县政权干部南下总结》（1949年3月8日），山东省档案馆藏，案卷号：G052-01-135-9。

③ 张武云等：《从鲁西北到大西南——原聊阳县干部随刘、邓大军南下西进纪实》，中共贵州省委党史办公室冀鲁豫小组编印：《冀鲁豫党史资料选编》第12集，1989年，第79页。

④ 魏宪朝、李东方：《新时代中国共产党"四个自信"的多维探源》，《当代世界与社会主义》2018年第1期。

治制度，开展新民主主义建设事业的开端。鲁西北南下干部来到南方新区，分配到每个县的干部一般只有一百多人，有的县甚至不足百人，但他们为新区带来了北方老区革命与工作的宝贵经验，带来了"一切从实际出发"的优良作风，带来了群众路线与群众方法，也展现了中国共产党人的优秀品格。

然而，在接管南方新区、开创新政权、新局面的过程中，并非一帆风顺。鲁西北南下干部经历了很多艰难与险阻。这其中有自然环境的差异：湘北地区、黔东南等地都是山区丘陵地带，而鲁西北却是华北大平原，一些聊城干部刚到工作地时，在山区连方向都分不清。这其中有语言不通的困难：湘赣黔各省的方言，南下干部刚到时基本听不懂。鲁西北干部说的山东话，当地老百姓也听不懂，带来了交流沟通上的很多困难，有的说话要翻译，有时只能打手势。鲁西北干部努力学习当地方言，与老百姓打成一片，虽然很多人几十年始终无法改变山东乡音，但他们听懂了当地的方言，并能用当地日常语言与老百姓沟通。也有生活习惯上的差异：很多北方干部不习惯南方的饮食，吃大米吃不饱，有的不会煮大米饭，煮成夹生饭，得了各种肠胃病。有的干部不适应南方湿热环境，得了湿症、疟疾。一些干部由于南下路途的饥渴劳累，加之南下后长期紧张工作，得了肺结核。[1] 一些同志在南下地仅仅工作一两年，便因积劳成疾而英年早逝。有敌匪猖獗、反动宣传的影响：在一些南方新区，由于长期受国民党统治及其反动宣传，把党的干部说成是"杀人放火，共产共妻的魔王"，当地民众不敢接触南下干部，工作开展艰难。[2] 一些地区民众对新政权"借征粮草""禁烟""禁用银元"等政策不理解。在贵州，1950年全省规模的匪乱发生后，鲁西北干部接管的黔东南很多县、区政府驻地遭到敌匪的围攻甚至占领，敌匪肆无忌惮地疯狂破坏，下乡征粮干部遭到杀害，一些干部为掩护群众而牺牲。有的鲁西北干部被敌匪抓住后，遭遇软硬兼施，甚至备受酷刑。面对敌人的屠刀和威逼利诱，

① 赵建中：《随军南下》，湖南省党史联络组联合办公室编印：《回忆录》第2辑，1990年，第80页。

② 同上书，第78页。

却没有一位南下干部做叛徒，没有一位同志背弃自己的信仰。很多同志高呼"中国共产党万岁！毛主席万岁！朱总司令万岁！"而英勇就义。他们坚持革命到底，直至牺牲。至今还有很多烈士（尤其大量从鲁西北南下的战勤人员）没有留下名字，他们的事迹长期不为人知晓。南下干部继承了华北老解放区的光荣传统，并将之在广大南方新区发扬光大。时间之河川流不息，南下干部成功面对和回答了时代和人民给他们的问卷，历史应该铭记他们，铭记"南下"精神。

参考文献

一 馆藏档案

山东省档案馆馆藏档案

聊城市档案馆馆藏档案

聊城市东昌府区档案馆馆藏档案

临清市档案馆馆藏档案

莘县档案馆馆藏档案

冠县档案馆馆藏档案

茌平县档案馆馆藏档案

高唐县档案馆馆藏档案

二 史料汇编、地方史志、回忆录、文史资料

常连霆主编：《山东党史资料文库》第 12 卷，山东人民出版社 2015 年版。

常连霆主编：《山东党史资料文库》第 16 卷，山东人民出版社 2015 年版。

常连霆主编：《山东党史资料文库》第 25 卷，山东人民出版社 2015 年版。

常连霆主编：《山东党史资料文库》第 29 卷，山东人民出版社 2015 年版。

中共山东省委党史研究室编：《山东党的革命历史文献选编 1920—1949》第 10 卷，山东人民出版社 2015 年版。

中央档案馆编：《中共中央文件选集》第 18 册（1949 年 1 月至 9 月），中共中央党校出版社 1992 年版。

中共聊城地委党史资料征集研究委员会编印：《一切为了前线（上）聊城地区党史资料第 15 辑》，1988 年。

中国社会科学院、中央档案馆编：《中华人民共和国经济档案资料选编 1949—1952 综合卷》，中国城市经济社会出版社 1990 年版。

中共中央文献研究室、中央档案馆编：《建党以来重要文献选编（1921—1949）》第 25 册，中央文献出版社 2011 年版。

中共中央文献研究室、中央档案馆编：《建党以来重要文献选编（1921—1949）》第 26 册，中央文献出版社 2011 年版。

中共贵州省委党史研究室冀鲁豫组编印：《从冀鲁豫到贵州：南下支队和西进支队专辑》，1991 年。

中共贵州省委党校研究室、贵州省档案局编印：《建国后贵州省重要文献选编 1949—1950》，2007 年。

中共黄平县委党史办编印：《光照千秋资料专辑》，1985 年。

本书编写组编：《山东革命斗争回忆录丛书 光岳春秋（下）》，山东人民出版社 2014 年版。

中共余江县委党史工作办公室编印：《余江春秋》，1991 年。

中共中央党史研究室、中央档案馆编：《中共党史资料》第 72 辑，中共党史出版社 1999 年版。

中共冀鲁豫边区党史工作组办公室编：《中共冀鲁豫边区党史资料选编 第 3 辑 文献部分 下 1948.6—1949.9》，山东大学出版社 1989 年版。

中共贵州省委党史办公室冀鲁豫小组编印：《冀鲁豫党史资料选编》第 12 集，1989 年。

中共贵州省委党史研究室冀鲁豫组编印：《冀鲁豫党史资料选编》第 19 集，1994 年。

中共贵州省委党史研究室冀鲁豫组编印：《冀鲁豫党史资料选编》第 20 集，1996 年。

中共贵州省委党史研究室冀鲁豫组编印：《冀鲁豫党史资料选编》第 22 集，1998 年。

冀鲁豫边区党史工作组上海市联络组编印：《冀鲁豫边区党史资料选编》，1991 年。

中共聊城地委组织部、中共聊城地委党史资料征集研究委员会、聊城地
　　区档案局编印：《中国共产党山东省聊城地区组织史资料》，1989 年。

中共泰安市委组织部、中共泰安市委党史资料征集研究委员会、泰安
　　市档案局编：《中国共产党泰安市组织史资料（1926—1987）》，中
　　共党史出版社 1991 年版。

中共莘县县委组织史资料编辑领导小组编：《中国共产党山东省莘县
　　组织史资料　1931—1987》，山东省新闻出版局 1989 年版。

中共余江县委组织部、中共余江县委党史资料征集办公室、余江县档
　　案局编：《中国共产党江西省余江县组织史资料 1926—1987》，江
　　西人民出版社 1989 年版。

中共黔东南州委组织部、中共黔东南州委党史研究室编印：《中国共
　　产党贵州省黔东南苗族侗族自治州组织史资料 1930—1987》，
　　1992 年。

中共茌平县委研究室编：《茌（博）平南下北上干部资料集》，新世
　　界出版社 2011 年版。

《中国人民解放军历史资料丛书》编委会编：《解放战争战略追击 西
　　南地区》，解放军出版社 2006 年版。

中共莘县县委党史资料征集研究委员会编印：《燕塔风云 莘县民主革
　　命时期党史资料汇编》，1987 年。

中共益阳县委党史办、中共益阳市委党史办编印：《资江烽火 新民主
　　主义革命时期益阳县党史资料汇编》，1986 年。

中共冠县县委党史资料征集研究委员会编：《血火春秋：冠县革命史
　　料选编》，山东省出版总社聊城分社 1988 年版。

中共凯里市委党史资料征集办公室编印：《凯里市党史资料》第 2 辑，
　　1987 年。

中共江西省委党史资料征集委员会、中共江西省委党史研究室编印：
　　《江西党史资料》第 36 辑，1996 年。

台前县地方史志编纂委员会编：《台前县志》，中州古籍出版社 2001
　　年版。

石金铭、史钊、张怀轩主编：《冠县志》，齐鲁书社 2001 年版。

游锦生主编：《资溪县志》，方志出版社 1997 年版。

新化人民政府编印：《新化乡志》，2010 年。

中共临清市委党史资料征集研究委员会编印：《中共临清党史大事记
　1925—1949》，1990 年。

政协临清市委员会编：《烽火岁月 临清抗战史料汇编》（二），中国
　文史出版社 2015 年版。

中共临清市委党史资料征集研究委员会办公室编印：《卫滨风云 清平
　党史资料选编》，1992 年。

中共聊城地委党史资料征集研究委员会编印：《历史的丰碑：鲁西北
　县城解放资料汇编》，1989 年。

中共大方县委党史资料征集研究委员会办公室编印：《大方解放初期
　的斗争 大方党史资料》第 3 辑，1987 年。

中共黔东南州党史研究室编印：《黔东南的解放和剿匪斗争》，1993 年。

黄克雷主编：《施秉解放史迹》，贵州省新闻出版局 1989 年版。

中共天柱县委党史办编印：《回顾天柱解放》，1989 年。

中共三穗县委党史资料征集集办公室编印：《回顾三穗解放》，1989 年。

三穗县政协宣教委员会编印：《黔东文史拾零》，2003 年。

中共阳谷县委党史资料征集研究委员会办公室编印：《谷山烽火》，
　1990 年。

中共东阿县委党史资料征集研究委员会编印：《东阿党史资料》第 2
　辑，1985 年。

中共江西省委党史资料征集委员会编印：《江西党史资料》第 36 辑，
　1996 年。

中共黄平县委党史办编印：《黄平党史资料》（二），1987 年。

中共岑巩县委党史资料征集办公室编印：《岑巩县党史资料》第 1 辑，
　1988 年。

中共南昌市委党史工作办公室编印：《中共南昌城工部纪念文集》，
　1999 年。

中共常德市委党史办编印：《常德人民翻身谱（1949—1953）》，1988 年。

中共聊城地委党史资料征集研究委员会编印：《难忘的岁月》，1989 年。

湖南省党史联络组联合办公室编印：《回忆录》第 2 辑，1990 年。

中共金寨县委宣传部编：《立夏节烽火 革命斗争回忆录》，安徽人

民出版社 1980 年版。

中共黔东南州委党史资料征集办公室编印：《回顾黔东南解放》第 1
　　辑，1986 年。

中共黔东南州委党史资料征集办公室编印：《回顾黔东南解放》第 2
　　辑，1987 年。

中共安顺地委党史研究室编印：《南下西进到黔中》，1995 年。

中共贵州省毕节地委统战部党史研究室编印：《深刻变革 毕节地区对
　　资本主义工商业的社会主义改造》，1988 年。

中国人民政治协商会议湖南省委员会文史资料研究委员会编：《湖南
　　文史资料选辑》第 19 辑，湖南人民出版社 1985 年版。

中国人民政治协商会议湖南省委员会文史资料研究委员会编：《湖南
　　文史》第 35 辑，湖南文史杂志社 1989 年版。

中国人民政治协商会议湖南省委员会文史资料研究委员会编：《湖南
　　文史》第 42 辑，湖南文史杂志社 1991 年版。

中国人民政治协商会议沅江市委员会文史资料委员会编印：《沅江文
　　史资料》第 6 辑，1989 年。

中国人民政治协商会议沅江市委员会文史资料委员会编印：《沅江文
　　史资料》第 7 辑，1990 年。

中国人民政治协商会议山东省冠县委员会文史资料研究委员会编印：
　　《冠县文史资料》第 2 辑，1989 年。

政协湖南省桃江县委员会文史资料研究委员会编印：《桃江文史资
　　料》第 1 辑，1984 年。

政协湖南省桃江县委员会文史资料研究委员会编印：《桃江文史资
　　料》第 7 辑，1992 年。

中共益阳县委党史办公室、政协益阳县文史资料委员会编印：《益阳
　　县文史资料》第 6 辑，1989 年。

政协益阳县文史资料委员会编印：《益阳县文史资料》第 10 辑，1994
　　年。

中国人民政治协商会议云南省昆明市委员会编：《昆明文史资料集
　　萃》第 6 卷，云南科技出版社 2009 年版。

政协怀化市委员会文史资料研究委员会编印：《怀化市文史资料》第

3 辑，1989 年。

政协贵州省岑巩县委员会文史资料研究委员会编印：《岑巩文史资料》第 1 辑，1987 年。

临川市政协文史资料委员会编印：《临川文史》第 1 辑，1996 年。

政协湖南省宁乡县文史资料委员会编印：《宁乡文史资料》第 6 辑，1989 年。

政协湖南省宁乡县委员会文教卫体委员会编印：《宁乡文史》第 10 辑，2000 年。

政协资溪县委员会文史资料委员会编印：《资溪县文史资料》第 1 辑，1988 年。

政协湖南省常德市委员会文史资料研究委员会编印：《常德文史》第 1 辑，1989 年。

中国人民政治协商会议鹰潭市委员会文史资料研究委员会编印：《鹰潭文史资料》第 2 辑，1989 年。

中国人民政治协商会议江西省委员会学习、文史委员会编印：《江西文史资料》第 49 辑，1993 年。

中国人民政治协商会议贵溪县委员会文史资料研究委员会编印：《贵溪县文史资料》第 3 辑，1987 年。

中国人民政治协商会议镇远县委员会文史资料研究委员会编印：《镇远文史资料》第 3 辑，1989 年。

政协贵州省锦屏县委员会编：《锦屏人物文史资料》，南方文史出版社 2009 年版。

中国人民政治协商会议贵州省委员会文史资料研究委员会编：《贵州文史资料选辑》第 14 辑，贵州人民出版社 1983 年版。

中国人民政治协商会议贵州省委员会文史资料研究委员会编印：《贵州文史资料选辑》第 21 辑，1985 年。

贵州省政协文史与学习委员会编：《贵州文史资料选粹 政治军事篇 下》，贵州人民出版社 2011 年版。

中共东阿县委党史资料征集研究委员会编：《中共东阿县党史大事记 1933—1949》，山东省出版社总社聊城分社 1990 年版。

中共聊城市委党史资料征集研究委员会编印：《聊城市党史资料》第

5 期，1989 年。

中共江西省委党史研究室：《中共江西地方史》第 1 卷，江西人民出版社 2002 年版。

中共鹰潭市委党史资料征集办公室编著：《中共鹰潭地方史 第 1 卷 1926—1949》，中共党史出版社 2009 年版。

中华人民共和国民政部、中华人民共和国建设部编：《中国县情大全 华北卷》，中国社会出版社 1992 年版。

叶建军、周日美、赵云主编：《红色记忆 新湖南第一代执政者亲历实录》，湖南人民出版社 2009 年版。

中共山东省委党史研究室编：《中共山东编年史》第 7 卷，山东人民出版社 2015 年版。

张树臻主编：《中共齐河地方史》，黄河出版社 2002 年版。

中共冀鲁豫边区党史编委会编：《中共冀鲁豫边区党史大事记》，山东大学出版社 1987 年版。

中共湖南省委党史研究室：《中国共产党湖南历史 1920—1949》，湖南出版社 2008 年版。

中共聊城地委党史资料征集研究委员会：《鲁西北革命史》，山东大学出版社 1991 年版。

冀鲁豫边区革命史工作组：《冀鲁豫边区革命史》，山东人民出版社 1991 年版。

王平主编：《中国共产党冠县历史》（第一卷），新世界出版社 2011 年版。

宁乡人民革命史编写组：《宁乡人民革命史》，湖南人民出版社 1983 年版。

中共浦口区委党史工作办公室编：《中共南京市浦口区地方史》第 2 卷，中共党史出版社 2007 年版。

中共黔东南州委党史研究室：《中国共产党黔东南州简史》，中共党史出版社 2013 年版。

黔东南苗族侗族自治州地方志编纂委员会编：《黔东南州志 粮食志》，方志出版社 1995 年版。

中共镇远县党史研究室编：《中国共产党镇远县历史》，贵州人民出版社 2007 年版。

《中国共产党余庆县历史》编纂委员会：《中国共产党余庆县历史》
　　第 1 卷（1931—1978），贵州人民出版社 2007 年版。

杨胜群、闫建琪主编：《邓小平年谱 1904—1974 中》，中央文献出版
　　社 2009 年版。

中共湖南省委党史研究室征编：《刘夫生口述史》，中共党史出版社
　　2013 年版。

湖南日报社编委会编：《半个世纪的足音：湖南日报新闻作品选 上》，
　　湖南人民出版社 1999 年版。

　　三　著作、论文集

《习近平谈治国理政》第 2 卷，外文出版社 2017 年版。

中共河北省委党史研究室：《中国共产党河北历史大辞典》，中共党
　　史出版社 1990 年版。

赵志平：《南下日记》，湖南人民出版社 1990 年版。

崔乃夫主编：《中华人民共和国地名大辞典》第 5 卷，商务印书馆
　　2002 年版。

彭兴林编：《中国古城名胜图志 山东卷》，山东美术出版社 2011 年版。

中共湖南省委党史研究室、湖南省中共党史联络组编著：《南下湖
　　南》，中共党史出版社 2014 年版。

中共濮阳市委党史研究室编：《丰碑永树冀鲁豫》，中共党史出版社
　　2004 年版。

中共山东省德州市委党史研究室编，王清水主编：《光荣的使命 德州
　　干部随军南下简史》，党建读物出版社 2002 年版。

《中国的土地改革》编辑委员会编：《中国的土地改革》，当代中国出
　　版社 2009 年版。

中共南京市委办公厅等编：《风雨同舟 南京探索前进三十年 1949—
　　1978》，中共党史出版社 2002 年版。

朱宗震、陶文钊：《中华民国史》第 3 编第 6 卷，中华书局 2000 年版。

梁承祥主编：《黔东南人物 1912—1949》，云南民族出版社 2011 年版。

李月成、李飞跃主编：《黔东南苗族侗族自治州概况》，民族出版社

2008 年版。

田更新编著：《杨勇兵团战事报告》，黄河出版社 2013 年版。

中共聊城市委党史研究室、聊城市政协文史资料委员会编著：《聊城
　　重要历史事件》，中共党史出版社 2003 年版。

黄宗智：《华北的小农经济与社会变迁》，中华书局 2000 年版。

丁龙嘉主编：《南下》，中共党史出版社 2010 年版。

山东省档案局编著：《山东干部南下》，中共党史出版社 2005 年版。

张奎明编著：《告诉你一个真实的南下》，山东人民出版社 2009 年版。

《南下、西进支队简史》编写组编著：《南下、西进支队简史》，贵州
　　人民出版社 2000 年版。

汪朝光：《中国近代通史 第十卷 中国命运的决战（1945—1949）》，
　　江苏人民出版社 2009 年版。

张婧磊：《新时期文学中的创伤叙事研究》，中国社会科学出版社
　　2017 年版。

李华锋、董金柱等：《英国工党理论与实践专题研究》，人民出版社
　　2016 年版。

徐艳梅、于国丽：《生态社会主义与中国社会发展模式构建》，中国
　　社会科学出版社 2016 年版。

唐传喜主编：《共和国永远铭记——南下干部历史贡献理论研讨会论
　　文集》，泰山出版社 2012 年版。

中共黔东南州委党史办、黔东南中共党史研究会编印：《庆祝建国四
　　十周年暨黔东南解放四十周年党史研讨会文集》，1990 年。

刘太祥主编：《南阳历史文化与经济社会发展研究》，河南大学出版
　　社 2011 年版。

郭天印：《长江支队 1949 南下全景纪实》，山西人民出版社 2018 年版。

赵冬苓：《南下》，山东文艺出版社 2010 年版。

韩伟之主编：《南下服务团 第1卷 简史》，北京广播学院出版社 1998
　　年版。

四　期刊、报纸

丁龙嘉：《论"南下"与"南下干部"研究中的若干问题及当代价

值》，《中共党史研究》2016 年第 1 期。

唐传喜：《南下战略与南下干部的历史贡献——兼论弘扬南下精神的时代意义》，《理论学刊》2012 年第 8 期。

岳宗福：《接管政权：中共大批干部下江南——"华东南下干部纵队"的组建和南下》，《党史博览》2007 年第 4 期。

李德成、杨鹏燕：《南下干部的组建与新政权的接管——以江西省南下干部为例》，《党史究与教学》2013 年第 4 期。

王兴喜：《"干部南下"的历史意义及其革命传统——从福建省山东南下干部说起》，《福建党史月刊》2013 年第 22 期。

魏宪朝、刘焕申：《中国共产党强农惠农富农政策发展的三次飞跃——纪念中国农村改革 40 周年》，《中州学刊》2018 年第 6 期。

刘大可：《解放战争时期山东干部南下的组织调配与派遣》，《东岳论丛》2014 年第 6 期。

刘立振：《试述南下干部与延安革命经验的实践和推广——以党的群众路线为例》，《福建党史月刊》2014 年第 2 期。

黄昊、柴懿：《1949 年北平地区的"南下"征调工作》，《洛阳师范学院学报》2016 年第 7 期。

魏宪朝、李东方：《新时代中国共产党"四个自信"的多维探源》，《当代世界与社会主义》2018 年第 1 期。

刘立振：《南下干部研究述评》，《长春师范大学学报》2015 年第 5 期。

黄昊：《1949 年冀鲁豫区"归队与参军"运动研究》，《党史研究与教学》2017 年第 5 期。

邓广：《山东解放区的农村财粮征收（1946—1949）》，《近代史研究》2017 年第 1 期。

何志明：《二十世纪五十年代初新区的干部培养及其群体发展趋向——以川北区为考察中心》，《中共党史研究》2016 年第 10 期。

杨芳：《经历、身份与地方秩序重建：赣西南地区"苏区老干部"研究（1949—1958）》，华东师范大学 2016 年硕士论文。

李华锋：《中国特色社会主义进入新时代的重大意义》，《光明日报》2018 年 8 月 13 日第 6 版。

后　记

从 1945 年 8 月到 1949 年春，聊城地区（鲁西北）各解放区，为了支援全国的解放战争，曾动员数千名干部北上、南下，到达东北三省、平津、大别山、皖北、桐柏、鄂中、苏南、川东、湘北、赣东北、黔东南各地。其中尤以 1949 年初的"南下"工作，动员规模最大，行军路程最远。为了解放全中国，完成长江以南原国民党统治区的接管、建政工作，1949 年初，在中共中央、华北局统一部署下，聊城地区所属的冀鲁豫、冀南区党委大规模动员了南下干部和战勤人员，跟随人民解放军南下长江以南各省，进行南方新区的接管工作。他们将华北老解放区的优良传统和优秀品质带到了南方新区，为人民解放战争的胜利、为新中国的成立作出了重要贡献。广大聊城地区南下干部的历史贡献及其高尚精神品格，在新时代仍闪烁着不可磨灭的光辉与积极意义。

党的十八大以来，习近平总书记多次强调"加强党史研究"，应"更好发挥党史资政育人作用"，强调借鉴中国革命历史经验，注重继承和发扬革命优良传统，将中国共产党的历史融入中华民族伟大复兴的进程中。习近平总书记指出："学习党史国史是坚持和发展中国特色社会主义、把党和国家各项事业继续推向前进的必修课"，"用有说服力的研究成果占领党史舆论阵地"。作为聊城大学马克思主义学院的教师和党史研究工作者，弘扬脚下这片土地所展现的"冀鲁豫精神"、弘扬鲁西北老区革命传统、弘扬伟大的、跨越时空的"南下精神"，既是时代使命，也是义不容辞的责任。希望通过本书，使更多的读者认识南下，了解广大鲁西北南下干部以身许党、许国，为全国解放和建设事业所做的重要贡献，以更好地弘扬社会主义核心价值观，弘扬习近平新时代中国特色社会主义思想。

　　因鲁西北地区区划变动频繁，1949 年初的冀鲁豫、冀南区很多县早已拆分合并，甚至遗迹无存。因此在资料收集方面存在很多的困难。在本书收集资料过程中，笔者得到了山东省档案馆、聊城市党史研究室、史志办、档案馆，聊城市革命老区建设促进会，东昌府区档案馆，荏平县党史办、史志办、档案馆，东阿县史志办，阳谷县党史办，高唐县党史办、档案馆，莘县史志办、档案馆，临清市史志办、党史办、档案馆，冠县党史办、档案馆的大力帮助。他们中有的同志为笔者提供了本地区、本单位编纂的相关党史资料，有的同志帮助笔者联系南下干部留鲁后人进行访谈，很多县市区档案馆都为笔者的研究提供便利，使笔者得以查阅了大量原始档案材料。在研究中，笔者访谈了部分聊城南下干部留鲁后人及在贵州省的部分 1949 年南下的聊城籍干部，得到了他们的口述资料及他们提供的部分原始资料，使笔者对于"南下"有了更为深刻、直观的了解。感谢他们的帮助。也感谢与本书研究问题相关的国内外学者，正是他们的研究成果为本书的写作提供了重要前提。

　　感谢聊城大学马克思主义学院、聊城大学社科处对本书出版的大力资助！感谢中国社会科学出版社田文编审为本书出版付出的艰辛劳动！

　　因课题完成时间紧，资料收集的困难和笔者能力的局限，本书存在诸多不足之处，希望得到专家学者和读者的批评指正。